冯立鳌◎著

战国时代大国的博弈争胜

重读《列国志》
——乱世英杰

中国言实出版社

图书在版编目（CIP）数据

战国时代大国的博弈争胜 ／ 冯立鳌著 . -- 北京：
中国言实出版社，2014.8

ISBN 978 - 7 - 5171 - 0738 - 5

Ⅰ．①战… Ⅱ．①冯… Ⅲ．①中国历史—战国时代—
通俗读物 Ⅳ．①K231.09

中国版本图书馆 CIP 数据核字（2014）第 186338 号

责任编辑： 马晓冉

出版发行 中国言实出版社

地　　址：北京市朝阳区北苑路 180 号加利大厦 5 号楼 105 室

邮　　编：100101

编辑部：北京市西城区百万庄大街甲 16 号五层

邮　　编：100037

电　　话：64924853（总编室）64924716（发行部）

网　　址：www.zgyscbs.cn

E - mail：zgyscbs@263.net

经　　销　新华书店

印　　刷　北京天正元印务有限公司

版　　次　2015 年 1 月第 1 版　2015 年 1 月第 1 次印刷

规　　格　710 毫米×1000 毫米　1/16　16.625 印张

字　　数　272 千字

定　　价　45.00 元　　ISBN 978 - 7 - 5171 - 0738 - 5

西江月

——题《乱世英杰》

海内龙争虎斗，
函关警火无休；
七雄浴血竞风流，
烂卷西秦铁帛。

演尽神工鬼斧，
书成华夏鸿猷。
丹青照透见魂灵，
乱世英杰不朽！

前　言

中国的春秋战国时代，时势呼唤出了英雄。一大批政治家、军事家、思想家、改革家、谋略家适应时代需要脱颖而出，并以自己的努力影响了社会的进程。他们虽各有短长，但交相辉映，构成了一派千秋不灭的悠远苍穹。《春秋左传》《国语》《战国策》《史记》《资治通鉴》《竹书纪年》等史籍以及《韩非子》《吕氏春秋》《说苑》《新序》等子书都对春秋战国的历史事件有所记载和叙述，是认识该时代不可替代的资料，但它们都是从特定侧面，在对一个人物或若干事件的记述中表达历史，有些记述则过于简单。对春秋战国五百五十多年历史试图作全景式描述的是明代冯梦龙的《东周〈列国志〉》，该书把见之于典籍的零散史料串联和拼接起来，成功地编织了一个史料详尽、次序缜密、前后照应的东周历史大观，虽然连缀过程中夹杂有一些文学家的想象，但作为一种"本质上的合理"演绎，作为历史文化的衍生和积淀物，也不失自身特定的文化价值。我以为，从历史和文化的角度来考察，该著作是中国最优秀的历史文化小说。对一般读者而言，想系统了解春秋战国的政治发展史，从《东周列国志》开始是最好的方法；即使是在该领域从事某方面研究的专家，亦可由此获得对春秋战国政治文化发展过程的系统性把握。

"重读《列国志》书系"一共四册，分别为《春秋时代强国的创业争霸》《战国时代大国的博弈争胜》《列国政局的五百年云谲波诡》《东周时代国人的心性智识》。除《东周时代国人的心性智识》取材更广外，其他各册主要取材于《东周列国志》。该书系是从政治学、哲学、心理学及文化学等视角对东周列国时代的政治发展过程所作的分析和反思。该书系从 1991 年到 1995 年陆续初版，其间由几家不同的出版社修改再版过两次。承蒙读者鼓励，这次统一整理，交由中国言实出版社出版，盼读者朋友能给予批评指正。

本册是分析战国时代政治人物活动的专著。公元前453年，晋国赵、韩、魏三家联合攻灭智氏，将晋室瓜分，反置晋君为附庸。数十年后，齐国田氏取代齐康公为君，周王被迫承认他们为诸侯。历史学以这些事件作为春秋时代结束和战国时代开始的标志。

"三家分晋"和"田氏代齐"表明东周以来公室贵族势力与一种新兴政治阶层经过长期较量，二者的力量对比已发生了根本性变化；表明贵族腐朽阶层已被推出了社会政治活动中心的位置；表明由旧的政治势力和礼仪名分维系着的旧的社会统治秩序在总体上已经瓦解。从此，社会政治活动的主体主要成了新兴的政治阶层，他们政治活动的目标已不是在旧统治的政治框架中谋取一席霸主之位，而是在争雄中兼并天下；他们的政治行为已无须过多借助于礼仪名分的保护，而是凭借自己的实力和谋略。这时候，军事争战成了政治活动的主要形式，国家间的外交活动广泛开展，社会改革成了时代的重大课题，人才的重要性愈益突出，等等。总之，社会进入了一个新的时代，政治活动的主体、目标、手段和形式均发生了新的变化。

《东周列国志》（或称《列国志》）第八十四回以后较系统地记叙了自三家分晋到公元前221年秦始皇统一中国二百余年间，赵、韩、魏、齐、秦、楚、燕七个国家争相兼并的政治斗争的状况，考察这些诸侯国的政治活动、军事活动、外交活动和社会改革活动中的利弊得失，分析各国各时期主要政治人物的政治谋略、行为方式及个性特点对本国盛衰兴亡过程的影响，评点他们各自在天下变局中的成败得失及其富有特征的文化人格，对于总结历史上政治活动的经验教训以资当今和未来的人们借鉴；对于了解战国时代政治运动的总趋势以加深人们对某些社会规律的认识；对于把握中国人的思维方式，汲取中国传统文化的智慧，都具有极为现实的意义。

数国争雄是战国时代的基本特征。由于春秋时代几个大国相逐争霸的形势转而成为七个大国互相对抗的形势，因而战国时期出现了同一阶段政治中心的多元化现象，各国通过多种形式竞相发展自己，使战国时代的政治斗争表现得更为激烈和复杂，这就增加了分析论述在总体把握上的困难。本书继《春秋时代强国的创业争霸》之后，按照历史顺序分析战国时代每一争雄国家各阶段主要政治人物的政治活动，把人物放在具体国度和环境中，放在前后相继的历史阶段中去分析，考察各个人物对本国政治走向和天下政局的影响。在此基础上探讨各争雄国盛衰变化的历史必然性，进而揭示社会发展中某些应予以重视的普遍规律性。应该说明的是：第一，韩国在"七雄"中势力一直较弱，也几乎没有出现过突出的政治人物。其对战国政局变化的影响也极小，因而本书的分析不直接涉及韩国。其他六国的分析顺序基本上按各国兴盛期出现的先后排列。第二，本书在各国中选取的分析人物：一是该国一定时期内把握国家政局、对该国命运产生了重要影响的人物；二是有可供分析的材料和借鉴价值的人物。通过他们的活动能基本看清该国一定阶段发展趋势的大体脉络。这些人物可能是该国国君，也可能不是该国国君，各人的地位、环境、影响力均不同，本书将他们放在同一等级或同一层面上分析，同国人物的分析顺序完全按时间先后排列。

本书所据蓝本是人民文学出版社 1955 年 10 月出版的《东周列国志》，所用材料均忠实于原文，书中注明所引回数。写作过程中参考了《史记》《战国策》《辞海》《辞源》及杨宽的《战国史》，所用材料不属《列国志》中的部分，除各国祖世外，均作了说明。作者始终是站在现代人的立场，带着现代人的观点乃至现代人的思想矛盾和困惑去认识历史，力图考察古代事件中所负载的与当代关联的文化信息，每一章节微观的剖析之后又有总体的结论和认识上的升华，全书各处力求得出新的分析结论。

人类社会的发展没有尽头，对民族历史和传统文化的反思自然不会停顿终结。当代文化成果终将有被超越的一天，那将是民族文化更为长足的发展，对此我们满怀信心并欣喜地期待着。

作　者
2014 年 1 月 16 日

目 录

contents

【魏国政治人物】

战国时代大国的博弈争胜

魏国的祖先是周文王的儿子姬高。姬高随周武王灭商后被封于毕（今陕西咸阳市西北），于是以毕为姓，称为毕公或毕高。他的后代沦为平民，散居于中原或杂居于夷狄。有个叫毕万的后代，曾为晋献公的卫者。在晋国的拓疆之战中帮助献公攻灭西周所封的姬姓魏国，被任为大夫，封于魏（今山西芮城县北）。后世遂以魏为姓。晋国在春秋前期发生内乱。毕万的后代魏犨随晋文公重耳出外流亡十九年。重耳返国立为晋君后，令魏犨承袭魏氏原封。其后魏荼、魏侈几代参与或执掌国政。魏驹与韩虎、赵无恤联合攻灭智瑶，为魏氏的发展奠定了强大的基础。

魏斯是魏国的开国君主，他和赵、韩一起瓜分晋国。公元前403年被周威烈王承认为诸侯，是为魏文侯，建都安邑（今山西夏县西北）。魏斯在战国初期团结和使用了一批杰出人才，如乐羊、吴起、西门豹、李悝等，成为一时的强国。他的孙子魏䓨（即魏惠王）执政时，任用军事人才庞涓为元帅，侵掠他国，使魏国达到极盛，已有并吞韩、赵之势，公元前344年召集逢泽之会，自称为王。但庞涓后来在和齐国军师孙膑的军事较量中先败桂陵，再败马陵，魏国损失惨重，从强国的顶峰上跌落了下来。而西邻秦国已经商鞅变法，国势正强，乘机夺取了魏国河西（今山西、陕西两省间黄河南段以西）之地。魏国自此一蹶不振，经常被秦国欺凌，被迫迁都大梁（今河南开封）。战国后期，信陵君魏无忌不失为魏国较杰出的人才。他以养客而闻名，深通军事，曾率兵击败过秦军，但终究不能挽回国家的败局。公元前225年，魏国被秦所灭。

以魏斯为首的人才群开创了魏国开国初年的辉煌业绩，庞涓的参政与用兵使魏国的国势急转直下，魏无忌的微弱之功已是魏国灭亡前的回光返照。他们各是魏国一定历史时期的代表人物，在魏国的政治长剧中各有自己的特点和光彩。

善驭人才的魏斯（魏文侯）

魏斯（？—公元前 396 年），战国时魏国的创立者。他曾参与三家分晋，与赵、韩一起，被周王封为诸侯。魏遂成为战国时的七个大国之一。战国初年，魏斯充分发挥了自己善驭人才的政治才能，团结和使用了一大批优秀人才，很快使魏国强盛了起来。

一、恭谦下士，尚贤倡风

魏斯是战国时最能自觉地虚心下士的国君。当时孔丘的高足卜商在西河讲学，魏斯便以学生的身份从之听学。族人魏成知他特别尊贤，向他推荐了两个人物：一个是隐居不仕的西河人段干木。魏斯听说段很有德行，即命驾车去见。段干木见车驾至门，越墙逃避。魏斯愈敬其高洁，遂留于西河，天天去门上请见。每次临近其庐舍，总是凭轼起立，不敢倨坐，以示恭敬。如此一月后，段干木知其心诚，出而见之，魏斯以上等车载归。魏成推荐的另一个人是田子方，他与段干木同为王宾。有一次田子方乘车而出，路遇即赴中山就任的魏世子击。魏击慌忙下车，拱立道旁致敬。田子方驱车直过，傲然不顾。魏击心怀不平，上前问田道："富贵者骄人乎？贫贱者骄人乎？"田子方笑着回答说："自古以来，只有贫贱骄人，哪有富贵骄人之理？国君而骄人，则不保社稷；大夫而骄人，则不保宗庙。楚灵王以骄亡其国，智伯瑶以骄亡其家，富贵之不足恃明矣。老夫贫贱之士，食不过藜藿，衣不过布褐，无求于人，无欲于世，惟好士之主，自乐而就之，言听计合，勉为之留。不然，则浩然长往，谁能禁焉？武王能诛万乘之纣，而不能屈首阳之二士，盖贫贱之足贵如此。"（第八十五回）后来，魏斯听到了这事，知道田子方不屈于世子，益加敬重他的为人。魏斯尚贤重士的名声传开后，四方贤才闻风来来。李克、翟璜等许多谋士来投，朝中人才济济，令各国恐惧。

当时孔丘开创的儒家学说已开始形成一种思潮，在社会上有了一定的影响。儒士们掌握系统的历史知识和较先进的文化知识，有一套修身治国的思想理论。魏斯虚心地向他们学习，甚至不惜花一月的功夫亲顾草庐而聘请，与他们结为师友，表现了他对文化知识的渴求和尚贤的诚意。因为魏成荐贤有功等原因，魏斯在后期干脆将魏成提升为相国。他曾和李克诚恳地对谈说："家贫思良妻，国乱思良相。"（见《史记·魏世家》）他将相国的重任托付给能够识贤荐贤的魏成，表明了他要把尚贤作为一项长期战略稳定下来。

魏斯因为受到儒家思想的影响，在与人交往中确有一种儒风。儒家的思想准则已渗透于他的价值取向中。魏斯曾与虞人（掌管山泽苑囿的官员）相约午时在郊外狩猎，其日天降寒雨，他正在朝中向群臣赐酒。至午时，他下令撤席，催促驾车立即赶往郊野。身边人劝他说："雨，不可猎矣，何必虚此一出乎？"魏斯解释说："吾与虞人有约，彼必相候于郊，虽不猎，敢不亲往以践约哉？"儒家提倡与人为信，魏斯的行为与这种思想完全吻合。

魏斯尊士尚贤，实际上是在提倡一种人格。他希望把自己的国家建成礼仪之邦，因而对具有较高文化修养的儒士给予超常的尊重。这些人虽然没有为他富国强兵、开拓疆域，但以他们的思想和人格促进了礼仪风化的改善。在礼仪文明方面，对国家建设起到了不可低估的作用。

二、豁达容才，力振国威

魏斯在用人上本着有能必用的原则，善于用人所长，能使人才充分地服务于国家的事业。他执政约五十一年。其间以极大的气魄延揽各类人才，放手让他们参与政治，使魏国的国势蒸蒸日上。

魏斯一度曾任李悝为相国。李悝是战国初期著名的法家，据《史记·货殖列传》和《汉书·食货志》载，李悝在当政期间，实行了如下全新的政策：第一，颁布了"尽地力"的教令，主张同时播种稷、黍、麦、菽、麻等作物，以便能补救灾害；主张不违农时收种；主张利用宅院田埂种植作物。他的"尽地力"旨在充分利用可耕地面积并提高单位面积产量。第二，实行"平籴法"，主张国家在丰年收购一定数量的粮食，而在歉收之年卖出。他用这种所谓"取有余以补不足"的方法，旨在限制商人的粮食投机，防止农民破产和城市贫民的流亡。第三，他参考当时各国法律编成了一部《法经》，这是我国古代第一部比较完整的法典。《法经》削弱了贵族的特权，对魏国的富强和后来的商鞅变法均起到了极大的促进作用。李悝在经济上实行新的政策，在政治上主张法制。严格说来，并不是真正意义上的变法运动。他没有系统的法制纲领，没有彻底实行社会变革的意图，在法制政治的实施上浅尝辄止，但他却开了法制政治的先河，是法家政治的首次成功尝试。

魏斯还任用西门豹为邺都（今河北漳西南）令。邺都因漳水临城而过，当地曾有"河伯娶妇"的迷信，害得那里百姓逃亡，一派萧条。西门豹到任后经过调查了解，机智地处置了若干愚弄乡民、为非作歹的老巫和恶霸，严重打击了邪恶势力，教育了民众；其后又凿渠引水、灌溉良田，使邺地气象一新。

魏斯身边的翟璜是一个伯乐式的人物。他经常能发现一些有特殊才能的人物向魏斯推荐。当初邺都缺守，正是他向魏斯推荐说："邺介于上党邯郸之间，与韩赵为邻，必得强明之士以守之，非西门豹不可。"（第八十五回）魏准备攻取北方的中山（今河北正定东北）以作为战略重地，翟璜又向魏斯推荐说："臣举一人，姓乐名羊。此人文武全才，可充大将之任。"并介绍了乐羊的经历和本人"高自期许，不屑小仕"的性格特点。乐羊被任元帅，率军出征，出于策略上的考虑曾在前线休兵三月。朝中谤言遂起。翟璜对狐疑不定的魏斯解释说："此必有计，主公勿疑。"乐羊不久凯旋。当时魏与秦国相邻，西河（辖地在今陕西华阴以北、黄龙以南、洛河以东、黄河以西）为两国的频繁争夺之地。魏斯向翟璜询问可守之将。翟璜沉思半晌，推荐了自鲁来魏的吴起，认为"此人有大将之才，主公速召而用之，若迟，则又他适矣"。吴起曾杀掉了自己的妻子，又贪财好色，名声不好。翟璜解释说："臣所举者，取其能为君成一日之功，若素行不足计也。"（第八十五回）吴起赴西河为守，修城筑池，建起吴城以拒秦，又训兵练武，战绩辉煌，稳定了魏国的西部边界。翟璜以识才荐才而闻名，确是魏斯身边不可多得的人物。

魏斯在自己的身边任用了一批杰出的法家人物、军事人才和其他方面的能人。他豁达大度、包纳百川。什么样的人在他手下都能充分地施展才能，都能感到自我实现的满足。他对待这些人物的基本手段：一是因事择人，量才使用，什么样的人就放在什么样的岗位上，使他的才能得以充分发挥；二是任用后充分信任，给他们实际职权，使其能放手大干，建树功绩；三是严格掌握其任用度，保持防范心理，防止对人的滥用或误用。如攻灭中山后就罢掉乐羊军权，他始终未给吴起以相国之位等。

魏斯对儒士高度尊重而不使用，因为他要由此提倡一种人格，影响社会风化，对这些在社会上有威望的名流恭谦团结，不管他们的实际才能究竟如何。与此相反，对有实际才能的人，他拉拢任用，使其为自己成一日之功，而不管其社会威望如何。一般说来，他对后者只是一种直接的利用，这是他处世和用人机妙的两手。

三、用人有术，巧辞功臣

军事人才乐羊被推荐为攻伐中山的元帅，魏斯在对乐羊的使用和任免上巧用心机，充分显示了他的用人权术。

当时乐羊的长子乐舒在中山为仕，朝中有人因此对乐羊发生疑虑。但推荐人翟璜力保乐羊。魏斯召乐羊入朝，对他说："寡人欲以中山之事相委，奈卿子在彼国何？"乐羊表态说：大丈夫建功立业，各为其主，决不以私情废公事，并表示："臣若不能破灭中山，甘当军令！"魏斯立即勉励说："子能自信，寡人无不信子。"遂拜乐羊为元帅，令其率兵出征。这里，魏斯听到对乐羊任用上的两种不同意见后是有过一番分析的。他从翟璜的介绍中知道乐羊是一个功名之士，料定他必定把功名看得比父子之情更为重要，因而基本上倾向于任用。见到乐羊后，他首先来了一个激将法，表明了任用的态度，并亮出了任用中的疑虑。这种怀疑式激将对于一个重功名的人具有较强的刺激，促使他在建功立业与骨肉之情之间提早做出明确的选择，不致临事犹豫误事，同时又促使他下定决心，表明态度，以立状的形式自我鞭策。

乐羊在战场上攻势凌厉，势如破竹。但为了争取人心，在儿子乐舒数次奉命求情时，他三缓攻期。于是魏国朝中流言日起，有人说乐羊父子情深，派他为帅终究劳师伤财，无益于事；有人说中山将分国之半给乐羊；也有人说乐羊图谋与中山共攻魏国。群臣纷纷上书，要求采取相应措施。魏斯了解到了翟璜对乐羊的坚信态度后，将群臣的上书全部封存于箱中；同时不断派人去前线问候乐羊；并为其在都城准备住所，等待他的归来。在这里，魏斯听到了群臣的非议后，他在对乐羊的态度上面临多种选择：其一是立即派人前去替换乐羊的元帅职务；其二是下令撤兵，以收其兵权；其三是等待观察；其四是慰劳勉励。很显然，前两种选择解决问题虽然痛快和迅速些，但有极大的消极后果，若不是逼反乐羊，也有可能前功尽弃。从军事实践上看，阵前易帅是迫不得已时的最下策。魏斯面临的第三种选择是消极的，他经过一定的了解后，基本上对乐羊采取信任的态度，于是选择了第四种方法。魏斯的措施公开表示了对前线将帅的信任与关心。在他们战功未立的情况下，这种信任与关心尤其能使他们从内心产生感激，激励他们对敌取胜的决心。魏斯的措施实质上是特殊情况下采取的感情激励。从相反的情况讲，如果乐羊真有二心，当时兵权在握，朝廷也奈何不得。只有采取感情笼络的方式，示以信任，才有可能使其重新考虑，消除二心。可以看出，在复杂的情况下，魏斯经过慎重考虑，确实做出了高明的选择。群臣上书，魏斯并非对乐羊一点儿也没产生怀疑。他专门询问翟璜，专门派使慰劳，多少反映了这一心机。他将群臣上书封存起来，为下一步的处理埋下了伏笔。

乐羊在前线不顾儿子乐舒的性命之危，猛攻中山，最后奏凯而还。魏斯在宫中为乐羊设宴庆功，亲自奉酒以赐乐羊。乐羊受酒畅饮，趾高气扬，有矜功之色。宴罢，魏斯命人取来封存甚严的二匣送至乐羊家中。乐羊想道："匣内必是珍珠金宝之类，主公恐群臣相妒，故封识赠我。"命家人搬进内屋，启匣视之，原来却是群臣奏本，奏本内尽说乐羊反叛之事。乐羊大惊道："原来朝中如此造谤！若非吾君相信之深，不为所惑，怎得成功？"第二天立即入朝谢恩。魏斯提到要为他加赏，乐羊再三谢辞。魏斯遂对他说："非寡人不能任卿，非卿亦不能副寡人之任也。然将军劳矣，盍就封安食乎？"（以上引文均自第八十五回）遂以灵寿（今河北平山东北）封于乐羊，称为灵寿君，他的兵权也就随之罢掉。

通过魏斯的这一步骤，他在用人上的权术已充分地显露了出来。他之所以要让乐羊看到群臣的谤言，其中有着极为隐深的动机：首先，他要煞煞乐羊成功后的自傲之气，要他明白，攻战的成功既有自己本人的功劳，也离不了其他因素的配合。他次日对乐羊的谈话中提到成功的两种因素，强调乐羊，以便使他能感到适当的满足；强调自己，能够使乐羊适当降低自我估价，且使他能感到君主的恩德。魏斯让乐羊看信的动机尚不局限于上述方面，主要还在于他想要顺利地收回乐羊的兵权。乐羊知道了群臣的谤言后，自然有一种成功后的侥幸。他也会看到在朝中成事的艰难，因而难免出现急流勇退的思想。加上他对魏斯先前信任的感激，必然乐于交出兵权，安于魏斯的安排。

罢免乐羊兵权是魏斯的既定动机，但在很大程度上魏斯并没有直接出面。他让乐羊看了朝臣的全部诽谤书，实际上是以群臣来压迫乐羊，逼乐羊就范，而魏斯本人则表面上处于超脱地位。在乐羊看来，魏斯开始不信谤是对自己的信任，现在向他送来全部谤书，更是一种超常的信任。他对实际上的罢权人魏斯反倒会由衷地感激。罢了你的权反要让你感激，这正是魏斯用人权术的机妙处。

在魏斯的一系列措施中，有两个问题应该引起注意：第一，他对乐羊的罢权动机至少是在群臣上书时就萌发的，考虑到当时的情况，他秘而未宣，严加封存。乐羊回兵后，送匣是他实施这一动机的重要步骤。向乐羊公开群臣的谤书，等于暴露了群臣对乐羊的陷害。即使让乐羊在朝继续任职，那他心理上感到对立面的众多，无法放手，再也不好成事了，对此魏斯不会没有想到。他只是认为，罢免乐羊是迟早的事情，乐羊是否在朝工作方便，已是无所谓的事情。第二，魏斯在向乐羊送匣时封固甚严，也可能有担心群臣知道，产生被出卖的感觉。但最主要的是要提高乐羊开匣前后的心理反差度，加强谤言对他的震撼力。乐羊开匣前对内中之物有极高的估价，这种价值期待强化了后来的内心震恐。于是他心甘情愿地辞赏、毫无怨言地交权、十分满足地受封，一切都顺乎魏斯的安排。

魏斯是战国初期很有作为的政治家，他尤以善驭人才而闻名。他尊士尚贤，倡导了战国时期的养士之风；他重用法家李悝，推行新的经济政策和法制政治，为各国的变法运动开了先河；吴起后来自魏奔楚，商鞅自魏去秦，他们的变法与魏国的新制均有一定的渊源关系。魏斯在用人上的一套策略和方法，对法家权术理论的形成和后代用人方法的历史借鉴均有重要的作用。魏斯亲手开创了一个强大的魏国，对战国政治格局的演变产生了直接的影响，也为后世提供了成功的政治经验。

功名之士乐羊

乐羊，战国初魏国人。曾游学于鲁卫，七年后学成而归。他对自己估价很高，不屑小仕，待价而沽。魏斯准备越过赵国攻伐中山（今河北正定东北）。乐羊受翟璜推荐，被任为元帅。经过三年较量，公元前406年乐羊攻灭中山。回国后被魏斯罢掉兵权，封于灵寿，称为灵寿君。

乐羊是战国初期有名的军事将领。他越国攻地，凭自己高超的战略战术为魏国立下大功，成就了功名。但他为功名而作出的牺牲不能为上司理解和接受，其性格特点中本身包含着悲剧的因素。

一、擅长军事，明于战略

乐羊以西门豹为先锋，率兵五万攻伐中山。与中山大将鼓须相遇于楸山，两军相持。乐羊对西门豹说："吾视楸山多楸树，诚得一胆勇之士，潜师而往，纵火焚林，彼兵必乱，乱而乘之，无不胜矣。"遂派西门豹率精壮之士，带上引火药物，潜至楸山敌营放火烧林。中山兵正对月畅饮，乐而忘怀。见营中火起，带醉而逃。鼓须率一股人马往山后奔走，却被乐羊亲自引兵截住袭杀，中山兵全线而溃。乐羊遂长驱直入，包围了中山。

乐羊离国远征，根据自己一方不宜久战相持的特点，创造战机迅速决战。在战术上他采用火攻手段，潜师焚林，使敌人不攻自乱，从而以逸待劳。他安排大军乘乱攻杀，积极扩大战果，置敌人于必败之势。

乐羊的长子乐舒当时在中山为仕。乐羊包围了中山后，中山君姬窟强逼乐舒登城向父求情。乐羊面责乐舒，让他劝君投降。乐舒提出让魏兵暂缓其攻，以便中山君臣从容计议。乐羊回答说："吾且休兵一月，以全父子之情，汝君臣可早早定议，勿误大事。"遂下令停止进攻。一月之后，姬窟又叫乐舒登城求情。乐羊又下令停攻一月，如此三次。他的部将很不理解，前去相问。乐羊告诉他们说："中山君不恤百姓，吾姑伐之。若攻之太急，伤民益甚。吾之三从其请，不独为父子之情，亦所以收民心也。"

看来，乐羊三缓攻期，主要是一种策略手段。从战略全局讲来，与中山的军事决战已经结束。其大片土地已在掌握，中山君困守孤城，士气殆尽，败亡已成定局。然而，中山属白狄别族，又远离魏国，收复后的保持将是所要面临的困难问题。姬窟为君时因残暴无情，惹得国中怨怒。魏国收复时只有向百姓示以仁政，才是上等的策略。乐羊三缓攻期，正是这一策略的实施，他以儿子求情为缓攻的借口，正是要在残酷的军事斗争中渗入人情味，使百姓加深对魏国仁政的信任。如果他在儿子的求情下仍然攻城如初，那就等于表示了魏军的无情，会加深中山百姓的恐惧，既不利于目下的攻城，也不利于收复后的保持。

乐羊的缓攻绝不是不攻，他三缓攻期，姬窟以为乐羊爱子心切，料他不会急攻，因而未作过多的防守准备，乐羊则由此争取了城中百姓的同情与理解。姬窟最后拒不投降，也激起了魏国兵士的极大愤懑，乐羊下令攻城，虽然城墙坚厚，积粮颇多，但无济于事。乐羊战略策略上的成功已使攻灭中山之势无法逆转。

二、看重功名，轻薄骨肉

乐羊完成学业后高自期许，待价而沽。翟璜推荐他为伐中山之元帅，有人以其子仕于中山为疑。翟璜坚持说："乐羊，功名之士也，子在中山，曾为其君招乐羊，羊以中山君无道不往。主公若寄以斧钺之任，何患不能成功乎？"魏斯见到乐羊，也当面表示了他的某种顾虑。乐羊当即回答："丈夫建功立业，各为其主，岂以私情废公事哉？臣若不能破灭中山，甘当军令！"无论是翟璜的估计还是乐羊本人的表白，都反映了他强烈的功名进取心。他以建功立业为一生的根本，这种明确的价值观就决定了他在一切具体问题面前的必然选择。

乐羊看重功名，从而轻视骨肉之情。围困中山时，他的儿子乐舒出面求情，出于战略策略上的考虑，他曾三缓攻期。中山君姬窟拒不投降，乐羊最后下令急攻。姬窟听从部下公孙焦之言，将乐舒绑缚于高竿上，向乐羊声称，若不退师，当杀其子，并让乐舒在高竿上向父亲哀呼救命。乐羊在城下大骂道："不肖子，汝仕于人国，上不能出奇运策，使其主有战胜之功，下不能见危委命，使君决行成之计，尚敢如含乳小儿，以哀号乞怜乎?"说罢架弓搭箭，欲射乐舒，姬窟只好收回长竿。公孙焦又唆使姬窟杀掉乐舒，献计说："人情莫亲于父子，今将乐舒烹羹以遗乐羊，羊见羹必然不忍，乘其哀泣之际，无心攻战，主公引一军杀出，大战一场，幸而得胜，再作计较。"姬窟从之，将乐舒之肉烹羹，与其首级一同送于乐羊说："寡君以小将军不能退师，已杀而烹之，谨献其羹。小将军尚有妻孥，元帅若再攻城，即当尽行诛戮。"乐羊认得是儿子之首，大骂道："不肖子! 事无道昏君，固宜取死。"当即取羹当使者之面食之，吃完后对使者说："蒙汝君馈羹，破城日面谢。"姬窟听了使者回报，束手无策，遂入宫自缢。乐羊终于攻灭了中山。

乐羊看重功名，因而有强烈的事业进取心。他以建功立业、博取名位为一生的根本目标，自然在自己价值的天平上就轻视一切，包括自己的骨肉之情。为了根本目标的实现，他舍弃骨肉之情，这是一种必然的行为。乐羊之所以要当面食子之肉，一是要向姬窟表示自己对父子之情的淡漠，破除他挟亲人之命而要挟的心理，使他放弃最后的保国希望；二是要向自己的君主和下属们表白自己的心迹，让人们明白先前三缓攻期绝不是为了父子之情，防止他们对自己的一片为国忠心发生误解。乐羊的考虑可谓周到，然而他的行为却在无意中表明了自己残忍无情的性格特点。

三、才高受谤，功成被疑

正当乐羊在远征前线施展他的才能，采用三缓攻期的策略手段时，魏国朝中谤言日起。群臣纷纷上书于魏斯，诬蔑和攻击乐羊。魏斯还专就此事征求过翟璜的意见。他将这些书信封存起来，待乐羊回国后派人送至其家。乐羊本来大有矜功之色，及见到群臣奏本，大惊道："原来朝中如此造谤! 若非吾君相信之深，不为所惑，怎得成功?"次日，他入朝谢恩，辞掉上赏，对魏斯说："中山之灭，全赖主公力持于内。臣在外稍效犬马，何力之有?"群臣的谤言终于减杀了乐羊的傲气，使他在魏斯的权谋中甘心就范。

乐羊恃才傲物，自视清高，加之在朝时间甚短，从他为帅前后的行为看，并没有与朝臣建立起良好的人际关系，他和朝臣交往不多，相当多的人对他甚至不甚了解，没有应有的思想沟通。而且，他一开始就被任为行军元帅，难免引起许多同僚的嫉妒，使他们心有所怨。乐羊在前线因儿子求情数次缓攻，立即成了朝臣们攻击的口实。魏斯对乐羊是有一定信任的。然而，三人成虎，众人的议论不能不影响魏斯对他的最终信任度。

魏斯将乐羊封于灵寿后，免其军职。翟璜问道："君既知乐羊之能，奈何不使将兵备边，而纵其安闲乎？"魏斯笑而不答，朝臣李克最后揭了这一谜底。他对翟璜说："乐羊不爱其子，况他人哉？此管仲所以疑易牙也。"（本部分引文均自第八十五回）

春秋时代，齐桓公有一次开玩笑说自己尚未尝过人肉之味，侍臣易牙遂杀掉自己三岁的儿子以进其肉。桓公总以为易牙深爱自己，管仲反对说："人情莫爱于子，其子且忍之，何有于君？"（第二十九回）他怀疑易牙有更大的政治野心。桓公临终前易牙作乱于朝，果然证明了管仲的分析。魏斯将乐羊的食羹行为与易牙的杀子行为相比拟，他认为乐羊重功名而轻骨肉，必然会为功名而轻人情、轻礼教，甚至可以为功名而不顾一切，由此将乐羊看成一个功名欲极强而不择手段的危险人物，因而把他从政治领域中坚决而巧妙地推了出去。

魏斯将乐羊和易牙相类比，实质上是不恰当的。他们两人的行为其实有着根本的不同：易牙在行为上是直接杀人者，乐羊根本没有参与对乐舒的杀害；易牙的杀害对象是无辜的儿童，而乐舒政治上属敌方人物；易牙的杀子目的是适君之口，作为自己取媚进身之道，乐羊的食羹行为是出于军事斗争的考虑，服务于他为国尽忠的总目标。乐羊见子被杀，并非完全没有痛子之心，相比之下，他将这次军事行动的意义看得特别重大些。他的食羹行为，在很大程度上是想洗刷自己，消除朝廷对三缓其攻可能发生的误会，不想却给自己造了残酷无情的外界形象。

乐羊的特殊情况使他在出兵之时就隐含了两难的结局：或者以丧失军功换取厚仁重情的声誉，或者轻薄骨肉来成就军功。不同的人对此自然会有不同的选择。但无论怎样选择，结局总不会十分美妙。乐羊作为一个事业心极强的人，他看重功名，选择了后者，从而导入功名之士的必蹈之辙：重功名，受人掌握，可叹！重功名，不顾人情，可恶！重功名，受人猜忌，可怜！乐羊的命运反映了功名之士的政治悲剧，也反映了历史上用人观念的严重不足及其制度的重大缺陷。在这种观念和制度下，道家的豁达大度、适时超脱的精神反而显出特定的优越和合理。乐羊是一个文武全才的人物。他游学七年，韬略满腹。然而，他一生仅仅在伐中山时被使用了三年，其使用率是极低的。所谓择长而用，实质上是要在特定岗位上发挥人才的个性。才能太高，即是个性太强。社会种种关系构成的网络系统一般不允许太强的个性在一个点上长久发挥，因为这样有可能造成网络系统的不协调，有可能打破人事制约关系上的平衡。历史上用人制度及其观念的不完美既然根源于此，"宁困你而不用你"的现象自然会屡见不鲜。而弱化人际间相互制约的网络，创建一个开放的社会运动系统，就成了提高人才使用率的根本措施。

乐羊献力于魏国的强大，以军功闻名于战国之初。他轻薄骨肉以成就功名，最终被人猜忌。他的悲喜剧命运包含了许多发人深省的问题。

才高无行的吴起

吴起（？—公元前381年）卫国左氏（今山东曹县北）人。少年时行为放刁，与母不和，辞家出游于鲁，受业于孔门高弟曾参，因他的行为有悖儒家礼仪，曾参与其断绝了关系。吴起遂转而学习兵法。三年学成，求仕于鲁，被任为大夫。适逢齐国大举进攻鲁国，吴起请求鲁公，被拜为大将，用计击败齐军，声名大震。不久，鲁国相信了齐国散布的反间之言，欲对吴起削职究罪。吴起逃奔魏国，投于翟璜之家。由于秦与魏在西河一带争夺频繁，翟璜遂将吴起推荐为西河守。吴起到任后攻取多城，占领西河全境，迫使秦国退守洛水。魏斯死后，他与田文论功争相，遭到诬陷，被新君所疑，遂逃奔楚国。初为宛（今河南南阳）守，后受楚悼王赏识，被任为令尹（楚国执掌军政大权的最高官职），在楚国实行变法。不久，楚悼王死去，吴起被朝中政敌联合射死于悼王尸前。

吴起的政治活动大体可分为三个阶段：其一是在鲁为将，军事反攻非常成功；其二是为魏国西河守，收复和巩固了西河之地，促进了魏国的强大；其三是在楚国主持变法。应该说，吴起最主要的政治业绩是在楚国的变法。这一问题将在后面围绕楚国人物的政治活动而论及。这里将吴起前两个阶段的活动做一分析，就能清楚地看到这一复杂的政治人物所具有的个性特色。

一、贪权好色，不守礼教

吴起游学于鲁时，曾娶齐国大夫田居的女儿为妻。齐国大举进攻鲁国，有人推荐吴起为将以御敌。鲁君顾虑说："吾固知起有将才，然其所娶乃田宗之女，夫至爱莫如夫妻，能保无观望之意乎？吾是以踌躇而不决也。"吴起打听到了鲁君的顾虑后对人讲："欲释主公之疑，此特易耳。"他回家后对妻子讲："夫位为卿相，食禄万钟，功垂于竹帛，名留于千古，岂非妇之所望于夫者乎?"妻子表示同意后，他提出有求于妻，解释说："今齐师伐鲁，鲁君欲用我为将，以我娶于齐国田宗，疑而不用。诚得子之头，以谒见鲁君，则鲁君之疑释，而吾之功名可就矣。"不等妻子答话，吴起拔剑一挥，砍下妻子之头，送往鲁君说："臣报国有志，而君以妻故见疑，臣今斩妻之头，以明臣之为鲁不为齐也。"鲁君经过反复权衡考虑，任吴起为大将，出兵抗齐。

吴起采取残忍的手段杀妻求将，表现了极强的贪权欲。还在少年时，他的母亲责备了他，他咬臂出血，向母亲发誓道："起今辞母，游学他方，不为卿相、拥节旄，乘高车，不入卫城，与母相见!"他的权欲名利之心有着极深的思想根基，因而贯穿于他的整个生涯。他在魏守西河时，闻新君初立，立即起身回朝，自以为功大，满望拜相。及听说田文已被任为相国，遂忿然不悦，找到田文当面问道："将三军之众，使士卒闻鼓而忘死，为国立功，子孰与起?""治百官，亲万民，使府库充实，子孰与起?""守西河而秦兵不敢东犯，韩赵宾服，子孰与起?"田文均回答说，自己赶不上吴起。吴起问道："此三者，子皆出我之下，而位加吾上，何也?"经过田文一再的说服，他最后仍表示说："然此位终当属我。"吴起从不掩饰自己的权力欲望，为了满足这一欲望，他能够亲手杀掉自己相处多年的妻子。这种为了功名权力而不择手段的行为，表明了他品格之低劣，极大地降低了他在社会上的名声。

吴起还是一个好色之徒。他初任鲁国大夫时，俸禄开始稍有宽裕，便买下婢妾，以供自己娱乐。他的这一特点被齐国加以利用，齐国在与吴起交战中失败，齐将田和被迫乞和，他购求到两个美女，派人将美女与许多黄金带到鲁国，送与吴起。吴起见而受之，并不推辞。齐使出了鲁城，故意将其事泄漏于人，于是沸沸扬扬，到处传说吴起受贿通齐之事。鲁君闻说后，结合他先前杀妻求将的残忍行为作了一番应有的推测揣度，断定吴起居心难测，因而对其做出了削职究罪的决定。

吴起的人生目标是在政治领域建功立业，获取高官厚禄。但他的行为和手段与社会的道德观念严重抵牾，他在鲁受贿，在魏论功争权，这些行为直接触犯各集团用人的政治标准，他两次弃官而逃，在一定程度上预示着他个人在政治领域中的必然结局。

儒家学说在春秋末期的产生有着相当深厚的社会基础，自孔丘系统阐发后，在战国之世已具广泛的市场，是当时所谓的"显学"，它要求人们崇尚礼教，其社会影响是较大的，但吴起的行为恰好与礼教的要求格格不入。他辞母游学，拜曾参为师，学习非常刻苦，曾参有次问他为何不回家看望老母，吴起照实回答说："起曾有誓词在前：'不为卿相，不入卫城'。"曾参见他不守孝道，已心恶其为人。后来母亲死去，他闻讯后哭号一阵，旋即收泪照常读书。曾参发怒道："吴起不奔母丧，忘本之人！"遂与之断绝师徒关系，不许相见。吴起虽然刻苦好学，但他的行为严重违背了儒家所倡导的做人的行为准则，不合于礼教，非但不能成为真正的儒士，反倒有损儒门声誉，这是曾参逐徒的根本原因。

吴起杀妻求将，贪财好色，这些行为均悖于礼教，吴起就是这样一个行为无拘、我行我素的人物。他不为礼教约束，不怕社会舆论，敢冒天下之不韪。然而，吴起并不是有意反对礼教或要向礼教挑战，而是他不拘规范、不守礼教。他要不拘手段地追求个人的人生目标及生活享受，而无视这一过程的道德审判。他的行为既然不能为礼教所容，不能为社会的道德规范所容，他本人因而也就不能为社会完全相容。

二、治军独特，战术出奇

吴起在鲁国受命为将后，完全采取了一种新的治军方法。他在军中与士卒同衣食，卧不设席、行不骑乘，与普遍士兵同甘苦。行军中见有的士兵负荷过重，便主动帮助分担；碰到有病疽的士兵，他亲自为其调药，甚至以口吮其脓血。与齐军对垒后，齐将田和暗中派人观察吴起的所为，但见吴起正与军中最下等的士兵席地而坐，分餐同食。田和听到如此回报，笑着说："将尊则士畏，士畏则战力。起举动如此，安能用众？"遂对吴起产生轻视之意。

其实，吴起的治军方法在当时反映出了一种与众不同的治军观，这种治军观独特出众，以至于不能被田和所理解。吴起治军观的要害是恩化士卒，以便能掌握其心。他一反常规治军中威加士卒、以用其力的传统方法，把很大的精力投入施恩行为，以人心的征服为治军的主要方面。在后来的军事战场上，士卒深感吴起之恩，个个摩拳擦掌，愿为死战。实际效果也证实了这种治军方法的优越性。应该说，在当时等级观念尚严重存在着的东周社会，吴起的治军观首创了一条治军的新思路，开辟了将帅用兵的新方法。随着等级观念的逐步淡化，这一治军方法的优越性愈益显示出来，终于被更多的军事将帅所接受。

吴起治军观的形成与他的贫贱出身有关，同时得益于他不拘常规的思维方式，它的优越性及其军事意义是显而易见的。然而单纯用这一方式，或者将其强调过头，难免发生士不畏将、军纪难申之弊。如果在施恩的治军方法中能佐之以示威、划清范围、恩威兼济，则不失为治理军队的更上之策。

吴起在鲁求将时表示说："齐寇已深，今日不是某夸口自荐，若用某为将，必使齐兵只轮不返。"他对自己的军事才能有极高的自信。吴起率军到达前线，两军相持。齐将田和派下属张丑以讲和为名，特至鲁军窥探消息。吴起将精锐之士藏于后军，以老弱士卒相示，待客之礼甚为恭谨。张丑问起他杀妻求将之事，他惊恐回答说："某虽不肖，曾受学于圣门，安敢为此不情之事？吾妻自因病亡，与军旅之命适会其时，君之所闻，殆非其实。"张丑提出两军结盟通好之事，吴起喜形回答说："某书生，岂敢与田氏战乎？若获结成，此乃某之至愿也。"他将张丑留于军中，欢饮三日，从未谈及兵事，临别时又再三致意，以求和好。张丑离去后，吴起暗调兵将，分三路尾随张丑之后。田和听得张丑回报，以为鲁国兵弱无用，将无战志，全不准备，不料外面鼓声大震，鲁兵突然杀至，三路夹攻，齐兵大败而逃。

看来，吴起的自信心是建立在他能对军事战术的熟练运用之上的。他能根据具体的战场情况采取随机应变的战术策略，出奇制胜。这一次，张丑来鲁营讲和，入侵国与防御国无故讲和，这一般是不可能的事情。吴起对对方的真实来意是有正确估计的。他将计就计、以假示敌、设下圈套，让张丑充当虚假情报的传递人。他藏精示弱、举止惊恐、自称书生，旨在麻痹齐军。当假情报传给敌军，对方还没有充足的时间思考其真伪和采取对策，处于全无准备的状态时，他集中全部兵力突袭夹攻，打了敌人个措手不及。

不拘成规、随事成策是吴起治军和战术上的一大特色。他能根据实际情况，灵活地采取制胜的手段，在各种具体的特殊情况下确有应变之才。他后来在楚国变法，支持他的楚悼王死后，政敌们乘丧作乱，一齐持弓欲射杀他。他奔入王寝，抱王尸而伏。众箭射来，伤及王尸。吴起大叫道："某死不足惜，诸臣衔恨于王，戮及王尸，大逆不道，岂能逃楚国之法哉！"（本部分引文均自第八十六回）言罢而亡。不久，楚国太子继承王位，追究射尸之罪。将追杀吴起的大臣全部捉拿斩首，灭七十余家。吴起在危难时刻的急智，也足以反映他在具体事情上随机应变的才能。这种机变能力被用于军事上，自然能收到出奇制胜之效。据说，吴起在魏为西河守的两年间，运用出奇战术，陆续攻取了秦的临晋（今陕西大荔东南）、元里（今陕西澄城县南）、洛阴（今陕西大荔县西南）、郃阳（今陕西合阳东南）等城，并一直攻到郑（今陕西华县），战果相当辉煌。

吴起是战国初期著名的兵家。他思维灵活，不拘常规，有独特的治军方法和战术。然而，不拘常规的思维特点使他在道德伦理领域变得不守礼教，贪权好色、性格残忍。他才能高超，品行低劣，是一个才高无行的政治人物。

翟璜当年向魏斯推荐吴起时表示说："臣所举者，取其能为君成一日之功，若素行不足计也。"（第八十五回）翟璜之言反映出他对吴起的基本估计，也表明了对吴起可以利用的明确态度。对于这类人物，高明的领导人既不是信而重用，也不是弃而不用，而是在防范中利用。

专权妒能的庞涓

庞涓，战国时魏国人。曾在隐士鬼谷先生门下学习兵法三年有余。魏斯当年网罗的一大批贤臣相继去世后，嗣位的魏惠王（魏斯的孙子，又称梁惠王）魏䓖厚币招贤。庞涓闻讯，即辞别老师，下山应聘，被惠王拜为元帅，兼军师之职。他训武练兵，御敌略地。不久，他的同学孙膑下山相投。庞涓知孙膑之能，怕其夺宠分权，遂设计相害，将孙膑处以刖刑，迫使孙膑秘密逃至齐国。公元前354年，庞涓率魏军进攻赵都邯郸，被齐军调动回师，在桂陵被孙膑安排的齐军击败。公元前342年，庞涓率兵进攻韩国，次年又被齐军调动，在马陵被齐兵包围，几乎全军覆没。庞涓自刎而死。

庞涓是魏国由强转弱时期的一个比较关键的人物。他窃位擅权、心胸狭窄、妒能误国，魏国的衰落与他的政治品行有直接的关系。

一、惑人自夸，虚浮不实

庞涓攻习兵法数年，确实具备一定的军事知识。他喜欢把自己所掌握到的有限的知识显示给别人，唯恐他人不知。他下山受聘，惠王魏䓖问其所学，庞涓回答说："臣学于鬼谷先生之门，用兵之道，颇得其精。"遂把胸中所学尽数倾倒。魏䓖向他大体介绍了本国地理上和军事上的不利形势，庞涓表示说："大王不用微臣则已，如用微臣为将，管教战必胜，攻必取，可以兼并天下，何忧六国哉？"魏䓖疑而相问："先生大言，得无难践乎？"庞涓当即回答说："臣自揣所长，实可操六国于掌中，若委任不效，甘当伏罪。"魏䓖遂委之于元帅之职。

庞涓口出大言，把自己吹嘘成一个军事上无所不能的人物，借以迷惑他人，其目的是要赢得君主的信任与器重，争取到应有的权位。魏䓖赶不上他祖父的识人之敏和用人之精，在没有进行实际考察的情况下就把国家的最高军权交给了庞涓。庞涓因自夸而得了一次"重奖"。

孙膑下山来魏国，投于庞涓门下，他与庞涓曾有同学之谊，又是结拜兄弟。庞涓设宴相待，席间谈及兵机，孙膑说到几处，庞涓茫然无知，佯问道："此非《孙武子兵法》所载乎？"见孙膑给予了绝对肯定的答复，乃转口说："愚弟昔日亦蒙先生传授，自不用心，遂至遗忘。"庞涓见孙膑来魏，已自觉矮了几分，但他任国家最高军职，自不愿表现出比孙膑军事知识上的短少，于是不懂装懂，当确认自己所问有误时，又假称是自己一时用心不到而遗忘。其实，鬼谷先生根本就没有向庞涓传授过《孙武子兵法》。庞涓的转口回答只是要表明他在学业门类和知识结构上并不比孙膑为差，他要在同学面前保持自己大国元帅的各项优越感，一种无知而自矜的品行暴露无遗。

魏䓫曾在对谈中了解了庞涓之才，孙膑来后，他也想测试其能，乃安排孙庞二人在校场各演阵法。庞涓布的阵，孙膑均能指出其名及破阵之法。孙膑排成一阵，庞涓茫然不识，于是他私下询问了孙膑，随后向魏䓫报告说："孙子所布，乃'颠倒八门阵'，可变为'长蛇阵'。"魏䓫叫来孙膑相问，所答相同，他遂认为孙、庞二人才能相当。

庞涓的军事才能本来不及孙膑，这一点他本人是很清楚的，但他不惜采取一定手段，要向魏䓫表明自己的才能不下于孙膑。在魏䓫对二人能力的考察中，庞涓虚浮和不诚实的品性扩大了自己能力的外界示像，迷惑了考察者，从而保住了君主之宠。

一般说来，人们所具有的个体能量总有一个相对固定的限度。一个人在某一方面释放能量较多，在另一些方面必然释能较少，不同方向上的能力发展有相对的不相容性。根据这一道理，如果一个人把自己的释能重点定之于自夸、自显和权欲方面，那必然会影响他知识的积累和自我素质的提高，个体能量上的相对守恒一般使内向的发展和外向的发展总有一个相比较的侧重。庞涓希望自己在军事上有丰富的知识和很高的才能而终不可得，他失之于对自己释能重点的误定。魏䓫对庞涓的实际才能发生错觉，他失之于对上述守恒道理的丝毫不觉。

二、妒能害贤，阴险狡诈

庞涓任魏国军师不久，当时的著名人士墨翟将庞涓的同学孙膑推荐于魏
罃，对孙的才学大加赞扬。魏罃召庞涓问道："闻卿之同学有孙膑者，独得孙
武子秘传，其才天下无比，将军何不为寡人召之？"庞涓回答说："臣非不知
孙膑之才，但膑是齐人，宗族皆在于齐，今若仕魏，必先齐而后魏，臣是以
不敢进言。"魏罃并不以此为意，催他作书相请。庞涓只得作书一封，但心下
踌躇道："魏国兵权，只在我一人之手，若孙膑到来，必然夺宠，既魏王有
命，不敢不依，且待来时，生计害他，阻其进用之路。"孙膑后来受聘来魏，
魏罃见之大喜，欲封副军师之职，与庞涓同掌兵权。庞涓对魏罃说："臣与孙
膑，同窗结义，膑乃臣之兄也，岂可以兄为副？不若权拜客卿，候有功绩，
臣当让爵，甘居其下。"魏罃觉得有理，遂拜孙膑为客卿。客卿，有似宾客，
君主不以臣礼加之，外示优崇，实是庞涓不欲分兵权于孙膑，魏罃和孙膑全
然不觉其意。几天后，魏罃有意安排孙、庞二人在校场操演阵法，以测试二
人之能。庞涓私问孙膑布阵之名，圆满地回答了魏罃，给魏罃造成了二人才能
相当的错觉。回府后，他心中暗想："孙膑之才，大胜于吾，若不除之，异日
必为欺压。"于是精心安排了一场对魏罃和孙膑的大骗局，使魏罃向孙膑施以
刖刑。

庞涓是一个极贪权位的人物，正是魏罃先前看中了他的才能，才封他以
元帅之职，才能是他获取权位的唯一根据。现在，他看到孙膑的才能远远超
过自己，于是感到了对自己权位的巨大威胁，政治防御的本能促使他要消除
这种威胁，追求政治上的安逸。庞涓既然不能在短时间内迅速提高自己的才
能以超过孙膑，那就只能想法压抑孙膑才能的发挥，以此作为消除威胁的唯
一手段。贪位擅权的庞涓要保持自己因才能而获得的权位，必然要嫉妒高才，
陷害高才。

孙膑作为客卿，常与庞涓相会。庞涓在闲谈中了解到在孙膑印象中尚有
堂兄孙平、孙卓，孙膑与他们少年失散，杳无音讯。约半年后，庞涓派手下
心腹徐甲操山东口音，向孙膑送去一信，自称说："小子姓丁名乙，临淄人
氏，在周客贩，令兄有书托某送到鬼谷，闻贵人已得仕魏邦，迂路来此。"孙

膑接信，见是堂兄所写，劝自己早日还乡，骨肉团聚。他知二兄尚在，不觉大哭，最后谢绝了回乡之请，并写下回信。庞涓从徐甲手中拿到孙膑的回信，改动数句，最后写成："弟今身在魏国，心悬故土，不日当图归计。倘齐王不弃微长，自当尽力。"他将这封假书信送给魏王魏罃，进谗道："孙膑果有背魏向齐之心，近日私通齐使，取有回书，臣遣人邀截于郊外，搜得在此。"魏罃心下疑惑，并不十分相信。庞涓又进言说："父母之邦，谁能忘情？大王虽重用膑，膑心已恋齐，必不能为魏尽力。且膑才不下于臣，若齐用为将，必然与魏争雄，此大王异日之患也，不如杀之！"魏罃认为孙膑罪状不明，杀之有害贤之名。拒绝了庞涓的意见。庞涓又提议说："大王之言甚善，臣当劝谕孙膑，倘肯留魏国，大王重加官爵，若其不然，大王发到微臣处议罪，微臣自有区处。"庞涓见了孙膑，先道得讯之喜，力劝孙膑请假数月省亲，并答应说服魏罃批准。这天晚上，他私见魏罃，回报说："臣奉大王之命，往谕孙膑，膑意必不愿留，且有怨望之语。若目下有表章请假，主公便发其私通齐使之罪。"魏罃点头同意。第二天，孙膑果然上表，请假月余，还齐省亲。魏罃见表大怒，认定孙膑有背魏通齐之心，令削其官爵，发往军师府问罪。孙膑被押往军师府后，庞涓伴装惊异，答应力保孙膑。他奏过魏罃，决定将孙膑刖而黥之，回府后又对孙膑讲："魏王十分恼怒，欲加兄极刑，愚弟再三保奏，恭喜得全性命，但需刖足黥面，此乃魏国法度，非愚弟不尽力也。"见孙膑并无怨己之意，庞涓唤来刀斧手，将孙膑绑住，剔去双膝盖骨，又用针在其面部刺上"私通外国"四字。他假意哭泣，以好食相待。而孙膑至此两腿无力，不能行动，只好盘足而坐。他深感庞涓的三餐之恩，甚不过意，遂答应为庞涓缮写鬼谷先生注解的孙武兵书。

庞涓出于个人极端卑劣的目的，在孙膑与魏罃之间拨弄是非，一手导演了这场大骗局。他利用孙膑的思亲之情，通过假人物、假书信等手段，诱使和唆使孙膑请假省亲；另一方面，又通过改动书信等恶毒手段，向魏罃捏造并密告孙膑的所谓叛魏之罪，终于使魏罃将孙膑的请假省亲与逃齐背魏联系了起来。对于孙膑，他既要定罪残害，使其无法与自己争夺兵权；又要外示恩惠，使其心甘情愿地传给自己兵法名著。为了达此双重目的，他狡猾地借助于魏罃之手惩罚孙膑，自己反而表面上伪称庇佑，伴装孙膑的恩人。

庞涓的一系列表演无疑是对孙膑的欺骗谋害，但同时也是对魏罃的欺骗。

骗局结束后，孙膑失去了健全的身体，魏䓖失去了第一流的帅才，而庞涓由此稳定地保住了自己的权位。他以严重伤害同学的身体和国家的事业为代价，换取了自己权位的稳固，充分表现了他的狠毒和阴险。

三、聪明反误，身败名裂

庞涓设计消除了权力威胁后，独掌魏国军权。儿子庞英、侄儿庞葱、庞茅俱为列将，一时非常得志。魏国先前由乐羊夺取的中山之地，不久被赵国夺取。魏䓖责成庞涓恢复中山，庞涓建议说："中山远于魏而近于赵，与其远争，不如近割。臣请为君直捣邯郸，以报中山之恨。"魏䓖同意后，庞涓遂率军伐赵，围邯郸。赵国以中山赂齐求救。当时孙膑已设计秘密逃至齐国。齐王安排大军救赵，以孙膑为军师。孙膑采取"围魏救赵"的战略方针，扬言伐魏，调动庞涓回兵。魏军在桂陵（今河南长垣西）遇到齐兵，误入孙膑的"颠倒八门阵"，折损数万人马，庞涓狼狈而逃。

庞涓在桂陵之战中方知孙膑已为齐国所用，十分恐慌，遂派人以千金贿赂齐相邹忌，使其排挤孙膑。庞涓后来听说齐国已退了孙膑不用，大喜道："吾今日乃可横行天下矣！"遂请兵伐韩，魏䓖任庞涓为大将，起倾国之兵伐韩。韩国求救于齐。当时齐国新君上任，知孙膑等人之冤，已复其故位。孙膑仍以军师身份随军救韩，他采取直捣魏都的战略，又一次调动庞涓班师回国。孙膑知庞涓将至，佯为退军，途中采取"减灶法"，逐日减灶制造齐军大量逃亡的假象，迷惑敌人，引诱追击。庞涓第一天派人数齐兵之灶，足有十万；第二天数灶，仅五万有余；第三天灶仅三万。他以手加额道："此魏王之洪福也！"并向身边人解释说："某固知齐人素怯，今入魏地，才三日，士卒逃亡，已过半了，尚敢操戈相角乎？"当下选精锐士卒数万，不分昼夜，兼程追击。追至马陵（今河南范县西南）险要地区，被孙膑事先布置的障碍物截住狭道。庞涓判断说："此齐兵畏吾蹑其后，故设此计也。"时已傍晚，庞涓命军士点起火来。齐国伏兵望见火光，万弩齐发，箭如骤雨。魏兵大乱，庞涓身带重伤，料不能逃脱，长叹道："吾恨不杀此刖夫，遂成竖子之名！"即举剑自刎而死。魏军后队不战而溃，十万人马几乎全军覆没，造成了魏国历史上最惨重的损失。

　　还在庞涓下山求仕前，他的老师鬼谷先生就告诉他说："汝不合见欺，他日必以欺人之事，还被人欺，不可不戒！"（本部分引文均自第八十七至八十九回）鬼谷先生深知这位学生心胸狭窄、知识浅薄、好斗心眼和滥施机谋的毛病，他这一预料，给了庞涓以负责而诚恳的告诫。但庞涓不以为意，并未把老师的正确劝诫当回事。他执掌魏国军权十二年，为了保住自己的权位，其间耍尽了一些自视聪明的狡狯伎俩。但聪明反被聪明误，最后惨败马陵，身败名裂，落得了应有的下场。"空嗟覆鼎误前朝，骨朽人间骂未销"（见宋人刘子翚《汴京纪事》），同样能表达人们对庞涓误国的忿恨。

　　庞涓这类人物在社会上所以能得逞一时，是有许多原因的：第一，他们确有一定的个人才能，尤其是他们精于权术，擅于挑拨是非、欺上瞒下、拥有一套争权保位的独特手段。第二，善良的人们常常以己之心，度人之腹。即使在他们的欺诈中也不能识其险恶用心，甚至这些人根本就没有欺诈意识。防骗意识淡漠，极易陷入他人的圈套。第三，上层领导人物的不甚精明或马虎大意常常是施骗者欺骗成功的重要条件，比如魏莹在校场考察孙、庞二人的演阵才能时，只要注意到二人曾有过窃窃私语的场面，就可怀疑考察结果的真实性，庞涓的虚浮不实之性就会明了；庞涓密告孙膑通齐，他竟没有和孙膑进行过一次直接对谈就送交庞涓处分。从一定意义上说来，庞涓残害贤能达到肆无忌惮的程度，是在魏莹的领导下逐步纵容发展而成的。庞涓写信邀请孙膑下山时，鬼谷先生见已得大用的庞涓信中竟无一字问候其师，便断定庞涓乃刻薄忘本之人。魏莹不具有这样高超的思维判断能力，庞涓在手下为帅许多年，他竟不能真正地认识庞涓，不能不说是作为领导者的可悲之处。

　　庞涓这类专权妒能人物的出现，无疑是有个人品格上的原因，但同时也是专制制度的产物。在专制制度下，某种权力的顶峰只允许一人存在，这种权力排他的性质必然导致某些人的嫉妒、陷害、阴谋和仇杀等现象。只有消除专制制度，才有可能从根本上最终消除这类政治领域的丑恶现象。

重义养士的魏无忌（信陵君）

魏无忌，号信陵君，魏国第六个国君安釐王魏圉的异母弟。魏国自惠王魏䓨时的马陵惨败后，国势衰落，江河日下。而西邻秦国经商鞅变法、张仪略地，在列国中异军突起，已有兼并六国之势，没有一个国家敢于真正地抗御秦国。魏国毗邻秦国，受秦害较深。中间虽然参与了苏秦等人的合纵抗秦活动，但没有收到多少实际效果。魏无忌出生和生长于国家走向衰落的时期，他效仿齐国孟尝君田文、赵国平原君赵胜等贵族的方法，延揽食客，养士数千人，自成势力。他曾在军事上两度击败秦军，分别挽救了赵国和魏国的危局，在一定程度上扼制了秦国的兼并进程，从而多少影响了战国后期政治形势的演变。但功高震主，魏无忌的政治活动及其影响力引起了魏圉及其太子的疑忌，他最后不得不溺于酒色，以求解脱。公元前243年因伤于酒色而死，十八年后魏国被秦所灭。

魏无忌是魏国后期最有影响力的政治人物，他独特的行为和个性使他在魏国的政治舞台上独树一帜。

一、折节下士、重义养客

战国中期以后，许多国家的贵族阶层兴起了一种养士之风，魏无忌也是这类人物中的典型一位。他为人谦恭、礼贤下士，又注重义气，这是他能够赢得人心的重要方法和原因。

魏国有一个叫侯嬴的隐士，号称侯生，七十多岁，为魏都大梁（今河南开封市西北）东门管理城门开关的吏役。无忌听说他品行正派，又多奇计，同街的人非常尊敬，于是驾车往拜。为了表示他对侯生的尊敬，他设酒大会宾客，将宗室将相诸贵客均邀请于堂中，让大家坐下，独虚上首第一席。然后命驾亲往东门，迎接侯生赴会。侯生登车后，无忌在旁执辔，非常恭敬。途中侯生提出要去宰屠牲畜的市场上看望朋友朱亥，无忌即命绕道入市。到了朱亥家门，侯生进去闲聊不止，无忌在外恭候。及至侯生登车赴会，已耽误了好半天。诸贵客见无忌亲往迎客，虚席以待，正不知是何处有名的游士，或是何处大国使臣，个个准备敬心伺候。客到后，大家起座出迎，发现是一位衣冠敝陋的白须老人，无不骇然惊异。无忌将诸客与侯生一一相互介绍。贵客们听说是东门监守，心下都有些不以为然。无忌让侯生坐于首席，并亲自敬酒祝寿。自此，侯生成了无忌的座上客。侯生又向无忌推荐了朱亥，无忌几次去拜见朱亥，朱亥并不答谢。无忌也不以为怪，礼敬如初。魏无忌后来客居赵国期间，听说隐士毛公混于赌徒群中、薛公混在卖浆之家，立即派人打听会见，但二人躲避不见。无忌遂暗访二人踪迹，知二人正聚于薛家。遂假作买浆之人，径直与二人相见。自通姓名，诉向来倾慕之意，自此与他们深相结纳。有人见无忌与赌徒、卖浆者同游，深以为怪。无忌回答说："某常闻赵有毛公、薛公，恨不得与之同游，今日为之执鞭，尚恐其不屑于我。"（第一百回）

魏无忌作为豪门贵族，能放下架子、折节下士，因而赢得了很高的社会声誉。士阶层有闻其名者，皆归附而来。魏无忌的食客达三千余人。由于社会风气所然，魏无忌以多养食客为荣。有些上等宾客深知无忌之意，因而在这方面与他配合得非常默契。侯生在第一次宴席上接过无忌的祝酒，就当着众人之面讲："臣乃东门抱关吏也。公子枉驾下辱，久立市中，毫无怠色，又尊臣于诸贵之上，于臣似为过分，然所以为此，欲成公子下士之名耳。"（第九十四回）

无忌在交人中常抱一种义气感。他的重义行为能够深深打动对方。魏王爱妾如姬的父亲早年为人所杀，如姬言于魏王，欲报父仇，但三年未抓到仇人。无忌闻其事，派宾客斩仇人之头，献于如姬。如姬非常感恩，情愿以性命相报答。无忌把这种待人的义气感甚至延伸于其他动物。有一次早饭时，有一鸠被鹞所追逐，飞于桌下。无忌藏起鸠，等鹞飞去后将鸠放掉。谁知鹞隐藏于屋脊，等鸠飞出后追上吃掉。无忌伤感自咎道："此鸠避患而投我，乃竟为鹞所杀，是我负此鸠也！"竟全天未吃饭，令人四处捕鹞，共抓获百余只。他又表示说："杀鸠者止一鹞，吾何可累及他禽！"最后想法找到了那只吃鸠的鹞杀掉，将其余的鹞全部放走。人们闻听此事后感叹道："魏公子不忍负一鸠，忍负人乎？"（第九十四回）这些事件使他贤名远扬，众望所归。

魏无忌广延宾客，不仅仅是为了成好贤之名。结合后来的事实看，他的养客有着长远的政治用意。据《史记·魏公子列传》载，有一次无忌正与魏王下棋，北方边境突然传来警报说：赵军快要打入边境了！魏王推开棋盘，准备会集群臣商议。无忌劝阻魏王说：那是赵王在打猎，不是入侵。照旧与魏王下棋。过了不久，北方传来情报说：赵王在打猎，并未侵略。魏王大惊，问他怎么早就知道这种情况。无忌回答说："臣之客有能深得赵王阴事者，赵王所为，客辄以报臣，臣以此知之。"他把宾客派至赵国作间谍情报工作，直接用之于政治目的。在他后来窃符将兵的政治行为中，侯生、如姬、朱亥等人各自起到了特殊的辅助作用。

无忌延揽食客，养士数千人，形成了一股政治势力。这一政治势力的大体特点：一是它在相当大的程度上是一个经济上寄生的政治集团，其成员多不从事物质生产，且与物质生产阶层无直接联系，专靠某一贵族的供养而生存。二是它以供养者为核心，并以供养者的政治目的为活动目的，成员的个体行为几乎全部对供养人负责；它在政治意识上倾向于某一个国家，但对这个国家保持很大的行为独立性，有时游离于数国之间，这都完全以其核心人物的政治态度而定。三是它不具有固定严密的组织，靠经济上的供养关系来维持，并靠义气来凝聚，供养人的经济状况和社会声誉的高低决定着它的规模。四是它的势力渗透到了各个社会阶层，上至公子王妾，下至赌徒卖浆之流，甚至鸡鸣狗盗之辈，也包括一些著书立说的文人学士，在社会上形成了较大的影响力。我们可以看到，如果剔除其中的经济供养关系，后世的会党组织就和它是有所相似的。这种政治势力是供养者影响国家政治的工具，也是他挟之自重的资本。

二、窃符将兵，谋勇胜敌

魏无忌是一个深通军事的人物。当时秦昭襄王上台后，实施兼并列国的战略。公元前262年秦军在长平坑杀赵卒四十万，其后又包围了赵都邯郸，列国胆破。魏王为了本国的安全，派大将晋鄙率军十万救赵。但慑于秦国的强大，临行时告诫晋鄙坚守勿进，在战场上取观望态度。赵国见状如此，托人写私信向魏无忌告急。无忌再三请魏王下令晋鄙进军，又使宾客辩士百般巧说，魏王拒不答应。无忌遂带领千余宾客准备前去赴难。后来侯生为他献计说："如姬感公子之德，愿为公子一死，非一日矣，今晋鄙之兵符，在王府内，唯如姬力能窃之。公子诚一开口，请于如姬，如姬必从。公子得此符，夺晋鄙军，以救赵而却秦，此五霸之功也。"（第一百回）战国时军队的调发采用虎符制度。虎符一分为二，一半在将兵之帅手中，一半国王保存。只有国王处的半个虎符与军帅的虎符相会合，才是调兵的凭信。无忌采纳侯生之计，求如姬盗取魏王虎符，遂与朱亥直奔前线，索取晋鄙兵权。晋鄙对前线易帅之事有所怀疑，要求奏请君王后交权，被早有准备的朱亥猝然用锤击死。无忌握符对诸将说："魏王有命，使某代晋鄙将军救赵，晋鄙不奉命，今已诛死，三军安心听命，不得妄动！"（第一百回）无忌通过这种非法手段，便成了十万军队的统帅，准备与秦军较量。

无忌大犒三军，下令道："父子俱在军中者，父归；兄弟俱在军中者，兄归；独子无兄弟者，归养；有疾病者，留就医药。"由是告归者约十分之二，得精兵八万人。他整顿纪律、申明军法、率领宾客、身先士卒，向秦营进击。秦军与魏兵相拒多日，知魏兵毫无战意，不提防魏兵突然冲至，仓促应战。魏兵奋勇向前，赵军也开城接应，大战一场。秦兵折损约半，只好解围而去。

无忌在救赵前，首先进行了一场争夺军权的斗争。他利用虎符制的漏洞窃符将兵，紧急关头击杀了晋鄙，造成握有兵权的既成事实。等魏王知晓已无可奈何。将兵之后，他根据兵求精而不求众的考虑，裁减了部分兵卒；并把裁减与对士兵的恩遇结合起来，且申之以军令，做到恩威相济。战斗中，他把自己的私属宾客置于士卒之先，极大地鼓舞和振奋了士气。无忌的这次军事行动是攻其不备，因而轻易地击垮了敌军。

无忌救赵后与宾客留居赵国。十年后，魏国在秦军的攻击下危在旦夕。在魏王的请求和毛公、薛公的说服下，他率赵兵十万，合燕、韩、楚三国军队前来救魏。当时秦国大将蒙骜包围郑州（今河南郑县），副将王龁包围华州（今陕西华县），两地相距五百余里。无忌派魏、楚之兵筑起连营，与蒙骜相拒。虚插信陵君旗号，令其坚壁勿战。自己亲帅赵、燕、韩之兵星夜赶到华州，与王龁决战。到了华州，他令赵将庞煖引兵往渭河口劫取秦军运粮之舟，派韩、燕两军在少华山左右等待王龁的救粮部队，准备截击。自己亲率三万精兵伏于少华山下。王龁听说敌军前去劫粮，非常吃惊，遂留兵一半围城，亲率其余军队前去救粮，兵至少华山，被韩燕两军所包围。三国军队搅作一团，杀了半日未见胜负。无忌趁秦军疲困时，引三万伏兵一齐杀出，大叫"信陵君亲自领兵在此，秦将早早来降！"（第一百二回）秦军本已疲困，及见魏无忌亲自引兵杀来，心胆俱裂，大败而逃。战斗一结束，魏无忌马不歇蹄，即刻来救郏州。

秦将蒙骜打探得魏无忌兵往华州，恐华州有失，乃留老弱兵卒守营，虚插"大将蒙"旗帜与魏、楚二军相持。自己率精锐部队秘密赶赴华州，指望与王龁合兵。谁知无忌已击败了王龁，两军在华阴界上相遇。魏无忌亲冒矢石，当先冲锋。三国军队相随，他们初胜后士气高昂，又略有准备，一举击败了秦军。蒙骜折兵万余，鸣金收军，整顿军马，准备再决死战。不料郏州魏楚之将探知蒙骜不在军中，遂攻破秦营老弱，往华阴一路追袭而来。正遇蒙骜列阵将战，遂两下夹攻，秦军腹背受敌，大败而走。直逃至函谷关（今河南灵宝东北），紧闭关门，不敢出应，无忌率五国军队追至关下班师。

在这次战役中，秦军由于轻敌思想作祟、胃口大、战线拉得过长，尤其是在战役指挥上两位大将临事惊慌，均被对方所调遣，发生了严重失误。相比之下，魏无忌的军事才能得到了充分的表现：第一，他在战役的总体布置上采取对两处敌人分而制之、各个击破的方针。根据敌人战线长、联络疏松的特点，先以重点兵力与华州之敌决战。华州之敌兵力稍少，其地又是郏州之敌的后方通道。先打华州，既是先打敌之薄弱，又是直捣敌之要害；既是孤立强敌的手段，又是调动强敌的手段。这一战略安排是较高的一着。第二，他采取以虚应实的策略，虚设帅旗，用小部兵力吸引敌人，稳住强敌，而以主要兵力与弱敌首先决战。在实际交战上是以众临寡，以优势对付劣势之敌，增大了初战胜利的可能性。秦将蒙骜不愧为用兵老手，他后来也虚设帅旗，以虚应敌。但相比之下，在战略全局上未取主动之势，已处被动应付的局面，不能与无忌的策略同日而语了。第三，无忌在与王龁之敌决战时，先劫粮草，攻其所必救。在战术上继续调动敌人，以求在敌之运动中截击围歼。这一战术方针也进一步分散了敌人兵力，扩大了敌我力量差距，再一次提高了初战的成功率。另外，在围歼王龁之战时，他将劫粮行动公开化，而将伏兵截击行动秘密化，将明的一手与暗的一手相配合，加强了战术策略的有效性。同时，在截击王龁救兵时，他稳住三万生力军，先以一定兵力与敌厮杀较量，待敌军困乏时，再将三万精兵投入战斗，猝然给敌人以重创，以夺取战术上的速胜。这些都是极高明的战术策略。第四，在华阴界与蒙骜军队遭遇后他迅速发起冲锋，不给敌人以准备的机会。他也深知自己方面准备不足，但他更知道敌军毫无准备，敌人慌张而来、战况不明、军心不定，而自己一方全局战况较清，士气旺盛，对比之下有较多的优越性。根据这些情况，他对敌人立即发动进攻，一举击败了敌军。后来蒙骜受到魏楚两军的后方夹攻，虽带有一定偶然性，但也体现了无忌在战役总体上正确布置的一种必然结果。

临近战国末期时，秦国的兼并统一几成破竹之势。在这种军事背景下，魏无忌两次用兵、两败秦军，扼制了秦国的兼并之势，对当时列国的政治形势发生了一定的影响。他之所以能在极险恶的军事形势下夺取战役的胜利，一是他富有勇气，不为强秦的咄咄气势所吓倒。他毫无畏惧，一再率军抗秦，战斗中身先士卒，表现了他军事上的大勇。二是他富有谋略，他指挥五国联军的败秦之战，是他军事谋略和指挥才能的生动表现。战后他声名大震，各国出重金讨求他的用兵之法。他将宾客平日所进之书，结合自己的经验，纂写兵法二十一篇，画阵图七卷，取名《魏公子兵法》。魏无忌的兵书虽然今已失传，但他的军事建树对当时的社会和后世的军事实践产生了不小的影响。

三、势大震主，酒色释疑

魏无忌礼贤下士、广延食客；同时又两败秦军，声名远扬。但势大震主，他因此而始终受到安釐王魏圉的疑忌。还在他当年与魏圉下棋，断定赵王狩猎时，魏圉就对他产生了恐忌之心，不把国政委任于他。赵国危急求救时，魏圉拒不采纳无忌的出兵主张，不能说不包含对无忌的嫉妒。魏无忌窃符夺兵权，魏圉知道后准备捕其家属，斩其宾客，并将自己的爱妾如姬贬入冷宫。及无忌救赵成功，有人建议他遣使召回无忌，"一以全'亲亲'之情，一以表'贤贤'之义"，魏圉仍表示说："彼免罪足矣，何得云功乎?"（第一百回）下令"不准迎归"。致使这位少弟在赵客居十年之久。后来魏国势在危急时，魏圉迫不得已，派人持相印和金币往迎无忌。作书云："公子昔不忍赵国之危，今乃忍魏国之危乎？魏急矣！寡人举国引领以待公子之归也。公子幸勿计寡人之过。"（第一百一回）至此才稍微表白了自己的过失。无忌破秦凯旋后，魏圉将其拜为上相，将国政委之，这是他们兄弟关系最融洽的一段时期。

魏国君臣的融洽关系毕竟是特殊条件下的产物，当时的秦国丞相蔡泽曾分析说："信陵君有震主之嫌，魏王岂无疑忌之意？"（第一百二回）根据这种深层隔阂，秦国重贿晋鄙之党，使其在国内散布无忌篡权的流言；并派使至魏，向魏无忌明送秋波，做给魏圉看，强化无忌的震主之嫌；还采取其他的配合手段。尽管无忌问心无愧，一再表白，但魏圉心中芥蒂终未释然。

面对种种复杂的情况，魏无忌再也干不下去了，只好托病不朝，将相印兵符一齐交还魏圉。即使这样，他尚唯恐引起魏圉的疑忌，遂与宾客长夜痛饮，多近女色，日夜为乐，颇有点"英雄无用处，酒色了残春"之意。

魏无忌在身边培植了一股不小的私人政治势力，又以自己的军事才能两次击败强秦，挽救了两个国家。他势大震主、功高盖主，造成了对魏圉的威胁。在"朕即国家"的专制社会中，为国的行为本来是直接为君主的行为。但大臣势大功高，却又容易造成国家向心力的偏转，形成对君主个人的直接威胁。为国的行为超过一定限度立即和为君的行为严重对立了起来，这是君主专制制度本身无法克服的一个矛盾。魏圉既然不能改变专制制度本身，那就必然要在这个制度内部防范和消除威胁权力核心的不稳定因素。他对魏无忌的疑忌、限制和打击就成了必然的行为。而魏无忌既然生存于专制统治的社会，又具有相当的才能，那他的一生就面临两种选择：其一是限制自己的势力、放弃自己的政治建树，随俗合流，不使自己冒尖震主；其二是甘冒君主的疑忌而在政治上大显身手。无忌既然在一生的前期选择了后者，那他在一生的后期、势大功高时就有两条小道可走：其一是将君主轻易地取而代之；其二是急流勇退，泯灭自我。无忌是一定时代的人物，不能超脱时代意识去行事，自然地选择了后者。他接近酒色，以示政治上的无欲，借此消释君主的疑忌；他退出政治舞台、淆乱自己的社会角色，以此换取君主的信任。在这条酒色小道上，他伤害了自己的健康，不久得疾而亡，彻底结束了自己的政治生涯。

关于魏国的一点评论

战国时的魏国是一个不断走下坡路的国家。魏斯执政时，北拓西争，国势兴旺，魏是最强大的国家。隔代至魏䓨执政时，国家的政局发生了转折性变化，马陵之战后，不断受到齐、秦的欺凌，战略上的攻势转为守势。后至魏圉执政时，虽有魏无忌的败秦之举，但已无法扭转被动的局势。魏自三家分晋起立国约二百年，于公元前 225 年为秦所灭。

纵观魏国的兴衰史，可以明显地看到，国家对人才的态度与其本身的强弱有着直接的关系。魏斯当年倡尚贤之风，广纳贤才，使用了李悝、乐羊、吴起、西门豹、翟璜等一大批人才，创造了辉煌的政治业绩；魏䓨时任用了一个小有才能的庞涓，但庞涓嫉贤妒能，排挤和迫害其他人才，使人才本已稀少的魏国又封闭了纳贤之门。其后的君主都少有爱才之心，魏圉连他的弟弟（无忌）都不能相容。由这些人所统驭的国家，其衰落是不足为怪的。

魏䓨执政长达五十年，这是一个七雄争长的时期。当时魏斯的尚贤遗风使魏国在竞争中尚具某种优势，许多第一流的人才出自魏国。吴起、商鞅、孙膑都曾臣属于魏国，但魏䓨的区区小才不能识别和驾驭他们，终使商鞅奔秦、孙膑逃齐，他们使魏国的东、西两邻迅速崛起，导致魏国在大国争长中败落下风。错过了这一时期后，魏国的弱势使其不再具有与秦国进行战略竞争的能力，因而一步步地衰落，直至灭亡。

在人才与国势的关系中，人才的兴旺影响到国势的强大；另一方面，我们还可以看到，衰弱的国度，越不容易容纳人才。强盛的国度拥有众多的人才和辉煌的政绩。任何个人的建树都只是国家事业的一小部分，不足以引起权力核心的偏转，不能构成对君主个人的威胁，这时候有海纳百川之势；衰弱的国度里政权脆弱，任何人的稍许作为都可能引起权力核心的震恐，而整体事业衰败下的惶恐心理使君主对部下的疑忌心更为敏感，这时候小河难容江川。他们对人才更多的是排斥和压抑，魏无忌的遭遇正是这种情况的反映。

考察魏国的历史，不能不为这个国家在七雄争长时期的一着不慎、错失良机而惋惜。魏国在地理位置上东齐西秦、南楚北赵，居平原之地，无险可守、四面受敌。在这样的环境下与列国竞争，他们的主要战略性失误在于：第一，没有稳定的战略计划，从而没有稳定的军事目标和外交策略，东西为敌，四面出击，结果分散了力量。当时商鞅入秦后明确提出"非魏并秦，即秦并魏，其势不两存明矣"。（第八十九回）已明确地以魏为主要进攻目标，而魏国此时却正热心于对韩、赵的争夺，在外交上又一度被苏秦、张仪等人所左右，缺乏独立的战略思想。第二，魏与韩、赵三分晋室后，虽一度强大，但总有后劲不足之弊。他们没有很好地注意休养生息、恢复国力，出兵频繁，以消耗国力为代价来换取一时的胜利。最后被齐、秦乘虚吞咬，钻了空子，造成一蹶难振的局面。第三，当时的主要负责人魏䓨无远见、少气魄、心胸窄。当时的相国公孙痤临死前将青年英才商鞅竭力推荐于他，他拒而不用。商鞅后在秦国变法，政绩显赫，列国震惊，最后因受到政敌的逼迫，不得已潜逃魏国。魏䓨竟以其侵吞过魏国河西之地而欲囚之献秦，又把商鞅逼回了秦国。当时的列国尚无商鞅之匹，魏䓨不知道商鞅的价值可以超过河西之地许多倍。如果魏䓨这时能把商鞅保护下来，加以重用，再图恢复是完全可能的，但他却缺乏这样的气度和胸怀。第四，河西失于秦国后，魏国立刻丧失了与秦竞争的勇气。不久把国都由安邑迁至大梁，表示了对秦国的退让姑息。他们再图恢复的勇气不足，对秦始终存有余悸。几次与秦作战中取观望态度，在一定程度上纵容了秦国的扩张吞噬之心。魏国由盛到衰，其中有着深刻的教训。

【赵国政治人物】

战国时代大国的博弈争胜

赵氏原与秦国是同一祖先，五帝颛顼的苗裔。其后因助大禹平水有功，被舜赐姓嬴氏。夏商时代，其祖多有功绩，至周穆王时，赵祖造父为之驾车，因助穆王破敌有功，被赐以赵城（今山西洪洞县北赵城镇）。其后裔叔带在周幽王时离周至晋，开始在晋国建立赵氏世家，后以赵为姓。叔带的五世孙赵夙为晋献公时的大将，因功而被增封土地。赵夙之孙赵衰跟随晋文公重耳在外流亡十九年，是重耳的重要谋臣。重耳返国立为晋君后，赵衰被封为原大夫，住于原（今河南济源西北），被任以国政。其子赵盾长期执国政，对晋国有所建树。其子赵朔嗣位后，受奸臣陷害，遭"下宫之难"，几于灭宗，只有男婴赵武幸免得脱。十余年后，晋国政局变化，又启用了赵氏孤儿赵武。赵武执政时，春秋之世各大国出现了政权下移的趋势，赵氏之势渐强。赵鞅为晋卿时，他在晋国内讧中打败范氏、中行氏，扩大了封地，为赵国的建立奠定了基础。

春秋末年，赵无恤嗣父赵鞅之位为晋国大夫。在晋末四卿的争斗中，他联合韩、魏灭掉了智瑶之族。三分其地，壮大了赵氏势力，为"三家分晋"准备了一切条件。后来赵籍继位，与魏斯等人一起完成了"三家分晋"。公元前403年被周威烈王承认为诸侯，建都晋阳（今山西太原东南）。前386年迁都邯郸。当时赵国西有黄河，南临漳河与魏为界，东有清河与齐为界，北有易水与燕为界，西北傍阴山与匈奴、楼烦、林胡为界。战国初期，由于魏国的强大，赵国其时经历了一个相对衰弱的时期。赵无恤之后的几代君主均作为不大。战国中期，武灵王赵雍为克服国家的积弱局面，以极大的胆识进行军事和政治方面的改革，向北方开拓疆域，国势大盛。赵雍之子——惠文王赵何执政为君时，秦国已开始了兼并战争。赵国由于蔺相如、廉颇、赵胜等人的参政用事，尚能维持基本的国势。孝成王赵丹为君时，奸臣用事，廉颇等人受到排挤。在秦赵长平之战的紧要时候，赵丹派纸上谈兵的赵括代替廉颇为将，致使赵军大败，四十万赵卒被秦军一夜坑杀，造成赵国无法挽回的惨重损失。战国晚年，赵国虽有庞煖、李牧等名将，但军事上的衰弱和政治上的腐败终使他们无力振兴国家。后来，秦兵围赵都邯郸，国君赵迁惧而出降。公子赵嘉奔至代地（今河北蔚县），自立为代王，守赵祀六年。公元前

222 年为秦所灭。

　　自公元前 453 年赵与韩、魏共灭智氏，至公元前 222 年赵为秦所灭，赵国经历了二百余年的历史。其间赵无恤是赵国实际上的开创人，赵雍是国家的中兴君主，蔺相如、廉颇等人是赵国中后期的顶梁之柱，他们力扶将倾之大厦，对赵国的政治有重要的影响。赵括被用，是赵国衰落的契机，他在长平之战中真正地葬送了国家，使赵国加速走向灭亡。

精明创国的赵无恤

赵无恤，晋末四卿之一。晋卿智瑶专权时，以伐越争霸为名，向韩、魏、赵三家索地，以图扩大自己的私人势力。当时韩、魏两家业已割地，而赵无恤拒绝了智瑶的要求，与其直接对抗，被智瑶所纠合的三家联军围困于晋阳。在智瑶水淹晋阳的关键时刻，赵无恤派人出城，暗中联络韩、魏反叛智瑶。最后三家反灭智氏，三分其地，为赵国的建立开创了局面。

赵无恤在智瑶的压力面前能够明察政局，不畏强敌；面临败亡的威胁，他能沉着应付，积极寻求政治阵营的新组合，败中求胜；胜敌之后又及时转换领导方式，对部下实施礼化教育，这些方面均表现了他创国的精明。

一、把握政局，抗御强敌

智瑶索到韩、魏之地后，派人来赵府求地。赵无恤拒绝说："土地乃先世所传，安敢弃之？韩魏有地自予，吾不能媚人也！"智瑶闻报大怒，乃尽出私甲，以灭赵分地为条件，合韩、魏之势，一同杀奔赵府。赵无恤退守晋阳，拉开了与强敌较量的战幕。

当时四卿势力中赵氏不为最强。赵无恤之所以敢与智瑶纠合的势力相对抗，绝不是一时的莽撞，主要地在于他对政局的正确观察。这种观察在他和谋臣张孟谈的多次谈话中体现了出来。当时晋国公室暗弱，对四卿无力相制。在智瑶挑起的四卿争斗中，智瑶合三家之众，气势汹汹。但实际上正如张孟谈所谈到的："韩魏无仇于赵，特为智瑶所迫耳。两家割地，亦非心愿，虽同兵而实不同心，不出数月，必有自相猜疑之事。"他们看到了智瑶与韩、魏之间的深刻矛盾，知道这种矛盾迟早会导致他们之间关系的破裂，从而发生政治局势的必然性转机。

赵无恤对政治局势的正确判断还在于充分注意到了自己一方的优势，这种优势表现在：第一，身边有足智多谋的张孟谈等人才，张孟谈长于谋略，熟悉国情，忠诚可靠。只要能充分相信并依靠这类人物，就能形成敌方无法比拟的现实的智力优势。第二，晋阳由赵氏经营多年，赵氏家臣尹铎向当地百姓数十年施宽恤之恩，百姓愿为效死。赵氏在这里的群众基础是相当巩固的。第三，当年家臣董安于筑晋阳城时，城墙高固。公宫之墙垣均以箭杆之料筑造，荻蒿等物足以造箭；而堂室之柱皆以精铜为料，卸而用之，铸兵器有余。早年的备战措施在此时正好发挥巨大的作用。赵无恤在防御战中曾感叹说："甚哉，治国之需贤臣也！得董安于而器用备，得尹铎而民心归，天祚赵氏，其未艾乎？"表达了他对自己优势的肯定和对御敌成功的信心。

赵无恤对智瑶本人也是早有所了解的，还在赵鞅为卿时，赵无恤以世子身份代替父亲随智瑶从征。智瑶以酒灌无恤，无恤不能饮，智瑶乘醉发怒，以酒器投无恤之面。无恤面伤出血，赵氏将士欲教训智瑶。无恤劝说："此小耻，吾姑忍之。"（第八十三回）班师回国后，智瑶反在赵鞅跟前说无恤的坏话，要让赵鞅废掉无恤。无恤知道智瑶的为人，了解他贪利、自傲和愚鲁的性格特点。无恤敢于严词拒绝智瑶之请，就是料定他成不了气候。

赵无恤在敌强我弱的政治局面下，能够深刻分析政局的构成及其发展趋势，能充分看到敌我之间的优劣对比。他不为敌人表面的气势所吓倒，勇敢地与其起而抗争，表现了政治人物应有的无畏气概。

二、瓦解敌军，转守为攻

赵无恤在少年之时就表现出了他的过人之才。当时赵鞅已立他的嫡长子赵伯鲁为世子。有个名叫姑布的人，以善于识才著称。他向赵鞅竭力荐举无恤，无恤是赵鞅的婢妾所生。赵鞅为了赵氏的兴盛，将自己的几个儿子全部叫来，逐一考察其学问。无恤有问必答，条理分明，引起了赵鞅的重视。据《史记·赵世家》载，赵鞅不久又对几个儿子说："我将宝符藏在了常山，先找到者有赏。"几个儿子跑到常山上到处寻找，什么也没有得到。无恤回来却说他已找到宝符了。赵鞅要他交出。无恤回答说："从常山之上，居高临下，可以夺取代国。"赵鞅叹服无恤之才智，遂废掉伯鲁，而以无恤为世子。

在被智瑶围困于晋阳的关键时刻，赵无恤充分发挥了他的才智。他以智瑶与韩、魏之间的矛盾为依据，根据政治局面的演变趋势，派张孟谈暗使韩魏营寨，陈说利害，密结同盟，准备击垮智瑶。从表面看来，智瑶有军事上的优势，智瑶本人也为此洋洋自得。而赵无恤根据对政局的分析，试图在四卿中建立政治阵营的新组合。他要建立一种暗中的优势，这种优势为智瑶所不知晓，必然能造成军事上出其不意的成功。等韩、魏被张孟谈说服，与赵氏结成密盟后，智瑶失败的趋势已在所难免。

赵无恤策划的这次军事行动的成功，在于他能妥善处理防御与进攻的关系。退守晋阳，是战役上的防御。但他为了进攻而防御，在防御中准备进攻，在防御中积极实现进攻。与韩、魏的密盟结成后，他将公开的防御迅速地转入暗中的进攻。公开的防御，既是进攻的准备过程，又是进攻的配合手段。这样，赵无恤把守与攻密切地结合了起来，当敌人还陶醉于胜利前的喜悦之中时，就猝然将其击垮毁灭。

赵无恤在军事斗争中密结同盟、瓦解敌军，将敌人用以进攻自己的力量暗中化解为自己摧毁敌人的力量。同时，智瑶曾决晋水以灌晋阳，以晋水作为进攻的重要手段。赵无恤在晋阳深感这一手段的厉害，他在反攻中即以其人之水，反灌其人之军。暗约韩、魏决堤放水，将敌人进攻自己的手段顺手用作致敌于死地的手段，使智氏军队全部被歼。

基于对政局的全面把握，赵无恤在困守晋阳的危急时刻将瓦解敌军的策略和转守为攻的方式相结合，终于实现了对敌斗争的全面胜利，奠定了自己稳定于政治舞台的基础。

三、以礼为则，导引部下

彻底战胜了智瑶集团后，赵氏的势力进一步巩固和壮大，瓜分晋室仅成了一个时间问题。赵氏面临的主要任务是稳定局势，巩固人心。赵无恤在这时及时地进行了一次论功行赏。赵氏集团的人物一致认定张孟谈为首功。但出乎意料，无恤却以高赫为首功。张孟谈心中不服，向无恤说："高赫在围城之中，不闻划一策，效一功，而乃居首功，受上赏，臣窃不解。"无恤回答说："吾在厄困中，众俱慌错，唯高赫举动敬谨，不失君臣之礼。夫功在一时，礼垂万世，受上赏不亦宜乎?"孟谈愧服而退。

攻灭智氏后，赵氏集团的政治重心由军事斗争暂时转入了巩固政治成果的活动，赵无恤对此有深切的体察。他的这次奖赏完全是配合这次转变而对部下实施的教育手段。为了巩固政治成果、稳定局势，就需要把遵从礼仪提到高度。赵无恤的奖赏就是贯穿了尊礼者重于立功者的原则。他认为立功有一时的偶然性，而要求臣下尊礼奉上，则是保持万世平安的长久之策。通过奖赏，他要引导部下遵守礼仪规范，信守君臣之礼，要教育他们如何做人。

奖赏高赫的行为也是赵无恤领导方针的一次转变。在部下的立功与尊礼行为中，他在巩固政权的时期更注重于后者。这是赵无恤政治重心转变时期思想观念的一次重大抉择。高赫在军事斗争的时期没有立下大功，但一个人的能力有大小，可贵的是一种精神。历史的和眼光的局限使他看大了礼的适应期限。他希望他的所有部下，不论能力大小，都树立起守礼的精神。这样就能长久地巩固自己的政权。

智瑶被擒斩后，赵无恤为泄怨仇，漆其头颅为便溲之器。智瑶之臣豫让闻之，潜入赵府谋刺无恤，不幸被抓获。赵府之人要求斩杀豫让，无恤劝阻说："智瑶身死无后，而豫让欲为之报仇，真义士也!"下令放豫让回家，豫让临行前表示自己以后还要谋刺寻仇。身边人认为纵之必有后患，力主杀之勿赦。无恤劝阻说："吾已许之，可失信乎?今后但谨避之可耳。"(第八十四回)后来豫让漆身吞炭，毁形变体，再图谋刺。被抓获后，他要求在自己自裁前用剑击砍赵无恤之衣袍，以寓报仇之意。无恤怜其志，遂脱下锦袍让其击砍，以成其志。

赵无恤对忠于智瑶的豫让抓而赦之，宽大处理，以及后来成其报仇之志，绝不单是出于对俘虏的优待或对失败者的怜悯。和对高赫的奖赏一样，这一措施同样是对部下的教育手段。豫让的突出特点是忠于故主。他以极大的代价为故主报仇，虽失败而不易其志，而这正是赵无恤要对部下所提倡的一种精神。通过赦豫让，他要告诉部下，忠诚守节的人能得到任何人的理解与同情，他们总会有好的结果。

奖高赫与赦豫让，是赵无恤从不同角度对部下实施的现实教育。两项措施分别告诉部下，君主在世时要守礼，尽君臣之分；君主死去后要守节，成君臣之义。他把传统的礼仪观念的根本内容通过活生生的实际教给了部下。

对传统的礼仪观念，赵无恤绝不仅仅是当作一种手段去使用，而是出于他的衷心信奉。他当年是以非嫡子的身份被立为世子的，他的兄长伯鲁为此被废掉。因为这层原因，他生前坚持废掉自己的儿子，立伯鲁的后裔赵浣为世子，后由赵浣继承了他的卿位。赵无恤在选嗣问题上的态度，表明他对礼仪观念的信奉是发自内心的。

赵无恤是赵国实际上的创国之君。在晋末四卿的政治争斗中，他能把握政局，同强敌相对抗，又善于采取积极的对敌策略，迅速击垮强敌，表现了创国君主的大勇大智。军事斗争取胜后，他立即将尊礼提到一定高度来对待。采取多种方式对部下进行忠诚守礼的现实教育，谋求政治成果的巩固，表现了富有作为的政治人物应有的精明。

胆识兼人的赵雍（武灵王）

赵雍，战国中期赵国国君，称赵武灵王，公元前 325 年至公元前 299 年在位。赵无恤初创赵国，二传至赵籍，被周王承认为诸侯，又六传到了赵雍。这一历史阶段内，魏国由强盛刚转入衰落。秦国在西部迅速崛起，已具兼并之志。苏秦、张仪的纵横策略分别被列国实施，天下出现一派动荡不安的局势。赵雍有感于战国前期赵国的积弱，决心在动荡的环境中振兴赵国。遂在军事，政治、民俗等方面进行了一整套革新措施，以极大的胆识倡导胡服骑射，并在生前禅位让子，全力治军。陆续攻灭中山国，攻破林胡、楼烦（今山西岚县一带），国势大盛。赵雍的革新给国家带来了新的生机，但他不久又怜悯失位的长子，欲分国于他。赵雍对此事的态度游移不定，致酿内讧。在二子的权力争夺中，他被围困于沙丘宫（地点在今河北广宗西北大平台）饿死。

赵雍是赵国极有作为的君主。他乱世中奋起，处弱图强，在许多领域进行了破俗逆世的革新，表现了很高的胆识。

一、着眼军事，改革民俗

战国之世以军事争战为主要特征，赵国同样被卷入了军事争战的漩涡。同时，赵国与匈奴、林胡、楼烦接壤。这些游牧部族经常以骑兵侵扰赵国，在战场上轻便灵活，很有优势。赵雍为了彻底改变军事上的被动局面，造就一个威服海内的强赵，决定实行"胡服骑射"。命令国人改穿传统的宽袍大袖为胡人的短装服饰，束皮带、用带钩、穿皮靴，并大力发展骑兵，训练士兵马上射箭的技术，改变传统的车战。经过一番改革和训练，赵军的战斗力迅速提高，由此取得了对外战争的一系列胜利。拓地数百里，甚至一度产生自九原（今内蒙古包头市西）突袭咸阳、并吞秦国之志。

赵雍的胡服骑射，是着眼于军事并侧重于军事的民俗改革。当时中原诸国文明程度较高，自视礼仪之邦，对异邦风俗自有一种蔑视心理。赵雍在军事实践中能发现胡服的长处，敢于抛弃传统服饰，公开提出采用胡服，表现了他不守成规、重视现实的认识态度和移风易俗、革旧布新的行动魄力。

民俗是祖宗的传统，又培养了当时人们的行为习惯。由于人们崇拜祖先与安于现状的心理，其改革面临相当大的阻力与困难。赵雍在进行这场改革的过程中，采取了如下一些重要的措施：第一，召集肥义等大臣商讨改革，争取这些进步人物的支持，在朝中形成一种改革势力，避免孤身作战。第二，驳斥保守分子的反对言论，强占舆论阵地，扩大宣传和影响，提出"理世不必一道，治国不必法古"，"以古制今者，不达于事之变"，（见《战国策·赵策二》）为改革作思想舆论准备。第三，看准目标，下定改革决心，并公开宣布于众，以示绝不动摇之志。赵雍认识到："夫有高世之名，必有遗俗之累。"他决心不计较世俗的反对和嘲笑，坚决改革到底。因为他知道："虽驱世以笑我，胡地中山吾必有之。"（二句见《史记·赵世家》）他对改革的意义和作用有极高的自信。第四，自己率先执行改革内容，为全民做出榜样。领导者的行为对民众有极大的影响力，面对反对者的阻力，赵雍首先采用胡服，对改革起到了有力的推动作用。第五，在朝臣意见还未完全一致时，赵雍数次出面，陈说利害，说服了自己的叔父赵成。争取赵成赞成改革，是赵雍一个极重要的策略。他争取到了上辈的支持，既减轻了自身的压力，又夺走了保守分子赖以支持的后盾。第六，赵雍在改革的同时不断争取军事成果，用现实的军事成果向人们证明改革的意义。经过一段时间后，这项改革终于被人们彻底地理解和心悦诚服地接受。

赵雍关于胡服骑射的改革是成功的。其之所以能成功，一是由于赵雍作为国家主要领导人，对此认识明确，决心大，措施得力；二是由于在社会系统中，这毕竟只是一个单项改革，不是过分复杂。尤其是，这一改革不牵扯人们的实际利害，不致与反对势力矛盾激化，被人们彻底接受的余地更大些。

二、舍权让位，全力治军

胡服骑射的实行，军事上的强盛使赵雍雄心大增。他筹划取路云中（今内蒙古托克托旗东北），自九原突袭咸阳，吞并秦国。因感到手下诸将不可专任，遂决定让儿子赵何专治国事，自己全力治军，经略四方。他召集君臣大朝于东宫，传位给赵何。自己号称主父，使肥义为相国，李兑为太傅，赵成为司马。

赵雍的吞秦计划包含了极大的雄心，就当时的实力而言，赵国远赶不上秦国。但秦国恃兼并之志，一直东向用兵，又南侵楚国，对北方防范较少。赵雍准备绕道九原，利用轻骑之优势，偷越沙漠荒原，直下秦都咸阳。在秦国北线准备不足的情况下，只要实施得法，赵雍的这一战略计划是有可能实现的。而且，秦国当时已正面开始吞并列国，秦国只要存在，赵国灭亡的危险也总是同时存在的。只有给秦国以摧毁性的打击，才能从战略上真正消除赵国的危险。赵雍吞秦计划的实施确是有些风险，但这是弱中求胜、解除战略隐患的必要一着。如果成功了，将足以扭转战国的局势。

这一战略计划的实施，对领兵之将的智谋、胆略、权威和经验等方面都有极高的要求。鉴于这种情况，赵雍决定亲自担任军队指挥。为了把自己从国事中解脱出来，他将王位提前传于赵何，保证自己能专心致志于军事方面，并着手进行战略计划的准备工作。君主生前将王位交给儿子，这在以前的历史上是几乎没有过的。但赵雍是一个极重现实的政治人物。比如数年前魏、韩、燕、中山与赵国相约五国互相尊立为王，独赵雍持否定态度，坚持说："无其实，敢处其名乎！"（《史记·赵世家》）令国人称自己为"君"。面临当时的战国形势，赵雍清楚地看到，不摧毁秦国，即使自己名为赵国之君，国家也会迟早衰亡；而如果能在军事上摧毁秦国，即使自己舍掉君位，也会有国家和自己长久的未来。赵雍让出王位，全力治军，与历史上君臣亲属间争权夺位的事实形成极鲜明的对照，表现了他以国家利益为重的胸怀和注重现实的高远的政治见识。

赵雍的让位行为带有政治革新的精神。这一政治革新也是着眼于军事、配合军事斗争的需要而进行的。在这次变革中，他将自己置于太上皇的地位，交出了政权又未完全放弃全权。后来常常是赵何临朝就位，自己在旁设便座听朝。大概是要给赵何一个培养锻炼的过渡阶段。同时，他在让位时替赵何组织了一个较理想的政权班底。相国肥义曾是自己所依靠的亲信大臣，太傅李兑足智多谋，赵成为王室贵族、老成持重。他们同辅赵何为政，可以保证在处理国事上少有差错，赵雍的上述安排看来是有一番精心考虑的。然而，赵雍的政治革新绝不属于政治制度的改革。他的让位只是出于加强军事领导的考虑而采取的权变措施。就其整体思路看，既没有设想制度上的创新，又不包含对终身制的废除。尽管这样，在君位终身传统已牢固形成、君臣尊卑观念十分浓厚的社会中，赵雍的让位行为还是很了不起的，没有破俗逆世、敢于革新的胆识，他是做不到这一点的。

赵雍专管军事后，将秦国作为主要的战略对手。他为了掌握咸阳附近的地理形势，了解秦王嬴稷的处事为人，决定亲自去咸阳面见嬴稷。他在让位不久，假称赵国使者赵招，持国书来秦告立新君之事。他带着数人，一路画其地形，竟至咸阳来见嬴稷，与其对谈国事。嬴稷见赵使卑亢得宜、应对自如，甚是敬重。晚上，他突然想起赵使的言谈举止远非区区国使所及，觉得事有可疑。次日急命赵招相见，其从人推说患病不起。三天后，嬴稷派人强入馆舍搜寻赵使，才知赵使正是赵雍本人。而他在那天会见嬴稷后就暗中返回赵国了。嬴稷追之不及，礼送赵雍从人还国。

赵雍入咸阳暗窥秦王，是为实施吞秦战略而作的准备工作。他要了解咸阳的地势和秦王的个性特点，又不满足于传闻所得的情况，于是亲身前去侦察。曾经为堂堂大国君王，又身为国家最高军事指挥，敢于冒名去敌国都城做侦探，为常人所不可想象。但这恰好是赵雍突出的个性，是他不同于常人的地方。他办事不拘成法、胆识兼人，这是他能取得较大政绩的重要原因。秦王嬴稷曾问他，赵国是否畏惧秦国。他以国使身份回答说："寡君不畏秦，不胡服习骑射矣。今驰马控弦之士，十倍昔年，以此待秦，或者可终俍盟好。"（第九十三回）表达了他革新措施的实施动因和对强秦无所畏惧的自信气魄。

三、爱子酿乱，容祸误身

赵雍在公元前 299 年让出君位，全力经营军事，本想吞并强秦，威服列国。但不幸的是，在他让位后的第五年，国内发生了严重的内乱。两个儿子争位夺权。他卷入了这场争斗，壮志未酬而含恨丧身。

两个儿子间的争斗与他对继位人的安排有直接的关系。他早年立嫡长子赵章为太子。不久立宠妃吴娃为后，遂废掉赵章，立吴娃的生子赵何为太子。生前将王位传给了十岁左右的赵何，同时将东安阳（今河北省阳原县东南）封给赵章，称为代安阳君。赵章平素奢侈放纵，心中不服赵何，常有所表现。赵雍甚表同情，私下对族人赵胜讲："汝见安阳君乎？虽随班拜朝，似有不甘之色。吾分赵地为二，使章为代王，与赵相并，汝以为何如？"（第九十三回）他欲将赵国一分为二，使两个儿子同时称王。这一计划因受到赵胜等大臣的反对而被搁置了起来。但两个儿子因此也加深了对对方的敌意，加强了戒备心。后来，赵雍与赵何同游于沙丘，赵章相从而行。沙丘是殷纣王为畜养禽兽而筑，有离宫两所，相隔五六里。赵雍和赵何各居一宫，赵章居于二宫中间的馆舍内。赵章见赵何率兵众不多，遂与部下商议，晚上诈称父亲发病，召赵何前往，欲于途中截杀之。但赵何一行也有戒备，觉得事有可疑。相国肥义自愿先行试探，半路被伏兵误杀。赵章成骑虎之势，欲止不能。遂率众夜袭赵何之宫，双方相持不下。天明，赵何的亲信李兑、赵成等人率兵前来接应，击败了赵章。赵章单骑奔入赵雍宫中，赵雍开门匿之。李兑等率兵来捕。赵雍一口咬定赵章未来宫中。李兑令亲兵数百人搜宫，在夹壁中搜出赵章，将其斩首。李兑听到赵雍在外哭泣，遂对赵成说："主父开宫纳章，心已怜之矣！吾等以章故，围主父之宫，搜章而杀之，无乃伤主父之心！事平之后，主父以围宫加罪，吾辈族灭矣！王年幼不足与计，吾等当自决也。"（第九十三回）乃令军士不许解围，并使人假传赵何之令道："在宫人等，先出者免罪；后出者即系贼党，夷其族！"宫中内侍闻令，争先出宫，仅剩下赵雍一人被锁入其中。他无以为食，攀树取雀卵生啖，月余饿死。三月之后，李兑等开宫探视，将其尸葬于代地灵丘。

赵雍在对王位的安排上，一直游移不定。他既要立赵何为君，又不愿让赵章失去权位。赵章对赵何不满，本已祸见其端。但他不是对赵章的野心予以制止，反而欲分国于章，这等于助长了赵章的野心。赵何与赵章是自己的亲生儿子，但又是国内两大政治派系的头子。赵雍因为浓厚的亲情，仅仅看到了二人的前一层关系，以为他们不会有过大的利害冲突，他完全忽视了后一个方面，没有看到二人的不得两立之势。他在亲属的温情中天真地抹去了残酷无情的政治关系，带着儿女私情去处理政治问题，引发了一场本来能够避免的祸乱。

赵雍爱子心切，不愿看到有哪一个儿子不是君王的现状，于是想分国为二，制造两个政权并存的局面，这更是一个荒唐的设想。当时赵国的积弱之势稍有改观，刚刚出现了强盛的势头，但其总体实力并未超过秦国，如果分国为二，不能保证对已有的力量集中使用，即使不发生内耗，也无法抵御强国的欺凌，最终使两个国家都不会长久，何况两个政权间的内耗会是不可避免的。赵雍的分国设想，是因私情而忘记国家大计、毫无政治远见而贻害无穷的构想。

赵雍曾以使者身份回答秦王嬴稷问话时说道："寡君虽为'主父'，然国事未尝不主裁也。"（第九十三回）赵雍让出君位但未放弃全部权力，当时赵国的权力核心处于模糊状态。正是恃仗父亲的权威，赵章才敢于生事造反。赵章后来逃至宫中，赵雍本该依仗自己的权威严咎罪魁祸首，但他不分青红皂白，将儿子藏起来准备了事。在危及国家政权的大是大非面前，他因舐犊之爱，丧失了应有的政治立场。赵章的作乱为祸本与他的无意纵容有关，平乱中他又坚持藏匿祸首，李兑处斩了赵章。知道赵雍事后不会善罢甘休，这是根据赵雍一贯行为而做出的正确预料。出于彻底防范的需要，李兑将他作了祸首赵章的殉葬品，由赵雍一手酿成的祸乱最后毁灭了他自身。

赵雍以极大的胆识进行了军事、民俗方面的改革和政治上的革新，赵国的气势为之一新。正当他怀一腔壮志要吞并强秦，威服列国时，却不慎酿乱丧生。他虽为赵国训练出了一支可与秦国相周旋的军事力量，但年幼的惠文王赵何缺乏父亲那种坚毅果敢、英勇善战、胆略超众的军事才能，无法很好地利用这支力量，使赵国在天下纵横策略交织、秦国兼并之势未完全形成的时期，失去了对外发展的最好时机。赵雍在内乱中死了，他留下了赵国历史上的千古遗恨！

外交能手蔺相如

蔺相如，战国时赵国大臣。惠文王赵何执政期间，曾宠用内侍缪贤为宦者令（管理宦者的长官）。蔺相如原为缪贤的舍人（王公贵官的私属官号），因长于智谋而被缪贤尊为上客。自武灵王赵雍丧生后，秦国对赵国开始进行试探性的挑衅，企图在谈判桌上首先折服赵国。国难当头，缪贤将蔺相如推荐给赵何。蔺相如受重托两次赴秦：第一次他前赴咸阳，机智地挫败了秦王嬴稷骗取国宝"和氏璧"的阴谋，完璧归赵；第二次他随赵何赴嬴稷的渑池之会。会间勇敢地与嬴稷相抗争，维护了国家的尊严，其后被赵何任为上相。他回朝后对故意寻衅的同朝大臣廉颇容忍谦让，使其愧悟。二人成为团结御敌的知交，不久他因病而卒。

在秦国正寻求当时的战略攻击目标、向各国作试探性挑衅时，蔺相如在外交上以少有的大智大勇，连连重挫强秦，捍卫了赵国的威严，使秦不敢贸然加兵于赵。他是赵国历史上很有贡献的外交能手。

一、以智应敌，不辱使命

赵国偶然得到了价值连城的"和氏璧"。此事传到秦国后，嬴稷向赵何提出愿以十五城相换。赵何集群臣商议，欲将璧交秦，怕被白白欺骗；欲拒绝秦国，又怕触秦之怒。事在两难，群臣议论不一，一时又选择不出能保证两全的智勇之士。这时，缪贤向赵何推荐说："臣有舍人姓蔺名相如，此人勇士，且有智谋，若求使秦，无过此人。"（本部分引文均自第九十六回）赵何遂招来蔺相如问计。相如分析说："秦以十五城易璧，价厚矣。如是赵不许璧，其曲在赵；赵不待入城而即献璧，礼恭矣，如是而秦不予城，其曲在秦。"他建议赵何答应与秦交换。赵何又问他是否愿意持璧赴秦，完成使命。

相如表示说："大王必无其人，臣愿奉璧以往。若城入于赵，臣当以璧留秦；不然，臣请完璧归赵。"遂奉璧西入秦都咸阳。

当时秦国易璧的真正态度尚不清楚，蔺相如分析了赵国的两种态度将会引起的道义的不同归属。立足于从道义上战胜秦国的考虑，他主张答应以璧易城。临行前，他还表示要以秦国的真实态度来决定赵国的实际态度，最终达到不受欺诈的目的。在秦强赵弱的情况下，为维护赵国的利益，这是可以采取的一个较好的行动方案。然而，赵使在秦都咸阳要保持应有的行为选择权，确有较大的难度和险度。

蔺相如见到嬴稷，奉上宝璧。嬴稷接过来欣赏良久，叹息不已，之后传示群臣，又送与后宫嫔妃玩味。蔺相如见嬴稷并不提起易城之话，知其不是真心交换，于是生出一计，上前说道："此璧有微瑕，臣请为大王指之。"嬴稷命人将璧送与相如。相如拿到璧后，倒退数步，靠在殿柱上，怒气勃勃地对嬴稷说："和氏之璧，天下之至宝也。大王欲得璧，发书至赵，寡君悉召群臣计议，群臣皆曰：'秦自负其强，以空言求璧，恐璧往，城不可得，不如勿许。'臣以为：'布衣之交，尚不相欺，况万乘之君乎？奈何以不肖之心待人，而得罪于大王？'于是寡君乃斋戒五日，然后使臣奉璧拜送于庭，敬之至也。今大王见臣，礼节甚倨，坐而受璧，左右传观，复使后宫美人玩弄，亵渎殊甚，以此知大王无偿城之意矣，臣所以复取璧也。大王必欲迫臣，臣头今与璧俱碎于柱，宁死不使秦得璧！"于是持璧准备击柱。嬴稷深恐璧碎，急忙阻止，令人取来地图，向蔺相如指画准备予赵的十五城。

正在秦国君臣持璧欣赏叹慕的兴头上，蔺相如指出璧有微瑕，无疑使秦国君臣愕然和扫兴。一种好奇心所迫，必使他们急于知道微瑕所在。蔺相如收回宝璧后，已有了部分的主动权，于是向嬴稷重申换璧的先决条件。值得注意的有两处：第一，蔺相如收回宝璧，要索取秦城，但为什么最后却要将其撞碎？其实，蔺相如的撞璧只是一个虚假动作。他深知嬴稷正想得到此宝，又玩兴正浓，无论如何不会让送到眼前的宝璧碎于堂前，必然会阻止撞璧，并为此而暂时答应他的条件。蔺相如是以撞璧来要挟嬴稷，使其不得恃威逼迫自己。"和氏璧"乃天下至宝，蔺相如和嬴稷都深爱此物。但蔺相如做出一个破璧的表示，故意显示出不加痛惜的态度，更能刺激起嬴稷的惜宝之心，从而把主动保护珍宝的责任推给了嬴稷。蔺相如要举璧撞柱，自然是想到了嬴稷若不阻止时的结局，这一动作冒着极大的风险，但他更想到了嬴稷对这一结局的恐惧。这是他们两人心气的较量，谁的胆略更大，处事的主动权就归属于谁。嬴稷终未经受住惶恐的瞬间煎熬，对蔺相如的真实用意还没反应过来就急忙阻止。蔺相如的破璧动作也就顺势中止。第二，蔺相如收回宝璧后，向嬴稷诉说了临行前赵国群臣所持有的两种意见。这既不是泄漏实情，自我取悦于嬴稷，也不是可有可无的啰唆，而是应用了一种有效的辞令策略。这种策略是在外交谈判中根据事态发展的两种趋势，有意摆出自己一方对对手曾有过的两种相反估计。摆出消极的估计，是将对方的心机撕开来让他自己观看，便于直述其丑，使其羞于为之。同时亮出了自己一方的怀疑，等于向对方暗示了自己对消极结果的戒备与提防，使对方有所顾忌。另一方面，在谈判中又摆出自己对对方的高估，表示出对对方高尚风格的坚信，能够启发对方的君子之风，诱使他做出积极的行为选择。同时，这种高估常常以谈判人自身的观点出现，能使对方对自己产生知心感，增加亲切度，便于和谈继续进行。

秦国在相约换璧前，嬴稷对献此谋的丞相魏冉表示说："十五城，寡人所惜也，奈何易一璧哉？"魏冉告诉说："赵人畏秦久矣！大王若以城易璧，赵不敢不以璧来，来则留之，是易城者名也，得璧者实也。王何患失城乎？"秦国出于此种想法而提出换璧，本身就是一种欺骗。在蔺相如的胁迫下，嬴稷取来地图，指画要给赵的十五城。蔺相如根据来秦后嬴稷的表现，知道这又是一种欺诈手段。遂对嬴稷说："寡君临遣臣时，斋戒五日，遍召群臣，拜而遣之。今大王亦宜斋戒五日，陈设车辂文物，具左右威仪，臣乃敢上璧。"嬴稷答应后，蔺相如抱璧回馆。为万全计，他命从人扮作贫困之人模样，暗带宝璧，抄小路潜回赵国。蔺相如以对等外交的惯例为借口争取到了一段回旋的时间余地，又带离宝璧，使秦国的任何阴谋都成为泡影。

五天后，嬴稷假说已经斋戒，升殿陈设礼物，大会各国使者共观受璧仪式。当知道蔺相如已使人带走宝璧后，勃然大怒，命人缚绑相如。相如面不改色地说道："大王息怒，臣有一言。今日之势，秦强赵弱，但有秦负赵之事，绝无赵负秦之理。大王真欲得璧，先割十五城予赵，随一介之使，同臣往赵取璧，赵岂敢得城而留璧，负不信之名，以得罪于大王哉？臣自知欺大王之罪，罪该万死，臣已寄奏寡君，不望生还矣。请就鼎镬之烹，令诸侯皆知秦以欲璧之故，而诛赵使，曲直有所在矣。"嬴稷无可奈何，对群臣讲："即杀相如，璧未可得，徒负不义之名。"遂厚待相如，令其归国。

蔺相如在觉察到秦国的欺骗动机后，带离宝璧，使秦国的一切阴谋都成为痴心妄想。这一既成事实形成后，他在公开场合诚恳地向嬴稷表白心迹，说明事理曲直，借以争取诸侯国在道义上的同情，给秦国施加影响。蔺相如还在陈述中表明自己已做好了就死的准备。既然心不畏死，这就在一定程度上消除了嬴稷对他以烹杀相威胁的企图。

在这次外交活动中，蔺相如以勇示敌、以诈制诈。他身入秦国，从虎窟完璧归赵，既表示了赵国敢与秦国相较量，又显示了赵国不会受欺于秦国，从而取得了这次以弱对强的外交活动的奇迹般的成功。这一外交胜利充满了大勇大智的熠熠光辉。

二、大勇临难，捍卫国威

蔺相如完璧归赵，向秦国显示了赵国的力量，回国后被赵何拜为上大夫。但嬴稷心中终不释然，复遣使约赵何在渑池（今河南渑池县西）相会。秦国不久前曾以会盟手段诱拘了楚怀王熊槐。赵何为此心有余悸，但拒而不去，又怕显出赵国的软弱。最后决定由蔺相如保驾前往，并有战事准备上的配合。

会上，嬴稷与赵何以礼相见。饮酒中间，嬴稷对赵何说："寡人窃闻赵王善于音乐，寡人有宝瑟在此，请赵王奏之。"请国君在席间奏乐，于礼相违，带有侮辱性质。赵何见请，面部发红，但不敢辞却。秦国侍者即将瑟器献于赵何，赵何奏《湘灵》之曲。曲子结束后，嬴稷一面赞叹不已，一面召御史（朝中执掌文书及记事的官员）记载其事。秦御史记道："某年某月某日，秦王与赵王会于渑池，令赵王鼓瑟。"蔺相如上前说道："赵王闻秦王善于秦声，臣谨奉盆缶，请秦王击之，以相娱乐。"嬴稷面带怒色，未即答言。蔺相如取来盛酒的瓦器，跪于嬴稷之前相请。嬴稷不肯一击，相如厉声说道："大王恃秦之强乎？今五步之内，相如得以颈血溅大王矣！"嬴稷身边的人欲上前执拿。相如圆睁怒眼，大声叱之，须发竖起，使那些人惊骇而退。嬴稷心怕相如，极不情愿地勉强击缶一声。相如遂起身，召赵国御史记载道："某年某月某日，赵王与秦王会于渑池，令秦王击缶。"秦国诸臣意殊不平，当席向赵何提出："今日赵王惠顾，请王割十五城为秦王寿！"蔺相如也向秦国提出："礼尚往来，赵既进十五城于秦，秦不可不报，亦愿以秦之咸阳为赵王寿！"这时席间乱成一片，嬴稷急忙制止说："吾两君为好，诸君不必多言！"他又听到了谍探关于"赵设备甚密"的情报，遂命人进酒，假意尽欢而散。

蔺相如在宴会间与嬴稷进行了针锋相对的斗争。嬴稷让赵何席间奏乐，本已是不尊敬的行为，秦御史又故意记成"令赵王鼓瑟"。"令"是君上对臣下的指使，这种记载完全失去了赵与秦的平等关系，是赵国的奇耻大辱。为了捍卫国家的尊严，蔺相如当即冒死犯难，针锋相对。他以与嬴稷同归于尽为威胁手段，迫使嬴稷不得不做出击缶的动作，从而使赵国御史有"根据"地记上了"令秦王击缶"之句。面对秦国诸臣的无理请求，蔺相如又根据平等外交的原则，也针对地提出了一个不能实现的要求。以刁难对付刁难，从而维护了国家的尊严不受侵犯。

蔺相如在席间面叱秦臣，威逼嬴稷，表现了极大的胆略。联系上次他出使咸阳，完璧归赵的若干情节来看，他明白，自己在外交谈判中毫不留情地挫败对手，大不了被杀头而已。他怀着必死的念头去行事，故而对强秦毫不怯懦，具有一种大无畏的气概，反而当场压强秦以求和。嬴稷本是要对赵国进行战略试探，以便确定军事目标。在外交上这两次受挫后，感到赵国力量尚强。遂与赵何约为兄弟，表示永不侵伐，还将自己一个名叫异人的孙子送于赵国作为人质。大臣们觉得送人质有点过分，嬴稷笑着解释说："赵方强，未可图也。不送质，则赵不相信；赵信我，其好方坚，我乃得专事于韩矣。"遂将军事目标暂时移向了韩国。蔺相如智勇兼济的外交活动极大地维护了国家的威严与安全。

三、忍让同僚，善识大体

蔺相如两挫秦王，维护了国威。赵何认为他对赵国贡献最大，乃拜为上相。当时赵国名将廉颇心中不服，对人讲："吾有攻城野战之大功，相如徒以口舌微劳，位居吾上。且彼乃宦者舍人，出身微贱，吾岂甘为之下乎？"表示见到蔺相如要击杀或羞辱他。蔺相如听到此事，遂有意回避廉颇，每次群臣会朝，他托病不去。有一次他在街上望见廉颇的前导人马迎面而来，急使自己的驾车人避于旁边小巷，待廉颇车过方出。人们都觉得蔺相如怯懦，私下议论纷纷。他的宾客舍人益发觉得窝囊，一同去见相如说："臣等抛井里，弃亲戚，来君之门下者，以君为一时之丈夫，故相慕悦而从之。今君与廉将军同列，班况在右，廉君口出恶言，君不能报，避之于朝，又避之于市，何畏之甚也？臣等窃为君羞之！请辞去！"蔺相如劝阻说："吾所以避廉将军者有故，诸君自不察耳！"在大家的一再追问下，蔺相如解释说："强秦所以不敢加兵于赵者，徒以吾两人在也。今两虎共斗，势不俱生，秦人闻之，必乘间而侵赵。吾所以强颜引避者，国计为重，私仇为轻也。"并以自己勇斗秦王为旁证，说明自己并不怯惧什么人物。一番话说得大家心服口服，这些宾客舍人表示深相理解，以后还在与廉颇宾客的各种交往中主动忍让，以成相如之雅意。后来，有人将蔺相如的忍让之意告诉了廉颇，顿使廉颇深觉有愧，并亲向蔺相如负荆请罪，表示道歉。于是将相和好，结为刎颈之交。

强秦的存在始终是对赵国的威胁。在国难未发的时候，蔺相如能从国家安危的大局出发来考虑问题，彻底抛弃私嫌，以国家利益为上，表现了他能忠公体国的博大胸怀。对位居其下的同僚一再避而忍让，自然显得"窝囊"，会使人们鄙而视之。蔺相如能顶住这种压力，这是最难能可贵的。他这种抗拒压力的勇气，同他先前在外交活动中舍死抗秦的勇气一样，都是以国家利益为至上和善识大体的必然产物。

蔺相如在身为缪贤舍人时就表现了善识事体的能力和特点。缪贤偶从外客手中买到一块无瑕之玉，玉工将其鉴定，认定正是楚国当年丢失的"和氏璧"。据说此玉能却尘辟邪，放在身边，冬暖夏凉，百步之内，蝇虫不入。赵何闻之，向缪贤索取。缪贤爱而不交。赵何乘其外出时派人入家搜出。缪贤深恐赵何治罪，欲出奔燕国。蔺相如问他为什么要去投靠燕国，缪贤解释说："吾昔年尝从大王与燕王相会于境上，燕王私握吾手曰：'愿与君结交。'以此相知，故欲往。"蔺相如分析劝阻说："君误矣！夫赵强而燕弱，而君得宠于赵王。故燕王欲与君结交，非厚君也，因君以厚赵王也。今君得罪于王，亡命走燕，燕畏赵王之讨，必然束缚君以媚于赵王。君其危矣。"他认为缪贤没有大罪，若向赵何主动谢罪，必会得到赦免。缪贤从其言，赵何果然对他尽释前嫌。

蔺相如根据燕赵强弱对比的政治局势，从燕王对缪贤的私语中，分析到事情的实质是燕王想取媚于赵王，这种实质表现在：缪贤受宠于赵王时，燕王结好于缪贤；而在缪贤背反赵王时，燕王必然要帮助赵王收拾缪贤，这是事情的本质在不同条件下的具体表现。缪贤被事情的表面现象所迷惑，误以为燕王对他个人有什么私情厚爱。蔺相如能从事情的全局和所处条件上考虑问题，故能看透私人交往背后的政治原因，能正确预料事态的发展趋势。联系他携璧入秦前对两种策略之利弊的深透分析以及忍让廉颇的心意表白，不难看出他是一个非常能识大体、顾全局的杰出政治人物。

蔺相如主要是作为一个外交人物而活动于政治舞台上。他虽无春秋晏婴式的机智和辞令，但在与强秦的外交活动中，他有理、有谋、有勇，既保证了胜利，维护了国体，又赢得了与国的同情。这是他一生事业的极成功之点。他后来任国家上相，身为国家主要官员，虽能为国家利益而弃却私情，表现了极大的胸怀和忍让，但这种单纯消极退逊的团结方式主要还有赖于对方的自发觉悟程度，其成功具有偶然性，还不是团结同僚的较佳方法。蔺相如在公元前 279 年的渑池之会后被拜为上卿，是国家最高层执政者。但他在位十多年间没有提出过什么重要的政治战略，甚至没有产生过扭转秦强赵弱之势的企图，始终对秦国处于被动戒备的紧张状态，这是他为政期间的重大缺憾。尤其是在执政晚期，他没有成功地阻止赵孝成王对纸上谈兵之将赵括的任命，造成了公元前 262 年长平之战的惨败（事见《史记·廉颇蔺相如列传》），致使国家的局面不可收拾。蔺相如是一名外交能手，但称不上一个政治全才。

赵国"长城"廉颇

廉颇，战国中后期的赵国名将，以善于用兵而闻名于诸侯。惠文王赵何执政时，他在赵何渑池之会期间辅太子守国。其后与蔺相如同为朝中高级官员，位为上卿。孝成王赵丹执政时，秦国吞并韩国的上党之地（今山西和顺、榆社以南、沁水流域以东之地），赵国派廉颇率二十万军队援韩，与秦军相拒于长平（今山西高平西北）。廉颇坚壁固守三年之久。后来赵丹中了秦国的反间计，改派纸上谈兵的赵括代替廉颇为将，遭致大败。事后赵丹又重用廉颇。在秦军乘胜围攻邯郸时，廉颇用心设防，屡有小胜，终于保卫了邯郸。魏无忌窃符救赵之后，赵国的危局有所缓和。廉颇不久被任为相国，封信平君。其后他率兵击败了燕国的军事挑衅，乘胜进军，迫使燕王答应和解条件。悼襄王赵偃继位后，廉颇受命伐魏。因受到奸臣郭开的诬陷，遂奔逃魏国为客将，居于大梁（今河南开封）。秦王嬴政开始大规模兼并列国时，赵偃一度想召廉颇用之。但郭开暗做手脚，廉颇终未见用于赵。后来，他被楚国召去，用为将军，感兵弱不能逞其志，忧郁而死。

廉颇相继辅佐赵何、赵丹、赵偃三代君主，他以自己的武略和战功抗击外敌，威慑列国，在一定程度上维护了国家的安全。从总体上说，他是赵国历史上少有的将才。

一、勇而有谋，长于争战

廉颇早年率兵伐齐，攻取阳晋（今山东郓城县西）等地，又数挫入境之秦兵，故在诸侯中以英勇善战而著称，被赵何任为上卿。与蔺相如同辅国政，迫使秦国将军事战略目标移指他国。后来，秦国派大将王龁攻取韩国的上党之地，上党守将反降赵国。赵丹任廉颇为上将，率兵二十万援救上党。赵军与秦军在长平相遇。廉颇闻上党已陷，而赵军前哨有失，立即调整作战部署。他令军队依山列营。根据秦军的作战特点和列营的地理状况，他下了两道命令：其一是让赵军坚壁勿战，传令"出战者，虽胜亦斩"，把全军的军事行动严格控制在了自己以守为攻的战略意图之内。其二是他令军士掘地数丈，修下大池，注满涧水。秦军在赵营以西五里处安寨，连续数次挑战，由于廉颇约束甚严，终究得不到战机。秦将王陵献计说："秦赵之军，共取汲山下流涧之水，赵垒在涧水之南，而秦垒居其西，水势自西而流入东南，若绝断此涧，使水不东流，赵人无汲，不过数日兵必乱，乱而击之，无不胜矣。"（第九十八回）王龁采纳了这一建议，截断涧水以困赵兵，谁知廉颇早已备下日用之水，秦兵困赵军数月，没有任何效果，终于无可奈何。

廉颇在这次军事行动中看到了秦军吞并上党后余勇正盛、士气高涨的特点，为了避敌锐气，他采取了坚壁不战的策略。由于秦军远离本土，又以争夺地盘为目的，因而急于决战，廉颇的策略是真正看准敌人要害而制定的方针。他利用时间的推延来消耗敌人，以期扭转战局，这是当时情况下所能采取的最佳方针。廉颇不愧是久经沙场的老将。他察度营地的地理状况，料到敌人必会以断水的手段来对付自己的坚守之策，因而蓄水为备，粉碎了敌人的计谋，保障了自己军事计划的实施。如果不是赵丹后来听信流言，前线易帅，这次战役究竟会鹿死谁手，实在未可预料。

长平之战结束后，赵丹深深感到了廉颇军事计策的正确和用兵的高明。派人向廉颇致谢道歉，起用他守御邯郸。当时秦国乘长平之胜围攻邯郸，欲一鼓灭亡赵国，形势万分严峻。廉颇在城中率军队严密守防，他以家财招募死士，不时让他们在夜间缒城而下，往砍秦营，使秦兵屡有小败，无法得手。廉颇在危急情况下采取应急手段。他看到当时要大规模地杀伤秦军是不可能的，遂采取零星的突袭战术，在总体防御中夹杂零星的进攻，以求减杀敌军的气焰。两军相持日久，秦军不能得胜。后来魏无忌窃符救赵，秦军终于退归。廉颇的突袭战术有效地挫伤了敌军，争取了求援的时间，在一定意义上解救了赵国的危局。

赵国在与秦国的争战中受到严重消耗。尤其是长平一战，四十万人丧生，损失惨重。北邻燕国见有隙可乘，遂以三十万大军分三路攻赵，满望踏平赵土，大拓燕疆。时任相国的廉颇对赵丹提议说："燕谓我丧败之余，士伍不充，若大赍国中，使民十五岁以上者，悉持兵佐战，军声一振，燕气自夺。"（第一百一回）他还分析了燕将栗腹等人的才略及个性特点，认为战胜燕军是极有把握的。这次战争中，廉颇率兵至鄗（今河北柏乡县北），亲自迎战燕国大将栗腹。他将丁壮之卒尽藏山后，以老弱列营示敌，继而出军挑战。栗腹见之，不以为意，命副将分兵一半继续攻城，自己率兵一举击败赵之援兵。追杀数里后，突然山后喊声大震，廉颇亲率精锐伏兵杀出，栗腹被俘，此路燕军闻讯全降。廉颇长驱直入，于燕地包围了燕王，直到对方答应了赵国的全部条件方才撤兵。在这次军事争战中，廉颇首先从战略上分析了战胜燕国的可能性：首先，他从敌我双方的特点入手，想法弥补自己兵源不足的弱点，把胜利建立在了较牢靠的基础之上。其次，他在具体的战役中针对燕将轻敌的心理特点，故意以弱示敌，引诱燕军。在运动中以精锐伏击敌军，出奇制胜。再次，廉颇在初战取胜后乘胜追击，不给敌人以喘息休整的机会，直逼燕境，迅速扩大战果，造成敌人全局被动的局势。当时燕军在总体上数倍于赵军，如初战取胜后不是直捣燕国，将战果迅速扩大，很难取得对燕的最后胜利。另外，廉颇在对燕争战中见好而止，迅速收场。他明白，赵国的战略危险仍然来自秦国。在适当条件下迅速终止对燕战争，可以避免本国的军事消耗，有利于防御秦国的战略准备工作；同时能改善与燕国的关系，防止两败俱伤，为秦所乘。廉颇在战略战术上的这些分析考虑均是很有谋略的。

廉颇是一位善战的将军。在军事争战的领域，他一是勇气非常，面对秦国兼并的汹汹气势，他毫不畏惧，长平之战前他坚壁固守，表现了大勇下的沉着；邯郸保卫战中他临危不惧，弱中求胜；抗燕之战中他以战略上的弱势迎战燕军，初胜后又直逼燕境，表现了极大的勇气。另一方面，廉颇在军事领域又很有武略与计谋。当年赵何与蔺相如前赴秦王的渑池之会，廉颇辅太子守国，分别前廉颇对赵何说："王入虎狼之秦，其事诚不可测！今与王约：度往来道路，与夫会遇之礼毕，为期不过三十日耳。若过期不归，臣请立太子为王，以绝秦人之望。"（第九十六回）当时秦国在会盟间劫持赵何是极有可能的事情，廉颇的设想是粉碎劫持阴谋的有效计策。事实上，劫持者，劫宝而持，要挟对方。一旦事故发生，赵国另立君王，则表明秦国所劫者非宝，不具有要挟赵国的价值，必然促使秦国将赵何弃而舍之。这是保护赵何及赵国利益的策略手段。几次军事行动，同样显示了廉颇高超的谋略。他是战国之世富有阵战经验、有勇有谋的军事将领。

二、看重功名，血性鲁莽

作为一员武将，廉颇具有行事莽撞的个性特点。当初蔺相如在外交场合两次挫败秦王嬴稷，极大地维护了赵国利益，被赵何提任为上相，位居廉颇之上。廉颇闻之发怒道："吾有攻城野战之大功，相如徒以口舌微劳，位居吾上。且彼乃宦者舍人，出身微贱，吾岂甘为之下乎？今见相如，必击杀之！"（第九十六回）他见蔺相如位居自己之上，竟愤不能忍，几次寻衅挑斗。一时闹得将相失和，危及朝政。

赵偃为君时，朝中大夫郭开因谄佞颇受信任，廉颇对郭开很是嫉恨，常在其侍宴时当面叱之，闹得关系非常紧张。廉颇受命伐魏，郭开向赵偃进言道："廉颇已老，不任事，伐魏久而无功。"赵偃遂派大将乐乘前去代替廉颇。廉颇发怒道："吾自为赵将，于今四十余年，未有挫失，乐乘何人，而能代我？"（第一百二回）遂指挥军队攻击乐乘，乐乘奔回赵国，廉颇亦惧而奔魏。乐乘也算赵国一时的名臣，他受命代替廉颇为将，尽管有不妥之处，但责任完全不在乐乘本人。廉颇凭一时心气之忿，转怒于乐乘，不顾军事大局，挥军与同僚较量拼杀，也是一种不计后果的莽撞行为。他和郭开相互衔恨，搞得关系紧张，是他在政治斗争中缺乏策略的具体表现。

廉颇为赵国立有战功，他为此而享受到了很高的荣誉。正因为这一点，他非常看重自己的功名，愿意不惜一切地去维护它。蔺相如位居自己之上，他以为自己的功名由此受到了莫大的挑战和压抑；乐乘代替自己为将，他将此看成是对自己一生功名的否定。狭隘的政治视野既使他不能充分估计别人的才能，也使他不能完全看清政治利害的全局。他喜欢凭自己一时的感情用事，因而在军事活动以外的政治领域，常显得幼稚和鲁莽。

廉颇的鲁莽与他的刚直之性密切相关。作为一介武夫，他情感直泄、胸无所藏、敢作敢为；他临事思想回旋少，故常有莽撞失误之处。然而，他若是认识到了自己的错误，便会以少有的诚恳态度表示悔过和改正。当时他和蔺相如闹得不可开交，后来他知道蔺相如一再忍让他，是为国家的大局考虑时，他由此深深感悟到了自己的错误，使人先行向相如道歉，然后自己肉袒负荆，行至相如家门道谢说："鄙人志量浅狭，不知相国能宽容至此，死不足赎罪矣！"长跪庭中谢罪，并主动提议与相如结为生死之交，发誓虽刎颈不变其志。廉颇知错改错，表现了少有的勇气。他因刚直而具有的幼稚和鲁莽，故而独具鲜明个性。

三、忠心报国，坎坷多难

廉颇对自己的国家怀有深厚的感情。他和蔺相如主动和好，完全是从国家大局出发而做出的自觉选择；防守邯郸时，他为了突袭秦军，散掉自己的家财以招募死士。在危急关头，他将国家利益完全置于个人利益之上，不惜牺牲个人利益来维护国家的安全，表现了高尚的情怀。他率兵征战四十余年，几乎把自己的一生献给了国家的事业。然而，廉颇在报效国家的道路上多次受挫，历尽坎坷，经受了一个不寻常的历程。

廉颇率二十万大军拒秦军于长平。他坚壁固守，本想消耗敌军，以守为攻，寻机夺取战争的胜利，以扭转整个战局。但秦国以重金贿赂赵丹身边的人，使其散布流言说："廉颇老而怯，屡战俱败，失亡赵卒三四万，今为秦兵所逼，不日将出降矣。"（第九十八回）赵丹派人去前线催战，廉颇仍坚壁不出。赵丹认其心怯，又听到身边人的离间之言，信以为实，遂撤换了廉颇前线总指挥的职务。这位报国之将失去了他应有的岗位，眼睁睁地看到赵括破坏了自己的制胜部署，酿成大败而无可奈何。

伐魏之时，廉颇受郭开诬陷又被革职。他报国受阻，怒火难压，遂有莽撞之举。事后奔投魏国，客居大梁。数年后，秦国大兵压境，赵国又一次危在旦夕。赵偃想起了年近七十的百战将军廉颇，派内侍唐玖带着名甲良马前去大梁察看廉颇身体状况，准备再次起用廉颇。廉颇料知赵偃之意，故意在唐玖面前逞施精神。他一顿饭吃了数大碗，食肉数斤。狼吞虎咽地吃完后，又披赵偃所赐之甲，一跃上马，驰骤如飞，在马上舞动长戟。下马后，他对唐玖说："某何如少年时？烦多多拜上赵王，尚欲以余年报效！"唐玖问他说："将军不恨赵王耶？"廉颇回答说："某方日夜思用赵人，况敢恨赵王也？"（第一百五回）唐玖在大梁明明看见廉颇精神强壮，报国之心不灭。但他在临行前私下受了郭开的贿赂，回至邯郸，只好按郭开的意图，对赵偃撒谎说：

"廉将军虽然年老，尚能食肉善饭，然有脾疾，与臣同坐，须臾间，遗屎三次矣。"赵偃感叹说："战斗时岂堪遗屎，廉颇果老矣！"遂放弃了起用廉颇的打算。这位怀情故乡的将军，此时虽有一腔热血，但由于奸臣们沆瀣一气，暗做手脚，竟然报国无门。他晚年受招去楚国，被用为楚将，但仍然怀念着自己曾指挥得得心应手的赵国军卒，不久忧郁而死。

在秦国已开始兼并列国的战国中后期，廉颇是赵国最重要的军事将领。他在军事领域里谋勇兼济，屡立战功，有效地保卫了国家的安全。他立志报国，但坎坷多难，屡被革职，由此导致国家军事上的惨败。这从反面证明了他在国家军事活动中的重要地位。在一个政治昏暗的朝政下，廉颇由于缺乏政治斗争的策略而未能充分施展自己的政治抱负，但他军事活动中的才能和建树是无法抹去的。他抗御外敌，威慑敌国，极大地维护了赵国后期的国家安全。

尚时养客的赵胜（平原君）

赵胜，战国中后期赵国贵族，惠文王赵何之弟。武灵王赵雍筹划分国于长子赵章时，赵胜曾提出意见阻止。因为这一原因，他在"沙丘之变"后被赵何任为国相，封以平原（今山东平原县西南），号平原君。赵胜效法齐国孟尝君田文的方法，以家财大养宾客，促进了战国之时的养士之风，并与田文、魏无忌等人相友善。赵胜一度被秦国所诱拘，后由魏无忌等人协助而赎回，归国后仍为赵相。秦国吞并韩之上党时，他力主接受上党太守冯亭的投降，结果引火烧身，诱发了秦赵长平之战。大战后秦军直逼邯郸，赵胜积极联合魏、楚等国共同抗秦。他组织力量坚守三年之久，最后在魏无忌的协助下击退秦军。公元前251年死于赵国。

赵胜是赵国在位时间较长的相国，他以自己的行为和活动影响了赵国的政治，在一定意义上影响了列国的风尚和政局。

一、广招宾客，博取美名

赵胜任相受封后，有了财产资本，于是广招宾客，坐食者常达数千人。和魏无忌的养士有所不同，赵胜的养士看来不是为了政治斗争的需要，不是将宾客集团当作个人政治活动的工具，而是为了博取好士的名声。赵胜在自己的一生中，其政治目标和君主始终一致，没有追求独立于君王的政治利益，因而没有挟宾客以自重的情况。他的养客主要是以一种奢侈手段来取得时兴的社会声誉。

赵胜有时采取投其所好的方式结纳宾客，这种投其所好达到了病态的程度。他的府中有画楼，美人住于其上，从楼上可以看到墙外民家。那位邻家的主人有躄疾。一天早上瘸着腿去打水，楼上美人望见后大笑不止。不一会儿，那人找见赵胜说："闻君之喜士，士所以不远千里集于门者，以君贵士而贱色也，臣不幸有罢癃之病，不良于行，君之后宫，乃临而笑臣。臣不甘受妇人之辱，愿得笑臣者之头！"赵胜当面答应了，但未认真去办。半年后，他料算钱粮收入之数，发现宾客大减。怪问其故，一宾客回答说："君不杀笑躄之美人，众皆怫然，以君爱色而贱士，所以去耳。臣等不日亦将辞矣！"（第九十三回）赵胜闻言，即解佩剑，命左右斩楼上美人之头，并亲去躄者门上道歉。事实上，楼上美人嘲笑邻家躄者，固有不当之处，但远不至于被杀。赵胜为了迎合宾客心理，不惜牺牲后宫婢妾的性命。他病态式地投士所好，确也赢得了好士的贤名，从而又招致了许多宾客。

赵胜的交人也含有义气的成分。秦王嬴稷因故要捉拿魏相国魏齐，魏齐惧而逃奔赵胜。嬴稷以交友为名邀赵胜至咸阳，逼他交出魏齐。赵胜回答说："臣闻之：'贵而为友者，为贱时也；富而为友者，为贫时也。'夫魏齐，臣之友也。即使真在臣所，臣亦不忍出之。"（第九十八回）面对秦王的淫威，他拒不交出魏齐，表现了浓厚的朋友义气。但赵胜在交人中很少有折节下士、礼敬大臣的故事。魏无忌客居赵国时与赌徒毛公、卖浆的薛公相友善，赵胜认为这是"交非其类，恐损名誉"（第一百回）。公开对此表示非议，这明显反映了他的交往观。

赵胜在处世上有一种大度纳言、勇于改过之风。这是他能争取人心的重要因素。先前邻居躄者要求他斩掉美人之首，他当面应诺，背过其人后嘲笑说："愚哉此竖也！以一笑之故，遂欲杀吾美人乎？"（第九十三回）后来闻听宾客之言，即斩美人之头，其处斩虽然很是失妥，但也表现了他矫正先前认识的勇气和处事的风格。他曾非议魏无忌交非其类，魏无忌反而评价他说："无忌在国时，常闻赵有毛公薛公，恨不得与之同游，今日为之执鞭，尚恐其不屑于我，平原君乃以为羞，何云好士乎？平原君非贤者！"赵胜听到此言后自责说："赵有二贤人，信陵君且知之，而吾不知，吾不及信陵君远矣！以彼形此，胜乃不得比于人类。"（第一百回）并亲至无忌住所，免冠顿首，谢其失言之罪。因为他能迅速矫正错误的认识，当面表示悔过，因而与魏无忌又重归于好。

赵胜养客主要是为了博取美名，塑造自己的社会声誉，不大注重直接的政治目的。因而他养客三千，其中很少有文才武略者。长平之战后，秦国围攻邯郸。他准备亲去楚国求援，想在食客中选文武具备者二十人同往，但选来选去凑不够二十人。连他自己也哀叹说："胜养士数十年于兹矣，得士之难如此哉?"(第九十九回)后来多亏有一个名叫毛遂的食客自我推荐,才凑够了人数,最终由毛遂说服楚国出兵。赵胜的数千宾客中不是没有人才,而是他不注重宾客集团的政治利用,平时不注意引导和发现宾客政治方面的才能。魏无忌曾评价赵胜说:"平原君所与宾客,徒尚豪举,不求贤士也。"(第一百回)他的评价是较为中肯的。

二、昧于战略,临事失措

赵国终蔺相如之世,与秦国能避免大的军事冲突。嬴稷自渑池之会后,主动送人质于赵,邀两国之好,一度把军事目标移至韩国。后来赵胜辅政,他连续办了两件事情,终于把秦国这股祸水引到了赵国。第一件事是他收留了魏国亡臣魏齐。魏齐是秦相范雎的仇人。嬴稷为取悦范雎,必欲得魏齐之首,赵胜收留了魏齐。嬴稷当时就提出了质问,并扬言自己要"决意伐赵,索取魏齐。"(第九十八回)第二件事是秦国经过艰苦的战争攻取了韩国的野王(今河南沁阳),对上党之地形成战略包围,旨在吞并上党。上党守臣冯亭考虑到,上党十七城及大片领土横竖将非韩所有。如果投降赵国,则会争取到赵国对上党的保护,造成韩、赵共同抗秦之势,或许有胜秦的可能。于是致书赵国请降,赵国群臣就是否受降一事进行了激烈的辩论。孝成王赵丹犹豫不定,召赵胜决断。赵胜表示说:"发百万之众,而攻人国,逾年历岁,未得一城。今不费寸兵斗粮,得十七城,此莫大之利,不可失也。"(第九十八回)坚持接受上党的投降。这样,秦国的军事锋芒立即指向了赵国,秦、赵大战的序幕终被拉开。于是有后来的长平之战和邯郸危机。

诚然,秦国渑池之会后的和赵方针只是暂时的策略,吞并列国总战略的实施迟早会引起与赵国的大规模军事冲突。但赵胜作为赵国的高层决策人,不是尽量地推延这一冲突的爆发时间,利用相对和平的局部环境积极进行防御秦国的战略准备,而是采取错误的方针,引火烧身,使秦、赵冲突的时间大大提前。他为了私人义气而损伤了与秦的关系,为秦国制造了武装侵略的借口。尤其错误的是,他不顾当时的具体情况和后果,贪图眼前利益,接受了上党的投降。在毫无军事准备的情况下就要去争夺和保护秦国的掌中之物,不自觉地把赵国推到了与秦争锋的前沿阵地。当时的反对派赵豹提醒他说:

"无故之利，谓之祸殃。秦蚕食韩地，拔野王，绝上党之道，不令相通，自以为掌握中物，坐而得之，一旦为赵所有，秦岂能甘心哉？秦力其耕，而赵受其获，此所谓'无故之利'也。"赵豹甚至直截了当地揭露说："冯亭所以不入地于秦，而入之于赵者，将嫁祸于赵，以舒韩之困也。"（第九十八回）赵胜是一个不明战略、大处糊涂的人物。他根本听不进赵豹的意见，终于犯了一个战略性的错误，酿成国家之大祸。

赵胜由于昧于战略，因而在处理一些具体的政治问题时常常主张不定，临事失措，缺乏一种自决的魄力。他收留了魏齐后，嬴稷写信约他来咸阳赴宴，大臣虞卿认为秦人奸诈，主张勿去；廉颇援引蔺相如完璧归赵之例，认为拒绝前往会使秦国生疑，主张前去赴会；赵丹表态说："寡人亦以此为秦王美意，不可违也。"（第九十八回）赵胜遂受命西入咸阳。对这样一件关系个人生命安危和国家声誉的问题，他竟然没有自己的看法，仅仅只是随君命而行。守卫邯郸时，赵国情况十分危急。魏国一名叫新垣衍的客将军前至邯郸，代表魏王对赵国君臣讲，秦国现在四处侵伐，其意是为了让列国认可秦国早年未曾得到的帝号。他由此建议说："诚令赵发使尊秦为帝，秦必喜而罢兵，是以虚名而免实祸也。"赵国群臣对此事议论纷纷，难以决断。身为相国的赵胜其时方寸已乱，毫无主张，最后请出正游居邯郸的齐国高士鲁仲连决断。他向鲁仲连表白说："胜乃伤弓之鸟，魄已夺矣，何敢言事。"（第一百回）充分表现了他危急关头的慌乱心境。后来鲁仲连出面与新垣衍辩论。他力陈承认秦王帝号的危害，最后说服新垣衍放弃了他的主张。这才使赵胜下定了决心。赵胜在危急关头常缺乏独立的自我主张，临事惊慌失措，这是他政治意识及其能力低弱的必然表现。正因为这一原因，他身居高位几十年，没有做出较突出的政绩。

赵胜凭借自己赵王亲族的身份和雄厚的家财供养了数千名食客，以此促进了战国的养士风尚，博取了较好的社会声誉，也加强了与各国间的联系和交往。但他身居高位，政治意识低劣，不明了列国政治运动的总体利害关系，不能从总体上把握国家政治斗争的战略策略，又缺乏政治人物应有的自决魄力。他从政期间，将秦国的祸水引向自己的国家而又没有能力对付和处理这股祸水，终于把国家引上了败亡的境地。赵胜因为他的尚时养客，也算战国后期政治舞台上的一个活跃人物。但考察他的能力和政绩，甚至算不上一个中等水平的政治人物。

纸上谈兵的赵括

赵括，战国后期赵国大将。他的父亲赵奢因败秦有功，被封为马服君，因而赵括也被称为马服子。赵括少时喜谈兵法，家传《六韬》《三略》之书，一览而尽。常与父亲赵奢谈论兵事，赵奢也难不倒他。父死后，他继任将军之职。秦国争夺韩国的上党时，赵国接受了上党守臣冯亭的投降，派廉颇率二十万人马救援上党。秦、赵两军在长平（今山西高平西北）相遇，廉颇坚壁固守三年之久，秦军无可奈何。后来秦国用贿赂手段，使赵人在朝中散布流言说："赵将唯马服君最良，闻其子赵括勇过其父，若使为将，诚不可当！廉颇老而怯……"（第九十八回）孝成王赵丹轻信了这种言传，遂招来赵括，问他是否能击败秦军。赵括表示了自己败秦的自信心。赵丹遂派赵括持节符去长平代替廉颇为将，并增加军队二十万。

赵国对长平之战下了极重的赌注。赵括受命后辞别母亲，前往长平，他到职后完全改变了廉颇的作战方针，将原来的星状军垒合并成大营，并以自己所带将士换去旧将，传令道："秦兵若来，各要奋勇争先，如遇得胜，便行追逐，务使秦军一骑不返！"（第九十八回）秦军大将原为王龁，为了对付赵括，秦国又暗中换上了百战百胜的大将白起。两军约定战期后，秦军退兵十里安营，在正面交战中诈败后退。赵括率大军来追，逼近秦营，无奈秦营紧闭不开。赵括率军连攻数日，终不能破。他派人催取后军，准备移营齐进，方知后营已被秦军截住。赵括率人马绕道去救后营，被秦军早已安排的数路人马包围。赵括见军队折损许多，料难取胜，于是鸣金收军，就地安营扎寨，让军士筑成长垒，坚壁自守。一面向国内求援，一面催取后队粮草。不想粮路已被秦军塞断。赵括就这样被秦军围困了四十六天。军中无粮，士卒自相杀食。赵括曾组织过几次突围，但秦军防守严密，终不得出。赵括穷途无路，选上等精卒五千，自己亲自率领，准备杀开一条血路，仍不能突围。他欲回归长垒，不料马蹶坠地，中箭而亡。秦军竖起招降旗，赵军纷纷投降。白起又使人以赵括之首，前往赵军后营招降，营中所剩二十万人亦一齐降秦。这次战役，赵军主将赵括阵亡，四十万士卒做了俘虏。这是赵国有史二百余年间最惨痛的损失。

赵国长平战败，与主将赵括有着直接的责任。赵括在战役的指挥上发生了一系列的失误：第一，他在未弄清实际战况的情况下，盲目改变了原主将廉颇的战略部署。一到职就组织大规模的军事进攻，以自己之短，攻敌人之长，使赵军由战略上的平势转为劣势。第二，两军约战后他率二十万大军冒进，既不预计敌军的大体部署，也没有任何防变准备。贪功急利、忘乎所以。在正面攻不破敌营时仍不充分估计敌情，反倒催取后军人马，表现了军事实战中的无知和莽撞。第三，得知后营大军被秦兵截断时，不作任何新的制胜部署，又率大队人马前去救援，没有估计到敌军极有可能的埋伏，完全为敌军所调遣，中了对方的圈套。第四，回军救援时被敌军围困，情况已万分危急。他不是积极地联络后营夹击敌人，拼全力迅速冲破包围，摆脱截击，至后营会合坚守。竟错误地就地安营，束手待援，致使敌人的包围逐渐加强，将几十万人马引上了束手待毙的绝境。赵括下令就地安营时，上党守将冯亭就劝谏说："军气用锐，今我兵虽失利，苟能力战，尚可脱归本营，并力拒敌。若在此安营，腹背受困，将来不可复出！"（第九十八回）赵括拒不采纳这一建议，他把希望主要寄托在赵王的救援上。根本没有想到，赵国的四十万军队由自己率领，国家已没有多少可以调动的部队。

赵国的四十万精卒丧于赵括之手，作为一名军事统帅，他对国家犯下了不可饶恕的罪责。从思想方法上来说，赵括本人有以下两点严重的缺陷：第一，他的军事理论与实践严重脱节。他确实学得了不少的兵法理论，说起来头头是道，但他不知道每一理论原则的适应场所，不了解这些原则在军事实战中的应用特性，甚至缺乏起码的实战意识，不知道军事理论只有在和实战的结合中才具有它的价值和作用。他一到职，连敌人的指挥官是谁都不清楚，就改变部署，贸然进攻，根本没有想到要依据战争的实际情况来运用和发挥军事理论。实在些说，赵括根本没有掌握兵法理论。第二，由于他忽视了军事理论的实践性特点，只满足于理论本身的背诵和了解，因而把军事指挥看成了极简单的事情。他在赴任前对赵丹表示说："秦若使白起为将，尚费臣筹划，如王龁不足道。"又口出大言说："王龁新为秦将，乘廉颇之怯，故敢于深入。若遇臣，如秋叶之遇风，不足当迅扫也。"（第九十八回）赵括把熟悉军事理论知识的多少等同于军事才能的高低，自恃熟知兵法，以为自己武略过人，导致用兵意识上的严重轻敌。当年他的父亲赵奢临死前忠告他说："兵凶战危，古人所戒。汝父为将数年，今日方免败衄之辱。"（第九十六回）他却认为这是老年人的胆怯之言，不以为意，自认天下莫及之将。

赵括熟知军事理论，但只会纸上谈兵，绝不是一名军事人才。对这一点赵国有两个人物看得比较准确：一个是他的父亲赵奢。赵奢生前对人讲："括自谓天下莫及，此其所以不可为将也。夫兵者，死地，战战兢兢，博谘于众，犹惧有遗虑，而括易言之！若得兵权，必果于自用，忠谋善策，无由而入，其败必矣。"他临终前专门告诫赵括说："汝非将才，切不可妄居其位，自坏家门！"又特意嘱咐赵括之母道："括不可为将，赵不用括，乃社稷之福耳！异日若赵王招括为将，汝必述吾遗命辞之。丧师辱国，非细事也！"（第九十六回）知子者莫如其父。赵奢根据自己为将的经验和对赵括的观察，知道自己的儿子远非将才，希望他勿操兵权，以免丧败之辱。他对自己的预察十分自信，还为赵王误用赵括安排了一些防范措施。另一个人物是赵括的母亲。赵括受命为将后，归家辞别母亲，准备去长平赴任。其母上书赵丹说："括徒读父书，不知通变，非将才，愿王勿遣！"赵丹见书后召其母叩问缘故，其母回答说："括父奢为将，所得赏赐，尽以与军吏；受命之日，即宿于军中，不问及家事，与士卒同甘苦；每事必博谘于众，不敢自专。今括一旦为将，东向而朝，军吏无敢仰视；所赐金帛，悉归私家，为将岂宜如此？愿王别选良将，切不可用括。"（第九十八回）察子之详，莫如其母。这位母亲将儿子任将后的行为与其父的行为作了比较，从儿子处理与士卒的关系上及对待赏赐的态度上，看到了他为将的缺陷。她也深知儿子"不知通变"的性格，谨守夫言，反对任用赵括。赵括的母亲对自己的判断同样非常自信。她见赵丹坚持任用赵括，遂提议说："王即不听妾言，倘兵败，妾一家请无连坐。"（第九十八回）长平战败，四十万降卒最后被秦军坑杀，消息传来，举国哀号。惟赵括之母不哭，她对人说："自括为将时，老妾已不看作生人矣。"（第九十九回）她对赵括为将必败这一点早就料到，早有心理准备。

孝成王赵丹误用赵括，导致长平惨败。这在用人上有着极深刻的教训：

首先，在用人上绝不能轻信被任用者的一面之词，绝不能将其本人的决心、自信或自我评价作为任用的主要根据。对那些过分自誉的人物，尤其要作更深入的考察了解。防止被他们的夸夸其谈所蒙蔽，使华而不实的人占据要职，贻误事业。其次，对人的任用要经过考察这一环节，避免不甚了解就轻易授职，对被任用者的考察要听取多方面的意见，尤其要重视他们亲属的不同看法。一个人的亲属是其最清楚的知底人，对他们所反映出的情况，哪怕是琐细的生活小事，也要给予认真的考虑，要善于分析，力求从中发现被任用者的个性特点和思维模式，作为是否任用的重要依据之一。第三，对人的提拔任用要有一个逐步使用和锻炼的过程，要给他们实践的机会。在实际工作中考验他们，发现真正的人才，尽量避免突击提拔和越级使用，防止人员的误用或小材大用。

赵括带兵的时间极短，他以长平之战而闻名。长平之战是战国时期最大的一次军事战役，由于赵括指挥失误，赵国四十万精卒在战役中丧生。赵国从此一蹶不振，失去了战略自保的力量。北方的燕国也开始侵掠欺凌。赵括夸夸其谈，不为将才而被误用，给国家带来了极为惨重的损失，为历史留下了沉痛的教训。

末世将才李牧

李牧，战国晚期赵将。长期驻守代（今河北蔚县）、雁门（今山西西北部和内蒙古交界地代），防守国家北境，多次打败匈奴。长平之战后燕国乘虚攻赵，他配合廉颇自代地击败燕军，迫使燕国乞和，被封为代郡守。赵偃执政时，廉颇受谗弃赵奔魏。燕国以为有机可乘，复出兵攻赵。李牧从北路出兵，协助赵将庞煖围歼入侵的燕军，并率军攻取燕国武遂（今河北徐水县西遂城）等地，不久又攻取其上谷（今河北张家口以东、赤城以西一带）三十城。赵偃的儿子赵迁执政后，赵国更加衰弱。秦军袭破宜安（今河北石家庄市东南），围逼邯郸，李牧受命率代郡大部人马援救邯郸。他以坚守计麻痹敌人，然后出其不意地大败秦军，被赵迁封为武安君。后来，秦国在前线对李牧采取媾和策略，暗中派人贿赂赵相郭开，使其捏造李牧通敌卖国之罪。赵迁私下派人了解到了李牧与秦军的媾和行为，遂信以为实，即派赵葱赴前线接替李牧之职。李牧不甘为赵葱代替，悬将印于幕中，欲逃往魏国，被赵葱派人追捕而斩。

李牧是赵国末年的一员名将。他长期防守北境，又击燕败秦，具有极高的军事才能。由于赵末政治上的昏暗，这位一心抗敌的名将不免沦为一种政治阴谋的牺牲品，留下了莫大的遗憾。李牧的才能及其遭遇在国势日衰的赵国末年具有一定的典型意义。

一、以谋制敌，出奇制胜

援救邯郸的战役是李牧军事才能的一次突出演示。当时秦王嬴政在国内镇压了嫪毐的叛乱，免去了吕不韦的相国之职，他亲自柄政，部署和指挥了大规模的兼并战争。秦将桓齮在宜安斩杀十万赵兵，挥戈直逼邯郸。李牧奉命率数万代兵增援邯郸。他向赵迁分析战况说："秦乘累胜之威，其锋甚锐，未易挫也。"（第一百五回）根据自己军队"战则未足，守则有余"的实际状况，列营于肥地（今河北晋州西），设置壁垒，坚守不出。任凭秦军挑战，他每天只是杀牛赏赐军士，并使军士分队比赛射技。士卒受赐感恩，纷纷求战，李牧终是不许。时间一长，桓齮认为李牧又在采用廉颇当年长平时的坚守策略，于是分兵一半去攻附近的甘泉市。赵将请求去救，李牧分析说："彼攻而我救，是致于人也，兵家所忌，不如往攻其营。彼方有事甘泉市。其营必虚，又见我坚壁已久，不为战备。若袭破其营，桓齮之气夺矣。"（第一百五回）遂分兵三路，夜袭秦营。秦军未料赵兵猝然杀至，大溃而败，折损牙将十余员。桓齮闻报，率大军直扑赵军。李牧伏兵两翼以待。正面战场交锋正酣时，两翼赵兵一并杀出。桓齮不能抵挡，率残兵败归咸阳。

李牧在增援邯郸之战中，表现了战略战术上的过人之处：第一，他能正确分析敌我形势，准确把握自己的力量限度，根据敌我双方的特点部署战役方针，从而避开了敌之所长，把战役的主动权稳定在自己一方。第二，他把坚守与进攻灵活地结合了起来，不以防守为唯一手段。他的坚守不是单纯的防御，坚守在整个战役中既是避敌锐气的手段，又是麻痹敌人的策略和进攻的准备环节。通过防守，他向敌人造成了惧而不战的错觉，等敌人分兵势减且又无备之时，防守立刻转为进攻。李牧在战术上的防守有极大的灵活性，没有敌人分兵的战机，他可能会坚守到底。而一有战机，防守本身又成了对进攻的准备和掩护手段，成了进攻的一个环节。据《史记·廉颇蔺相如列传》载，李牧在北境抗击匈奴时，就曾采取这种战略策略。匈奴每入侵，他总是令士卒进入营堡，不与交战。如此数年，匈奴和赵人均以为李牧怯战，甚至赵王曾一度撤换了李牧的将军之职。由于新将屡败，岁余后李牧复职。他固守如前，数年后瞅准了一次机会，组织十余万人大举反击，又安排左右伏兵对付敌人的反扑，终于破杀匈奴十万骑，使匈奴再也不敢侵犯赵国。李牧善于把防守与进攻灵活而有机地结合起来，在实战中创造和运用了极妙的军事策略。第三，李牧在破秦战役中坚持"致人而不致于人"（见《孙子兵法·虚实篇》）的原则，面临可能被敌所调动的形势，他抓住敌人军势变化后新出现的薄弱环节以重兵攻击。迫使敌人援救，从而将受敌调动的局面转化为调动敌人，将可能的被动转化为主动，以极大的能动性开创了战役胜利的局面。

第四，他在战役中发扬连续作战的风格。初战取胜后立即部署围歼回援之敌，不给对方以准备的机会，使他们未及反应和认真部署就被击败。这一连续作战的方针得以实施，是与他平时对军队的训练培养和对士卒的爱抚激励分不开的。李牧在军事指挥上确有许多独到的高明之处，这些高明之处使他成了赵国少有的战将。

二、谋略自主，身中暗箭

李牧的用兵有极大的灵活性，因而他在军事上总是希望不受约束，遇事自作主张。他率军援救邯郸，在受大将军印时就首先请示赵迁说："愿假臣便宜，无拘文法，方敢受命。"（第一百五回）他向赵迁争取到了极大的自主权，方才率兵抗秦，施谋制胜。他把这种主动权看成是指挥员发挥自己军事才能、保证战役胜利的重要条件。李牧所以看重指挥员的自主权，是有一些原因的：第一，他长期驻守边远的北境，远离国都作战，养成了遇事自决的指挥风格。第二，他深明战场形势的瞬息变化，深知良好的战机常会稍纵即逝，从而深信军事斗争的灵活原则和速决原则。没有自主权的将军，不能很好地坚持这些原则，这是李牧要尽力避免的处境。第三，李牧对自己的战术策略和军事指挥自信不疑，不希望自己受到过多的干预，影响对战役的指挥。

李牧在邯郸外围击败秦将桓齮后，秦国又派大将王翦率兵伐赵。李牧连营拒守，秦军无法进军。后来，秦国决定用反间计除掉李牧。配合这一策略，王翦在前线与赵军作通和之状，不定成约，使命往来不断。面对秦军的策略变化，李牧不知是计，他仍旧遵循指挥自主的原则，与秦军互通信使。李牧常有机智多变的战术策略，这次与秦讲和，也许是虚与委蛇、部署和准备新的制敌方针。对这样的军事方针的变化或策略的实施，他自作主张，没有请示赵迁。结果使赵迁不明就里，以此确信了关于李牧通敌的逸言，做出了撤换其军职的错误决定。李牧军职被撤，与他行施用兵自主的原则有直接的偶然性联系，却是赵末政治昏暗的必然结果。

赵迁怕李牧在前线拒命谋反，派使对李牧说让他回邯郸任相。李牧见到君命，对使者说："两军对垒，国家安危，悬于一将，虽有君命，吾不敢从！"（第一百六回）他拒绝在危急关头为就相职而离开指挥岗位。使者为他一片爱国之心所感动，遂告诉他说："郭开潜将军欲反，赵王入其言，是以相召，言拜相者，欺将军之言也。"李牧知道了事情的真相后，深感自己对正在走向危亡的赵国已经无能为力了。经过再三考虑，他准备往投魏国，临行前他长叹说："吾尝恨乐毅廉颇为赵将不终，不意今日乃及自己！"这位一心要报效国家的战将，终于怀着一腔惆怅离开了自己的军事指挥岗位。他被赵葱捕杀后，秦军酌酒庆贺。而赵军见主将无辜被害，不胜其愤，一夜间越山逃尽，赵国的残局一发不可收拾。秦军围逼邯郸，数月后赵迁出降。

李牧欲全心报国，不意身中暗箭，饮恨而亡。"才自清明志自高，生于末世运偏消"。李牧是战国之世难得的将才，但他处在一个军事积弱、政治腐败、江河日下的国度里，个人的才能无所施展，终于壮志未遂。一个以身许国的政治人物，他个人的命运总是要受制于国家的政治环境。在政治衰亡的国家，如果无力改变政治环境，个人的才能非但不能充分发挥，他本人反倒极可能成为亡国的殉葬品。

关于赵国的一点评论

赵国在二百余年的历史间经历了一个曲折的道路而走向灭亡。赵无恤为赵国开创了一个较为盛大的基业，使赵以较强的雄姿进入战国之世。不久由于魏国的跃起，赵国转入相对弱势。其东北近地中山被南邻魏国隔境攻取。后来邯郸受魏将庞涓围攻，赵求庇于齐，这都是势力弱小的明显证据。魏国走向败弱后，秦国已在西境崛起，成为列国联合一体尚难以制衡的力量。赵国始终没有争取到大发展的机会。战国中期的赵雍可以称得上是赵国的中兴君主，他以极大的胆识进行了多方面的改革或革新，成效显著，北拓疆土，并制定了吞并秦国的计划。可惜"沙丘之变"使宏图化为泡影，赵国的积弱之势终未彻底扭转。蔺相如、廉颇辅政时期，凭借他们在外交、军事上的过人之才，在一定程度上维护了国家的安全，使赵一度成为受秦祸较小的国家。赵胜辅政时，胸无政治韬略，由于战略方针的失误而引发了与秦国的直接争战。纸上谈兵的赵括被误用为军事统帅，使赵在长平之战中一败涂地，赵国的局面至此已无法收拾。虽有李牧等名将的出现，终不能挽救败亡的命运。

赵国历史上的一个重大缺陷是当政者少有一种长远的战略计划。自赵无恤向世子遗命三分晋室后，只有武灵王赵雍有过较好的战略意图。其余人物，包括蔺相如、廉颇在内，均未有政治上的战略目标。他们在天下大势中或消极随潮，或盲目而动，没有大作为的气魄和头脑，致使赵国的形势长期得不到改观。其次，赵国历史上始终没有形成强烈的人才意识。包括赵雍在内，赵国的主要当政者缺乏竞争之世应有的人才观念，未能促进国家尊贤之风的形成，致使赵国一直人才匮乏。赵雍因物色不到富有武略的大将，只好出让君位，自己亲自率军作战。但这种情况并未使赵国感到对人才需要的紧迫感。赵胜养客数千人，不像魏国、齐国养客者那样，注重对食客中政治人才的发现与利用，这与赵国的国风不无关系。魏国大将乐羊曾被封于灵寿，子孙生长于此。后赵国占有了灵寿，乐羊的后代乐毅反被燕国招聘任用。他武略超人，几亡齐国。廉颇后期奔投魏国，又至楚国，李牧被捕杀前欲潜逃魏国。别国的人才没有被赵国任用，赵国的人才反被别国所吸引。这种现象的发生绝不是偶然的，它是整个国家人才观念淡漠的必然表现。由于缺乏一种重贤之风，当政者也没有形成对人才考察和使用的一套经验。他们不辨人才，临急时仓促任将，最后误用赵括，导致长平之祸。可以说，这一历史悲剧的发生，在赵国是长期积累形成、具有不可避免之势。赵国历史上的第三个缺陷是对后期政治上的昏暗未能加以改造。赵雍让位于子，是政治上的革新措施，但他扶植了两个儿子的私人势力，对国家和自身造成了潜在的祸害。李兑在"沙丘之变"中夹杂一己之私而饿死赵雍，事后执政的赵何不予追究，反长期任以相国之任，纵容和助长了集团内部的个人利己主义。廉颇与蔺相如一度在朝中呈火并之势，朝中没有任何制裁和解决的措施，表明朝廷在歪风邪气面前极端的软弱无力。这种状况到战国末期进一步发展，赵偃执政时，大夫郭开因私情诬陷相国廉颇，逼其出走。后来又与内侍唐玖沆瀣一气，不顾国家危急，阻止廉颇的进用之路。昏暗势力这时候已在朝廷形成了一种气候。赵偃后期使郭开为太子赵迁的太傅，郭开投赵迁之所好，导其以声色狗马之事，以求结欢。赵迁即位后，立即任郭开为相国。郭开暗中接受秦国贿赂，对秦使王敖表示说："开受秦王厚赠，若不用心图报，即非人类。"（第一百五回）郭开身为国家高级官员，他惑乱君王，又贪图重贿，一头扎入秦国的怀抱。后来配合秦国的反间计而陷害李牧，给国家造成了难以估量的损害。王敖贿赂郭开成功后回国对秦王复命说："臣以一万金了郭开，以一郭开了赵也。"（第一百五回）表现了对赵国腐朽势力的公开借重和对赵国的极端轻蔑。郭开是赵末腐朽势力的总代表，这一腐朽势力在后期占据了国家的统治地位。它是先前利己主义风气恶性发展而未曾受到有效制止的必然结果。社会运动的无情规律决定赵国注定要走向败亡。

【齐国政治人物】

战国时代大国的博弈争胜

战国时期的齐国和春秋时期的齐国不完全相同。春秋时的齐君是姜子牙的后代，通称为"姜齐"。以齐桓公称霸为国家的鼎盛期，春秋末期虽有晏婴等名相辅政，但国势已明显减弱。战国时的齐国为陈氏（即田氏）国家，通称"田齐"。其创国者陈完（即田敬仲）是春秋时陈国的公子。公元前672年陈国发生内乱，他奔投齐国，被齐桓公任为工正（掌管百工和官营手工业的官职）。其后代田无宇、田乞、田常等人相继参政。他们身为人臣，采取多种手段发展私人势力：其一，世代用大斗借贷、小斗收进的办法厚施买众，争取民心；其二，广选体魄高大的女子数百人充实后官，使宾客舍人随便出入后官，以此发展田氏的血缘势力，据《史记·田敬仲完世家》载，田常死时，已有七十多个儿子；其三，利用在朝政治斗争的胜利之机侵吞公室土地，扩大封邑，直到田氏的采邑大过公室。田氏在齐国世代经营，至春秋末年逐渐取代了君权。公元前386年，田氏通过魏斯（魏文侯）而打通了周室关节，周王承认田和为诸侯。姜氏之齐遂为田氏之齐所取代。

田和传三代到威王田因齐，国势有较大的发展。田因齐辨贤识才，任用邹忌为相国，整顿吏治；又任用军事家孙膑为军师，在桂陵击败魏军。齐宣王田辟疆执政后，孙膑又在马陵之战中击溃魏军。齐国至此完成了与魏国的战略争夺，进入强国之列，与秦国东西并雄。齐闵王田地执政时，贪功多失，不听相国田文的劝谏。在伐燕灭宋后又欲吞并周室，结怨于列国。被燕将乐毅联合五国攻破，齐国几近灭亡。齐将田单虽然恢复了国土，但已无法改变齐国的衰弱之势。战国末期齐国人才匮乏，奸臣当道。公元前221年秦国灭亡五国后，乘余威灭除了齐国。

齐国建都临淄（今山东淄博东北），疆土南有泰山，与楚、鲁、宋为邻，北隔渤海与燕为邻，西与赵相接，东临大海。齐国地理上与秦远隔，不受其直接的军事威胁，又有沿海的商业便利，这些因素构成发展的有利条件。在齐国历史上，出现过两个重要的高层领导群：田因齐、田辟疆执政时，有邹忌和孙膑在内政、军事方面的努力，齐国达到了强盛时期；田地执政期间及其稍后，虽有孟尝君田文以相国身份参政，但政见不和，决策失误。田单恢复国土，避免了亡国，但衰弱局面已无法逆转。这是齐国走向衰弱的时期。战国后期，秦国采取"远交近攻"的战略策略，对齐国实行外交拉拢。齐国在持续衰弱中度过半个世纪后被秦灭亡。

辨奸识贤的田因齐（齐威王）

田因齐，战国时齐国国君，公元前 356 至公元前 320 年在位。他上台后，见吴、越之国使者往来间俱用王号，不甘为下。遂亦自用王号，是为齐威王。田因齐即位时，逢东邻魏国的鼎盛时期。他在邹忌的劝谏下，励精图治，亲自考察官吏的政绩，实行奖罚，使内政为之一新。他还善于通过一些细小事情识辨贤能，加以委用，促进齐国走向强盛。从总体上讲，田因齐是齐国善识人才、很有作为的君主。

一、明断忠奸，重奖严罚

田因齐即位近十年，朝中许多人极称东阿（今山东阳谷县东北阿城镇）大夫之贤，而贬损即墨（今山东平度东南）大夫。他时时问及左右，回答大略相同。于是他暗中派人考察两地的治理状况，得到确实回报后，降旨召两地的大夫入朝，又大集群臣，声言公开赏罚。左右私下揣度说："阿大夫今番必有重赏，即墨大夫祸事到矣。"百官朝见完毕，田因齐召即墨大夫至前说道："自子之官即墨也，毁言日至，吾使人视即墨，田野开辟，人民富饶，官无留事，东方以宁。由子专意治邑，不肯媚吾左右，故蒙毁耳。子诚贤令！"对其加封万家之邑。又召东阿大夫说道："子之守东阿，誉言日至，吾使人视东阿，田野荒芜，人民冻馁。昔日赵兵近境，子不往救，但以厚币精金，贿吾左右，以求美誉。守之不肖，无过于汝！"阿大夫认罪求饶，田因齐不许，使力士将其投入沸汤之中。他又召平时常称誉阿大夫贬毁即墨大夫的几十人说道："汝在寡人左右，寡人以耳目寄汝，乃私受贿赂，颠倒是非，以欺寡人。有臣如此，要他何用？可俱就烹！"（第八十六回）众人泣拜哀求，他最后选择出平时自己最亲信的十余人处死。这件事震动了整个国家。至此，百官各尽其诚，全力图治。人人不敢欺上饰非，国家内政清明，齐国大治。

在处理这件事上，田因齐的高明之处在于当他听到身边许多人对官员的不同评论后，不是盲目加以相信，而是再私下派人去作实际的考察，根据实际政绩来评价官员。他还从考察结果与众人评论正相矛盾的情况中，看清了毁言与誉言的虚假，由此发现了身边人受贿而颠倒是非的严重问题，最后给予了应有的奖赏或严厉的处罚。田因齐的这次处罚也许有过分严厉之处。但他以此作为整顿吏治、狠煞朝中腐败之风的一种手段，虽严厉而不失其积极意义。尤其是，他能在众人的一片毁誉声中保持清醒的头脑，不为假象迷惑，独立地辨别忠奸，这体现了一种优良的领导风格。

二、识贤任能，爱才如宝

田因齐上台之初，荒于酒色，喜听音乐，不理国政。数年间诸侯并伐，边将屡败。后来，齐人邹忌前去为他弹琴，借琴理对他劝谏。田因齐接受了劝谏。他还发现邹忌是一位很有治国才能的人物，即以相国之任委之。有一次，邹忌偶因某事感悟，建议田因齐公开纳谏，以消除蒙蔽之患。因齐即下令道："群臣吏民，能面刺寡人之过者，受上赏；上书谏寡人者，受中赏；能谤议于市朝，闻寡人之耳者，受下赏。"（见《战国策·齐策》）于是，群臣争相进谏，门庭若市。田因齐任贤纳谏，对齐国的治理起了极好的作用。

田因齐从名士墨翟那里得知孙武的后代孙膑在魏国被庞涓加害刖足的消息后，急忙派人去魏国以计迎聘。孙膑入齐后，他叩以兵法，立即准备任职封爵。一次，他和田忌赛马。孙膑为田忌筹谋，调换了惯常的三局对赛次序，使田忌以劣势取胜。当他知道这种安排出于孙膑之谋时，感叹道："即此小事，已见孙先生之智矣！"（第八十八回）由此益加敬重孙膑，重加赏赐，军事上对其言听计从，积极支持孙膑部署的桂陵之战。

田因齐能够发现人才，加以委用，是因为他有较强的人才意识。有一次，他与魏国君主魏䓖一起围猎。魏䓖问他是否有宝，并吹嘘说："我们魏国有直径一寸的宝珠十枚，能照耀十二辆车。"田因齐回答他说："我眼中的宝和你的宝不同，我有某臣守南城，则楚国不敢侵犯；我有某臣守高唐，则赵人不敢入境；我有某臣守徐州，燕人深感畏惧；我有某臣备盗贼，国家道不拾遗。

我的宝能光照千里，何止照十二辆车。"（参见《史记·田敬仲完世家》）田因齐如数家珍般地列举了国家名臣，认为这就是他眼中的宝物。他认才为宝，对这些宝物的价值给予了充分的肯定，显示了一位明君应有的人才意识。

一个人总是能把自己的兴趣集中于所爱好的地方。田因齐爱才如国宝，因而平时注重发现人才，搜罗人才，并积极地任用人才。齐国能在不长的时间内击败魏国，跃居强国之列，与田因齐实行的重才方针有极大的关系。在一个重才的国度里，每个人才各显其能，各洒光辉。他们以自己的政绩兴旺了国家的事业，向人们展示了这个国家的希望，能形成和推动良好的风气，使国家出现蒸蒸日上的局面。

三、尊贤倡风，影响后代

田因齐也十分注重培育人才。他在父亲田午办学宫的基础上，在稷下进一步扩大学宫规模，注意征召各式有才人物。"稷下"即齐国都城临淄稷门（西边南首门）附近地区，当时文学游说之士数千人聚此间讲学议论。这一措施对人才的吸引与培养发挥了极好的作用。田因齐的儿子齐宣王田辟疆执政期间，把兴办学宫之风继承了下来。齐国当时确有聚天下贤士于稷下的气魄，对这些贤士的优待政策也远在列国之上。战国中后期的名士如淳于髡、驺衍、田骈、慎到、宋钘、尹文、鲁仲连和荀况等著名人物均曾至稷下讲学。此地成了战国重要的学术场所，对"百家争鸣"起了直接的推动作用，对齐国的人才招揽也有相当的作用。

田因齐善于纳谏、从善如流的作风也直接影响到他的儿子田辟疆。田辟疆一度盛陈女乐，不修朝政。有一天一位四十多岁的丑陋妇人前来求见，使人传话说："吾乃齐之无盐（今山东东平东）人也，复姓钟离，名春，年四十余，择嫁不得。闻大王游宴离宫，特来求见，愿入后宫，以备洒扫。"（第八十九回）田辟疆将其召入问道："我宫中妃侍已备，今妇人貌丑，不容于乡里，以布衣欲干千乘之君，得无有奇能乎？"钟离春遂指出了他内耽女色，外荒国政的危险性。分析了列国的形势，劝他勿偷目前之安而不顾异日之患。田辟疆听罢一番长篇议论，感叹说："使无钟离氏之言，寡人不得闻其过也！"遂载其归宫，立为正后，又以无盐之邑封其家，号钟离春为无盐君。同时，他本人一改前非，礼贤下士、任用贤能、勤于国政，使国家又得到了极好的治理。

　　田因齐是战国前期很有作为的君王。他尊贤、重才的思想和行为对齐国产生了深远的影响。他在晚年轻信诬妄之言，对田忌、孙膑产生怀疑，逼二人交出了兵权，表明了他重视人才的思想在实践中的不彻底性。虽有这种失误，但他倡导的重贤之风，以及他辨奸识才、勇于纳谏的领导风格，对齐国发展还是有很大的意义的，对列国尊贤风气的形成也有积极的影响。

悟性高超的邹忌

邹忌，战国时齐人。曾以鼓琴游说田因齐，被任为相国，封于下邳（今江苏邳州西南），称为成侯。邹忌是一位思维灵活、悟性高超的政治人物。他能根据生活中的惯常小事，运用类比的方式，悟出相应的治国道理，并能巧妙地使君王接受这些道理。田因齐执政时期的显著政绩，与相国邹忌的聪颖和努力有极大的关系。

邹忌刚取得相位后，当时的稷下辩士淳于髡心中不服，率徒往见邹忌，表示要向邹忌陈述自己的一些想法。邹忌恭敬地表示同意。淳于髡开口说："子不离母，妇不离夫。"邹忌听罢，立即以谨恭态度回答说："谨受教，不敢远于君侧。"淳于髡又说："棘木为轮，涂以猪脂，至滑也，投于方孔则不能运转。"邹忌接着回答说："谨受教，不敢不顺人情。"淳于髡第三次说道："弓杆虽胶，有时而解；众流赴海，自然而合。"邹忌回答道："谨受教，不敢不亲附于万民。"淳于髡又说道："狐裘虽敝，不可补以黄狗之皮。"邹忌答道："谨受教，请选择贤者，毋杂不肖于其间。"淳于髡第五次说道："辐毂不较分寸，不能成车；琴瑟不较缓急，不能成律。"邹忌接答道："谨受教，请修法令而督奸吏。"淳于髡默然而退，出门后对弟子们说："吾示以微言凡五，相国随口而应，悉解吾意。此诚大才，吾所不及。"（见第八十六回）

淳于髡因不满于邹忌轻易取得相位，准备给他制造些难堪。表面上，淳于髡是陈述自己的想法，但这些想法都是以"微言"的形式表达，非有高超的悟性和灵活的思维是不能识辨其"大义"与实质的。因此，淳于髡的陈述其实是在智能上对邹忌一次高难度的考察。邹忌如果对淳于髡的陈述不知所云或对答失误，那将会在稷下学士中丢尽脸面，贻笑大方，而淳于髡的希望也正在于此。邹忌不愧是高才相国，他敏锐地理解了淳于髡五句微言的实质，当场给予精彩的回答，充分表现了自己的悟性和才能，终使淳于髡折服而去。

邹忌之所以能敏锐地识辨出淳于髡微言之大义，其中有他独到的思考方法：首先，他可以根据淳于髡求见的具体背景推断出其论述范围必在政治领域。淳于髡是稷下名士，在自己刚刚游说取相后前来谈论，必然会以政治问题相诘难。其次，淳于髡冲着初上任的相国而来，其谈论点必然涉及相国的政务，其阐发点脱不开相国的责任、处理君臣关系等问题。其三，淳于髡身为著名的学士，他谈论相国的政务，其思想观点必然符合传统文化所包含的常识性的政治主张，也不会违背淳于髡要向弟子们灌输的那些政治和伦理观念。根据如上几方面的基本思考，邹忌临场发挥了他高度的悟性和机敏的类比性思维，将淳于髡提出的五句微言直接提高到政治伦理的高度来理解和阐发；他的阐发点始终指向君臣关系、相国的责任等基本方面；他对几个问题的阐发始终符合于社会普遍认可的政治观点。这样，邹忌始终是在复述一些基本的治国主张，但句句紧扣微言、切中要害，揭示了淳于髡陈述之语的思想实质，终于做出了一次高水平的答试。

邹忌深知这次和淳于髡对谈的政治意义。通过对谈，可以了解稷下名士对治理国家的基本主张和对自己从政的期望，对自己的工作有所裨益；同时，在对谈中充分显示自己的才能，折服稷下名士，可以争取到名士们对自己任相的支持。由于这些原因，邹忌没有拒绝淳于髡的求见和陈述，而是认真地和他对谈问题。在对谈中，邹忌始终在言行上抱以诚恳恭敬的态度，不摆丝毫的架子；同时他的回答简捷明了，毫不啰唆，显示了他对微言要旨的准确把握。

据《战国策·齐策》载，邹忌身材魁梧，长相颇好。一天早上，他穿衣窥镜，问妻子说：吾与城北徐公谁更漂亮？妻子回答说：你漂亮得多，徐公远赶不上你。城北徐公，是齐国有名的美男子。邹忌对妻子的话不大相信，又去问自己的妾。妾回答他说：徐公哪能比得上你呢？一会儿，来了客人，谈话之间，邹忌又以同一问题问客人。客人告诉他：徐公赶不上你的漂亮。第二天，徐公来到家中，邹忌视之良久，觉得自己还是不如徐公漂亮。窥镜自视，觉得自己相差甚远。晚上躺下后他思考说：我妻子说我漂亮，是偏爱于我；妾说我漂亮，是畏惧我而不敢实说；客人说我漂亮，是有求于我而投我所好。由这件事情，邹忌悟出了治国方面的一个深刻道理，于是入朝对田因齐讲："臣诚知不如徐公美，臣之妻私臣，臣之妾畏臣，臣之客欲有求于臣，皆以美于徐公。今齐地方千里，百二十城，宫妇左右，莫不私王；朝廷之臣，莫不畏王；四境之内，莫不有求于王。由此观之，王之蔽甚矣！"他启发田因齐鼓励臣下对朝政提出公开批评，以避免被人蒙蔽。

三种人都说邹忌长得比徐公漂亮，这本是生活中微不足道的琐事。但邹忌却由此通过类比联想，悟出了关于君王易受蒙蔽的深刻道理。邹忌之所以能在认识上实现这一飞跃，首先在于他能尊重客观现实，看到自己不如徐公的实情，从而发现三人言论的荒谬性。其次还在于他有强烈的政治意识，他身为相国，一些治国的题目时时萦绕在他的脑际。这使他常常把任何问题都和治国相联系，极易产生事理的转移，形成认识上的升华。另外，邹忌联想丰富、悟性高超而又思维周密，优越的个性素质为他完成事理的恰当转移提供了保证。

人们对事物的反映总是受到复杂的社会因素的干扰。着眼于这一情况，邹忌细致地分析了在论美一事上荒谬言论所以发生的各种不同原因。要评价一个地位优厚的人物，有些人可能因为感情因素而不见其丑；有些人会因为地位卑下而不敢言丑；有些人会因为个人需要而投好讳丑。于是，地位越高，受人蒙蔽的可能就越大。据此，高层领导人将是社会上最易受蒙蔽的人物，而鼓励臣下如实反映情况、公开批评朝政，就成了他们消除蒙蔽的重要手段。

邹忌不仅善于从小事中悟出大道理，而且善于以自己的某种认识感悟君王，对其进行事理上的启发。他对田因齐讲自己家中发生的论美一事，就是对田因齐纳谏的直接启发。田因齐在上台之初，荒于酒色，不理朝政。当时邹忌以布衣平民的身份求见，他根据田因齐喜好音乐的特点，请求为其弹琴。到了跟前，邹忌抚弦而不弹。田因齐问他不弹的原因，邹忌回答说，他所精通的是琴理，于是将琴理与社会政治关系作了一番比附。最后说："今大王抚国而不治，何异臣之抚琴而不弹乎？臣抚琴而不弹，无以畅大王之意；大王抚国而不治，恐无以畅万民之意也。"（第八十六回）田因齐受他的启发感悟，当即表示说："先生以琴谏寡人，寡人闻命矣！"他幡然悔悟，任邹忌为相，开始精心治国。

邹忌在谏君中，首先向对方说明一件生活中的普通事情，讲清其中的事理。这一具体事理浅显易懂，近乎常识，极易被对方接受。然后，他运用类比推理的手段，把这种事理直接用之于治国方面的某一具体问题，启发对方用现成的事理领悟出对待这一具体问题应持有的态度。在运用这种劝谏方式时，他事理清楚、类比得当、启发巧妙，使对方从小事中悟出大道理，产生认识上的深化。这一切表现了他机智灵活的思维方式。

邹忌曾把他的灵活性思维用于政治活动中，产生了积极的效果。齐国在得到几年的初步治理后，列国瞩目。田因齐遂准备及时入周，行朝觐之礼，而后假借周王之宠，以临诸侯。但田因齐当时已僭用王号，以王朝王，于理不顺。他担心这一矛盾到时无法解决。邹忌向他建议说："夫称王者，所以雄长乎诸侯，非所以压天子也。若朝王之际，暂称齐侯，天子必喜大王之谦德，而宠命有加矣。"（第八十六回）主张在周王面前暂时取掉王号，这种灵活的变通措施解决了以王朝王的矛盾，保证了田因齐的朝王活动。

在邹忌任相的后期，齐国大将田忌和军师孙膑经桂陵之战，军功显赫。邹忌恐其将来代己为相，产生了嫉妒之心，遂导演了一场诬陷田忌的"卜筮剧"。他派门客公孙阅扮作田忌家人，持重金去市面上卜筮者家里卜断"谋大事"的吉凶。后又让官方派人抓住卜筮者拷问，使那位算卦先生向田因齐交代了田忌的所谓反叛证据，终使田忌受到齐王怀疑而被迫交出了兵权。卜筮剧目的导演和安排，表现了他政治手段的极大灵活性。

邹忌悟性高超，导致他有时在政治上的过分敏感。他怀疑田忌会代己为相，对其实施诬陷，使其与孙膑一度交出军权。不久，新王田辟疆上台，他素知田忌之冤与孙膑之才，又复其原职。二人在马陵之战中部署军队，全歼十万魏军。战后邹忌想起自己昔日陷害田忌之事，深有愧悟，遂称病不朝，使人交还相印。这位政治上极敏感的相国从田忌二人的复职及其军功上感到了自己的失势，自觉地退出了国家的高层政治圈。

邹忌思维灵活，悟性高超。他曾机敏地识辨出稷下名士的政治微言，将其主张用于自己的治国活动；他能从许多生活小事中发现普遍性的事理，从中悟出某些治国的方法；他善于类比推理，能用浅显的小事启发君王。在长期的政治活动中，虽有无法否认的过失，但他对齐国发展的贡献还是很大的。他的独特的思维方式和某些活动技巧对后人的政治行为有不小的启发和借鉴意义。

精通兵术的孙膑

孙膑，战国时兵家，孙武的后代。生于齐国阿地（今山东阳谷东北）。四岁丧母，九岁丧父，在齐国为大夫的叔父孙乔将其养大。田和代齐时，尽逐旧室故臣。孙膑与叔父离散，与堂兄孙平、孙卓避难于周。后遇荒年，孙膑复与二兄失散，自己在周地受雇佣维持生计。年长后去鬼谷先生处拜师求学，与魏人庞涓为同学，专攻兵法。魏惠王招贤时，庞涓下山应聘。孙膑后来独得鬼谷先生作注的《孙武子兵法》十三篇。孙膑闻庞涓在魏国被重用为元帅，遂辞别老师，下山往投。庞涓嫉孙膑之才，怕他将来代替自己为帅，遂设一圈套，陷害孙膑，对其处刖刑（去膝盖骨），并诱逼他书写《孙武子兵法》。孙膑看穿了庞涓的阴谋后，他按老师的锦囊之计，以假疯之状反诳庞涓，使其放松了对自己的监视。后来齐王田因齐闻知此事，派人来魏以使者身份暗中迎取。孙膑遂秘密逃往齐国，暂为大将田忌的上客。后来魏国恃强而四处用兵，田因齐遂任孙膑为军师，协助大将田忌与魏国进行军事争夺。在孙膑的部署下，公元前354年齐兵围魏救赵，在桂陵之战中大败魏军。公元前342年齐军救韩，又在马陵之战中全歼十万魏军，俘虏魏太子，魏将庞涓被迫自杀。从此，魏国衰弱不振，齐国一度成了军事强国。马陵之战后，孙膑拒受大邑之封。手录《孙武子兵法》，并著《孙膑兵法》，献于齐国，自己遁世入山。

孙膑是战国时代最著名的一位兵家，他因拙于世故，下山后遭到他人的算计和陷害，备受磨难，致成残废。但他在军事上才富八斗、棋高一着，精通兵术、屡出奇谋，在两次战役中连挫魏兵，充分表现出了他高超的军事才能。他是齐国历史上不可多得的人物。

一、两败魏军，用兵独到

魏国进攻赵之邯郸时，赵国向齐国割地求救。齐国派孙膑为军师，协助田忌救赵。田忌欲引兵往救邯郸，孙膑劝阻说："赵将非庞涓之敌，比我至邯郸，其城已下矣。不如驻兵于中道，扬言欲伐襄陵（今河南睢县），庞涓必还，还而击之，无不胜也。"（第八十八回）田忌遂按这一部署作了安排。当时邯郸守将等救兵不至，投降了庞涓。庞涓收城后准备继续进兵，忽闻齐国乘虚来袭襄陵，大惊道："襄陵有失，安邑（今山西夏县西北，当时为魏都）震动，吾当还救根本。"立即班师而回，兵至桂陵（今河南长垣西）附近，受到齐兵的伏击。魏兵损失两万精锐之师，庞涓率残军狼狈逃归。齐兵创造了围魏救赵的著名战例。孙膑在部署这次军事战役时，战略上立足于"致人而不致于人"的用兵原则，设法调动敌人，伏击歼敌。在当时的具体情况下，这是最佳的用兵方案。魏国的精锐部队在赵国，这支部队经庞涓多年训练和实战培养，战斗力较强。齐军若往赴邯郸，以疲劳之师与之争锋，胜败难以预料，而且，邯郸如果在齐军到达前失守，齐国击败魏军的可能就更小；反之，魏国的精锐之师既然在赵国，必然国内空虚，如果率兵犯魏，攻其所必救，必然会逼使庞涓回军自救，这就把敌人转化成了疲惫之师，也为自己创造了充分准备及围歼敌人的机会。值得注意的是，孙膑在部署战役中不是以占领敌人土地为军事目标，而是以全力歼敌为目标。庞涓率兵回国前的一段时间，齐军极有把握攻取襄陵。但如果贪功取城，攻取了襄陵，必然分散兵力，不能保证在桂陵成功地歼敌。而魏国大军一到，又要发生襄陵争夺战。即使最后能击败魏军，齐国也会付出较大的代价。相比之下，这种方案是不甚合算的。孙膑集中兵力在桂陵围歼魏军，打得干净利索，代价小、战果大，是上乘的筹划。

后来，庞涓听说齐相邹忌用计，使田忌孙膑交出了兵权，暗忖自己可以横行天下，遂请率兵伐韩。魏惠王魏罃派太子魏申为上将军，庞涓为大将，起倾国之兵伐韩。不想齐国新君田辟疆已重新起用田忌和孙膑。韩国向齐求救，田辟疆大集群臣商讨是否救韩的问题。有的官员认为："韩魏相并，此邻国之幸也。"主张勿救；有的官员认为："魏胜韩，则祸必及于齐。"主张积极营救；只有孙膑一人默然无言，田辟疆单独问他说："军师不发一言，岂救与不救，二策皆非乎？"孙膑点头称是，并解释说："夫魏国自恃其强，伐赵伐韩，其心亦岂须臾忘齐哉？若不救，是弃韩以肥魏，故言不救者非也。魏方伐韩，韩未困而吾救之，是我代韩受兵，韩享其安，而我受其危，故言救者亦非也。"他向田辟疆陈述自己的看法说："为大王计，宜许韩必救，以安其心。韩知有齐救，必悉力以拒魏，魏亦必悉力以攻韩，吾俟魏之惫，徐引兵而往，攻惫魏以存危韩，用力少而见功多。"（第八十九回）他的看法得到了田辟疆的赞同，遂采纳了他的计策。

魏国起倾国之兵伐韩，十万大军尽出，规模空前。孙膑深知这次战争干系重大，因而从战略上作了全面的考虑。不救韩国，坐看魏国养大，必然有损于齐国的长远利益。而率师救韩，必然吸引魏国挥师向齐，实有代韩受兵之弊，会大损齐国的眼前利益。针对这种情况，孙膑提出了答应救韩而兵徐至的策略方针，口头上答应救韩，鼓励韩国与魏军拼力厮杀，然后等韩困魏疲时出兵击魏。对齐国来讲，迎战疲惫的魏军，胜利的把握更大，而拯救危亡的韩国，其功劳也更大。孙膑的这种策略，把齐国置于极有利的战略位置上。

不久，韩国五战皆败，危急中连连遣使往齐催取救兵。齐国派大军出发，田忌欲率军往韩，孙膑阻止说："吾向者救赵，未尝至赵，今救韩，奈何往韩乎？"他献策说："夫解纷之术，在攻其所必救。今日之计，唯有直走魏都耳。"田忌从其计，率大军向魏国进发。庞涓在韩连败韩兵，逼近韩都，忽然接到齐兵犯境的警报，惊恐异常，遂下令全师归魏。孙膑运用上一次救赵时的成功经验，又一次调动了魏军。

孙膑知魏军将至，向田忌分析说："魏兵素悍勇而轻齐，齐号为怯，善战者因势而利导之。吾军深入魏地，宜诈为弱形以诱之。"他建议说："今日当作十万灶，明后日以渐减去，彼见军灶顿减，必谓吾兵怯战，逃亡过半，将兼程逐利，其气必骄，其力必疲，吾因以计取之。"（第八十九回）齐兵依计安排。庞涓含忿追踪齐兵，果然中了孙膑的"减灶之计"。自忖齐军胆怯，遂选精锐二万，兼程追击。大军在后，务要击垮齐军，报桂陵丧师之仇。庞涓率前军追至马陵（今河南范县西南）险要地区，早已埋伏于此的齐军万弩齐发，庞涓料不能逃脱，自刎而死，军士全被伏兵射死。魏军大队闻前军有失，慌忙驻扎不前，时军心大乱。齐国另一支部队从后面包抄杀来，魏兵心胆俱裂，四散而逃。齐国大军乘胜接应，势如秋风扫叶。魏申被俘，十万魏军被全部歼灭。

马陵之战规模甚大，对当时战国政局发生了重大的影响。孙膑作为齐军的决策指挥人员，除战略布置得当外，在战术上也显示了他过人的军事才能。第一，他以攻魏而救韩，再一次调动敌人，以充分准备之师待疲惫之敌，成功的把握更大。这一次齐军挥师直向魏都，攻其根本，调动敌人的可能也更大。而万一魏军贪功不回，齐军可能会乘魏国内部空虚之机攻陷魏都，给魏国以更为致命的打击。第二，孙膑根据魏军勇而轻齐的特点，制定了示弱以诱敌的战术方针，设法使敌人骄傲轻敌，以便歼灭。配合这一战术方针，他采用"减灶计"，向魏军造成齐军大量逃亡的错觉，诱使敌人分兵急追。减灶计是用特殊的"示形"手段向敌人输出虚假信息。这一信息因是由对方分析后得出，极易使对方确信不疑。第三，孙膑根据两天来魏军的追击速度，推算出第三天傍晚敌军必至马陵，遂安排在马陵道两山的树丛中伏兵，并以强弓硬弩为对付敌军的主要武器。他将数学方法用于军事，做到了时间、地点的最佳结合。根据夜晚作战的特点，以弓弩对付敌军，避免与其直接交手厮杀，极大地减少了自己的损失。第四，孙膑将马陵道用树木堵塞，留下一棵大树，去掉树皮，用黑煤在树身上写下"庞涓死此树下！"并标记"军师孙示。"吩咐伏兵："但看树下火光起时，一齐发弩。"庞涓追至马陵，恰好日落西山，其时十月下旬，又无月色，庞涓难辨树上字迹，遂命军士点火相照，火光成了齐军攻击的信号，一时万弩齐发，箭如骤雨，魏国追兵无一逃生。孙膑利用多种特殊情况的巧合，施行手段，使敌军自我发出进入埋伏的信号，把时间的灵活性与进攻时机的准确性极妙地结合了起来。他先前曾被庞涓迫害致残，死里逃生，这次在树上写下文字，使庞涓死得明白，富有戏剧性的讽刺意义。第五，在安排解决敌人的先头部队时，孙膑还派兵一万，分三路埋伏，从后面截杀魏军后队人马。齐军在马陵道得手后，立即围歼魏军后队，最终全歼了魏军。孙膑在战役中同时安排了对前后两股敌人的围歼，他把用兵的重点放在对付敌军前队上。解决了其前队后，乘其慌乱无主之机，一举消灭了后队之敌。这种安排有重点、有步骤，整个战役有条不紊。另外，孙膑在战役之后，主张对魏军俘虏采取优待政策。庞涓的侄子庞葱被俘，叩头乞命。田忌欲一并诛之，孙膑急止道："为恶者止庞涓一人，其子且无罪，况其侄乎？"他一反当时惯常的株连观念，不主张戮及为恶者的任何亲属。魏国太子魏申被俘的当夜惧辱自刎，孙膑叹息不已。他为自己优待俘虏的政策不能彻底贯彻而惋惜。最后让庞葱将魏申尸首带回魏国，传话让魏莹息兵安民。孙膑的俘虏政策从一定侧面显示了他的战争观和人道主义精神。

孙膑作为战国前期最著名的军事家，用兵上确有许多独到之处，这方面为同时代的人远所不及。他在自己的生活中熟知兵术，善于变通，思维极其灵活。他当年投靠庞涓时，曾向庞涓演示一阵法，告诉他："此即'颠倒八门阵'，攻之则变为'长蛇阵'矣。"（第八十八回）后来在桂陵与庞涓交锋，孙膑又示此阵，庞涓以为熟悉此阵，派兵攻入。不想孙膑却另作变化，使入阵的魏军无法杀出。这一变通使魏军折损了许多人马。孙膑初至齐国，居田忌家为客时，齐威王田因齐与大臣们赛马为赌，各将马分为上、中、下三等，分三局比赛，田忌马力略逊，屡次失金。孙膑见田忌与齐王的马力相差不是很远，遂让田忌下次以千金决赌，表示自己必能使田忌取胜。次日比赛前，孙膑对田忌献策说："夫三棚有上中下之别。诚以君之下驷，当彼上驷，而取君之上驷，与彼中驷角，取君之中驷，与彼下驷角。君虽一败，必有二胜。"（第八十八回）田忌用其计，以上等金鞍饰下等之马，假作上驷，与田因齐赌第一局，马力相差甚远，失去千金。但后两局，田忌均以微弱优势险胜，在总体上胜过田因齐，多得了千金。

图示中虚线代表田忌之负，实线代表田忌之胜。

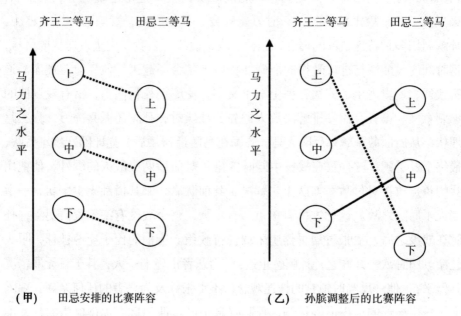

（甲） 田忌安排的比赛阵容　　　　**（乙）** 孙膑调整后的比赛阵容

如图所示，孙膑在三局比赛中调整了与田因齐比赛的阵容对比，对双方的力量作了新的组合排列，以一局的严重劣势换取了两局稍微优势，取得了比赛的胜利，从而以总体力量的劣势战胜了优势。和军事对敌一样，他运筹上的绝妙是显而易见的。作为战国时的著名军事家，他当之无愧。

二、拙于世故，诈疯避难

孙膑在军事上当时确实无人可及，然而，有大得必有大失。这位当世无匹的兵家一心钻研军事，却因此而昧于世故。他对险恶的世情知之甚少，毫无应付的准备，被用于齐国前一度落入他人的圈套，几乎丢掉性命。

他的同学庞涓从鬼谷先生处先行下山求仕，两人曾有八拜之交。庞涓临行前表示说："此行尚有进身之阶，必当举荐吾兄，同立功业。"（第八十七回）孙膑相信了庞涓的临别之言及其后来的邀请书，不久去魏国奔投庞涓。庞涓是一位虚荣心、嫉妒心和专权心极强的人。孙膑来魏后，他处处采取限制、利用及陷害的手法，孙膑竟毫无知觉。第一次，孙膑刚至魏国，魏罃准备封他为副军师，与庞涓同掌兵权。庞涓时为魏国元帅兼任军师，他借口将来要让位于孙膑，力主拜孙膑为客卿。庞涓对孙膑外示优崇，实是不分给兵权。孙膑对这种安排毫不在意。第二次，魏罃欲考察孙膑与庞涓两人的才能，使他们在校场各演阵法，庞涓布的阵，孙膑能一一说出名称及破阵之法，孙膑布一"颠倒八门阵"，庞涓茫然不识，私下去问孙膑。孙膑遂告诉了他阵名及其可变之阵，最后给魏罃的印象是二人才略相当。孙膑成全了庞涓的虚荣心，反引起庞涓一腔嫉妒。第三次，庞涓向孙膑打问了他的早年身世，知他有堂兄孙平，少年时失散。约半年后，庞涓派心腹家客徐甲，持落款为孙平的假书信，招孙膑回齐。孙膑信以为真，写下回信。他没有想到失散几十年的堂兄贸然来信相招的不可能性与庞涓造假相骗的可能性，轻易受骗。他的回信被庞涓改动了数句，被送给魏罃，遂变成了背魏投齐的证据。第四次，庞涓在骗信的几天后前来向他祝贺得家书之喜，唆使他请假返齐省亲，并答应替他在魏罃面前说情，成全省亲之事。后来魏罃为此事定他通齐之罪，并交庞涓将他刖足黥面。他仍对庞涓没有丝毫怀疑，反而听庞涓一面之词，感激他的保命之恩。准备手录《孙武子兵法》以献，作为报答。孙膑以善良之心度人，根本不去分析这里面包含什么阴谋诡计，被庞涓的一片假象轻易蒙骗。直到一个名叫诚儿的仆役，在怜悯之下将实情告诉了他，他才如梦初醒，恍然大悟。

孙膑明白真情后，求脱无计。忽然想起下山前鬼谷先生交给他一个锦囊，吩咐他"必遇至急之地，方可开看"（第八十七、八十八回），于是启视锦囊，只见一幅黄绢上写着"诈疯魔"三字。孙膑顿然领悟，晚饭时突然昏愤呕吐，张目大叫，时又伏地而哭，一派疯状。庞涓为试其真伪，命人将其拖入猪圈。孙膑倒身而卧，又以泥粪涂面，狂言诞语，不绝于口。自此，魏国人尽知孙膑已疯，不以为意。其早出晚归，无人守禁，这为他后来秘密逃齐创造了极大的方便条件。

"诈疯魔"是鬼谷先生对这位高才弟子提供的特殊的保护方法。孙膑待人忠厚，无奸诈害人之心，他不会结私怨于他人。然而，他才能超世，必有受人嫉妒之时，这位拙于世故的弟子很难识破他人的陷害，极易上人圈套而受害，危急时候假作疯状，以精神错乱示众，既向外界表明了才智的彻底毁灭，消除了引起别人嫉妒的根源，同时又保存了人身本体，因而这是使孙膑摆脱受害困境的高明计策。鬼谷先生也许不知道是谁将会以什么方式迫害孙膑，但他却可以有根据地推断，诈疯魔将是孙膑解脱他人生任何危难境况的最切实有效的方法。

孙膑不愧为机敏大才。他知道了庞涓的迫害，接受了老师的计策后再也没有上当。一次，一位仆役暗中送酒食给他说："吾小人怜先生被刖，聊表敬意，元帅不知也。"（第八十八回）孙膑看穿是庞涓之计，疯状如故，将酒食倾翻地下，又狂叫不止。他对老师的计策领悟得彻底，其疯装得逼真，终于骗过了庞涓，最后逃到了齐国。

孙膑把自己的才气全部投之于对军事的钻研探究上，不屑于对庸俗世态花费过多的研究功夫，故而形成他社会知识上的空白点，使他在人生的道路上受到了更大的波折和磨难。然而，有所失必有所得，世态知识的空白点保证了他对兵法知识的异常精通。他的结拜之弟庞涓精通世故而逊于军事，两相比较，孙膑终究是旁临深谷的高山。"高山之下，必有深谷"，而庞涓只不过是平川上的一抔黄土。

三、无心名利，功成不居

孙膑至齐国后，连续部署了桂陵、马陵之役，两次击败强魏，震动了列国。这位杰出的军事家有乃祖孙武之风，马陵战后，他坚决辞掉了大邑之封，不久隐归于山中。

无心名利，这是孙膑未曾移易的个性特点。他初投魏国时，庞涓坚持封他以客卿。他的才能高出庞涓许多倍，但对无权无职的客卿身份毫无怨言地接受了下来。他逃至齐国后，田因齐即欲拜官。他推辞说："臣未有寸功，不敢受爵。"（第八十八回）建议隐藏自己姓名，表示若国家有相用之处，定然效力，遂以田忌家客身份居齐。齐国决定救赵时，田因齐欲拜他为大将。他坚持推辞，请求以田忌为将，自己则以军师身份从军，暗中筹划，不显姓名。田忌一度被齐相邹忌诬陷，受到田因齐的怀疑，交出了兵权。孙膑亦辞去了军师之职。孙膑的功名之心异常淡薄，功成不居，隐归深山。这是他一贯思想合乎逻辑的发展。

孙膑在魏国受刑，被庞涓刖足黥面。这一事件在他思想上造成了严重的创伤，对他后来生活中的价值选择也曾产生了相当的影响。他自身不能站起，面部被刻下"私通外国"四字，由此产生了不小的自卑心。初到魏时，魏罃欲任为副军师，他本人并未准备拒绝，看来并非没有将兵之心。逃齐后田因齐欲拜他为大将，他推辞说："臣刑余之人，而使主兵，显齐国别无人才，为敌所笑。"（第八十八回）力举田忌为将。马陵战后他对田辟疆说："臣以废人，过蒙擢用，今上报主恩，下酬私怨，于愿足矣。"（第八十九回）身残成了他任将的心理障碍和归隐的一个重要动因。孙膑归隐前，将手录的《孙武子兵法》及所著《孙膑兵法》献于齐国，向田辟疆表示说："臣之所学，尽在此书，留臣亦无用，愿得闲山一片，为终老之计！"（第八十九回）他于世无求，又向世人献出了价值无比的兵法著作。他把自己的智慧留给世界，只身遁迹于空旷的山野。

孙膑在魏国备受磨难之后见用于齐国。他以超众的用兵策略部署了桂陵、马陵之战，两次重创魏军，摧毁了魏国在战国之初的强国地位，极大地发展了齐国的军事势力。孙膑的战绩使秦国不久的败魏东进成为可能，从而在一定程度上改变了战国的政局。孙膑的败魏之役为后世创造了成功的战例，他用兵的高妙及所留兵书中的智慧是民族文化中的宝贵财富。

贪功失国的田地（齐闵王）

　　田地，战国中期齐国国君。齐宣王田辟疆的儿子，称齐闵王，又作齐湣王或齐愍王，公元前 300 年至公元前 284 年在位。田地执政时，齐国国势已很强盛，一度议与秦昭王并称二帝。他长期任用宗亲孟尝君田文为相国，曾用纵横家苏秦、苏代为客卿。燕王哙因让国而引起内乱。他乘机攻伐，一度造成燕国的危机。后来他联合楚、魏，灭掉宋国，广拓了疆土，使诸侯恐惧。他还一度产生灭周之志。公元前 284 年，燕国派乐毅为大将，联合秦、魏、韩、赵一同伐齐，田地迎战失利，弃临淄而走。先后奔投卫、鲁、邹等国，不被见纳。后避于莒州（今山东莒县），不久被楚将淖齿所杀。五国军队一直攻取了除莒与即墨外的所有齐城，几乎灭亡齐国。

　　田地曾使齐国的强盛达到顶点。但他好功急利、骄横愚鲁，招致了齐国的重大败亡。他的政治行为使他成为齐国历史上的败国之君。

一、好大喜功，贪利树怨

　　齐国由于田因齐、田辟疆两世的努力，国势迅速强盛。田地继位后，齐之盛势犹存。他颇勤国政，很想有一番大的作为。燕王哙禅位于相国子之。国人不服，内乱迭起。田地遂派十万大军进军于燕讨伐子之，借助燕国的民心之顺，齐军在短时间内深入燕都，占领了燕国大片土地。子之亦被齐军俘获处死。田地欲乘胜一并灭燕。他毁掉燕之宗庙，将府库宝货运于齐国，又引起了燕国民心的反叛，最后只好退归齐国（见第九十一回）。

　　田地派兵伐燕，在战争的前期，他顺应燕民之心，靖乱安邦，也许算是正义之举。在燕国百姓的配合下，势如破竹，进军神速，战果辉煌。以处死子之为转折点，其军事行为的性质立刻发生了变化。他违背民心，准备灭掉燕国，遭到了各方面的反对。当时燕人在无终山找到避难的故太子姬平，奉为君王，组织政权，与齐军相对抗。赵武灵王赵雍亦不满于齐国吞燕，伺机出兵抗齐。先前的燕国降将又纷纷叛齐顺燕。十万齐军在大片燕地上势单力薄，无法立足，只好退归。田地在伐燕之战中不能看清形势、见好收场。他贪求吞燕之利，非但丧尽了前期靖乱的功劳，反倒结怨于燕，成为后来燕国破齐的起因。

当时的宋国朝政腐败不堪。宋王偃弑兄而立，自逞其强，四处侵讨，骄奢淫逸，强占民妇，又滥杀朝臣，非常暴虐，时称"桀宋"。田地见宋国有机可乘，遂联合楚、魏一同伐宋，相约灭宋后三分其地。三国大将率军与宋国酣战已久，最后田地亲率数万齐军前来助战，终于攻败宋军。宋王偃被追获斩首，三国遂灭掉宋国，三分其地。楚、魏二军退归时，田地暗想到："伐宋之役，齐力为多，楚、魏安得受地？"（第九十四回）遂引兵衔楚军之后，击败楚师，乘胜收取淮北之地，不久又夺取了魏国所得之地。

田地合三国之兵讨伐桀宋，看来在当时是正确的决策。他先前约定三分宋地，如果后来能够如约办理，那对齐国的强大及睦邻关系都是有好处的。但他企图独占灭宋之利，对从兵灭宋的两个国家先后袭击掠夺，贪利负约。不仅损害了自己在列国中的形象，而且在最后把两国逼到亲秦的立场上，与齐国相对立。这是战略策略上的重大失误。田地执政后期，三晋（魏、赵、韩）失去了强盛之势，燕国衰弱，秦、齐、楚三国为强。他们构成列国间的三角关系。在相当程度上通过微妙的外交关系来互相制约，各国在限制对方中发展自身。田地看不清这种基本的政治格局，他贪图眼前微利，结怨于楚、魏，将两国暂时逼入秦国的政治范围，一时为秦国制约他国和自身发展提供了条件。这一措施表明他没有起码的政治眼光和外交战略。

身为战国之世的大国之君，不可能不对外用兵，但田地在用兵中不能做到适可而止、恰到好处。他无休止地追逐眼前之利，常使战略正确的用兵超过一个点而发生转折。他好大喜功、四处树敌，惹得天怒人怨，为齐国遭受众国之制积累了条件。

二、目光短浅，受人操纵

田地在军事上贪功急利、树敌太多，已构成他执政时的重大缺陷。非但如此，他的政治素质极低，在政局多变、争夺剧烈的战国之世，他缺乏一个大国之君应有的政治头脑。在处理若干重大问题时，望风而动、举措轻率。他目光短浅、个性素质低劣，这是导致他在军事、政治和外交上一系列失误的深层原因。

从田地长期的从政行为看，他有时易于受人操纵，个性愚鲁，政治水平极低。秦国一度嫉田文之贤，与楚国串通一体，散布关于田文将欲篡国的流言。田地在毫无根据的情况下竟信以为真，罢黜了田文的相位。后来田文的门客冯骦游说秦王嬴稷，嬴稷派人持金赴齐，以隆重的礼节去其封地迎聘田文，欲任之为秦相。冯骦先驱归齐，向田地报告了秦国迎聘田文之事，劝他恢复田文相位，以绝秦国之聘。田地打探得秦使迎聘田文的实信后，抢先恢复了田文的原职。田地先前罢免田文之相，与秦国行施反间计有直接关系；同时极有可能是因为田文私人势力太大，对君权形成威胁，田地要乘机削弱他的政治势力。如果是后一种情况，那还不能说他的免相没有原因。但他后来看到秦国欲聘田文，又急忙放弃了先前的考虑，表现了政治上自主意识的缺乏和处事的不成熟。他对田文复相，完全是受一个门客舍人的操纵而不自觉，显示了政治水平的低劣。

当时的纵横家在政治舞台上非常活跃。战国连横主张的代表人物张仪从秦国的利益出发，欺骗田地说，三晋及楚均已事秦为好，劝齐国也主动结秦之好。田地听从了张仪的劝说，但他后来知道三晋并未事秦，于是深恨张仪，纠合数国之兵准备伐秦；不久，他听说张仪去魏国为相，又欲挥师伐魏；过了一段时间，他听人说，张仪去魏，是为了吸引齐国的兵锋，使秦国得到解脱。伐魏正是中了秦国之计，他于是又放弃了伐魏（见第九十二回）。事实上，他最后听到的议论正是张仪为了保护自身而散布出来的，在整个过程中，田地首先事秦，继而伐秦，其后伐魏，最后罢兵，这一切无不受着张仪的操纵。

当时主张合纵抗秦的代表人物苏秦见燕、齐已成相并之势，对燕王献计说："臣伪为得罪于燕，而出奔齐国，齐王必重用臣，臣因败齐之政，以为燕地。"（第九十一回）遂代表燕国利益赴齐，被齐用为客卿。苏秦死后，其宾客后来泄漏了这一计谋，田地才醒悟了过来。他欲率兵伐燕，苏秦之弟苏厉代表燕国纳质请和，对他说："燕王欲以国依秦，臣之兄弟陈大王之威德，以为事秦不如事齐，故使臣纳质请平。"（第九十一回）田地听罢很是高兴，遂释嫌罢兵，厚待苏厉，并留任苏厉为齐国大夫。田地本人缺乏远大的政治眼光，没有长远的政治战略，从而没有稳定的外交原则。他见利而图、盲目施政，在用人和用兵上处处受到别人的操纵，以这样的政治水平治理乱世之国，不可能不走向败亡。

三、不可一世，骄横愚鲁

田地在独吞宋地后，又逼使卫、鲁、邹三国之君入朝称臣。齐国一时显得非常强盛。这种表面上的盛气一时掩盖了田地在军事和政治上的种种缺陷，也冲昏了他的头脑，于是他又犯了骄傲专横的错误。他当时对人讲："寡人残燕灭宋，辟地千里；败魏割楚，威加诸侯，鲁卫尽已称臣，泗上（指今山东中部）无不恐惧，且晚提一旅兼并周室，迁九鼎于临淄，正号天子，以令天下，谁敢违者！"（第九十四回）他为自己一时追逐到手的功利所迷惑，没有想到因逐利而触怒的众怨正暗中汇合成冲垮齐国的洪流。

田因齐当年倡尊贤之风，公开纳谏，从善如流。田辟疆继承了这种优良的作风，稷下贤士云集，国势兴盛。田地在追逐到一些功利后，变得骄傲专横，先世的作风丧失殆尽。他在朝中侈谈灭周之事。相国田文劝谏说："宋王偃唯骄，故齐得而乘之，愿大王以宋为戒！"（第九十四回）他分析了列国形势，劝田地取掉代周之志。田地非但不听，反而收掉了田文的相印。至此，他堵塞了部下的劝谏之路，开始重蹈桀宋的覆辙。

不久，燕国衔恨联合三晋及秦国之兵，派乐毅为上将军，兴兵伐齐。在五国军队的攻势下，齐国全线溃败，乐毅以破竹之势直捣临淄。田地率文武数十人逃至卫国，卫君亲至郊外称臣迎接，待之以礼。田地对其以君王身份相待，举止傲慢。卫国诸臣意甚不平，夜间掠其财物。次日，田地欲等卫君来见时加以斥责，卫君竟不来朝见，也不再供给饭食。田地饿至日头偏西，又恐卫君来抓，遂带心腹数人连夜逃去。不久逃到鲁国，鲁君遣使者出迎于关外，田地手下人打听得鲁君将以十太牢的规格接待，遂对鲁使说："吾君，天子也。天子巡狩，诸侯辟宫，朝夕亲视膳于堂下，天子食已，乃退而听朝，岂止十牢之奉而已！"（第九十五回）他们妄自尊大，要求鲁君按天子巡狩的形式对待其主田地，提高接待规格。鲁君闻之大怒，遂将田地数人拒于关外，不予接纳。后来他们逃到邹国，恰值邹君刚死，田地手下人又对邹人讲："天子前来下吊，主人必背其殡棺，立西阶，北面而哭，天子乃于阼阶上，南面而吊之。"邹人回绝说："吾国小，不敢烦天子下吊。"亦拒之不纳。田地途穷无路，奔莒州避难。

齐国先前凭先君造成的强大武力逼使卫、鲁、邹三国入朝称臣。田地兵败失国，去三处避难，未尝不可。但他这时候仍然放不下"天子"的臭架子，终于失去了对方可能给予的同情与保护。本来，田地一行在卫国因傲慢而被冷落后，就应该吸取教训，时时记住自己是失国之君，以谦逊的态度对待别人。但他们竟然毫无自知之明，在小国面前继续傲气十足，不可一世，致使再三受到小国的拒斥。

田地至莒州后，以尽割淮北之地为贿，请求楚国出兵增援。楚王派大将淖齿率兵二十万赴莒州，临行前吩咐说："齐王急而求我，卿往彼可相机而行，惟有利于楚，可以便宜从事。"（第九十五回）田地后来在莒州立淖齿为相国，以大权相委。淖齿见燕兵势盛，知救齐无功。遂乘田地阅兵之际将其拘囚，活抽其筋，悬于屋梁之上，田地三天后气绝而死。田地在危急关头求救于楚，因为他早先结怨于楚，因而在这时候根本得不到楚国的诚心支持，请楚国增援本身就带有引狼入室的危险性。楚兵到来后，他不是对其在防范中利用，以齐国之地利诱淖齿与燕军争夺厮杀，使他们两家互相削弱，以图自我恢复，而是将淖齿安排在自己身边加以重用。田地任淖齿为相，也许有讨好淖齿、以使其忠心为齐的用意，但他没有想到，淖齿首先是楚将，其次才是齐相，他首先要代表楚国的利益，要根据楚国的得利多寡来决定在齐国的行为。田地的这次失误使他付出了生命的代价。

田地政治素质低劣，目光短浅。他贪功急利、树敌太多，在用人处事上缺乏战略眼光，受人操纵。他丢掉了先世从善如流的优良作风，骄傲专横，盛气凌人。虽然凭先世之余势取得过不小的战功，但终于迅速败亡失国，使齐国遭受了自己历史上最大的挫折。齐国名将田单虽然在亡国的紧急关头挺身而出，收拾残局。于公元前279年组织即墨孤城军民反攻燕军，力挽国家既倒之狂澜，但国家元气毕竟已亏。齐国的盛世成了昨日云烟，只有在列国鏖战的东隅苟延待亡。

胸怀韬略的田单

田单，战国时齐将，临淄（今山东淄博东北）人，属齐王旁支疏族。田地执政时，田单为临淄属官，不为人所知。齐国被燕攻破时，他与同宗人逃难至安平（今山东益都西北），因燕军深入，旋又逃至即墨。燕将乐毅攻取了除即墨与莒城的所有齐城，情况非常危急。时即墨守臣病死，军中无主，一时难于得到人选。有人知田单聪明多智，就推荐了他，大家遂拥立他为将军。

田单为将后，充分发挥了他战略战术上的韬略，运用各种策略手段，千方百计地改变敌我双方在士气、军心和力量方面的悬殊对比。营造有利条件后，于公元前279年出其不意地击垮燕军，并乘胜收复七十余城，恢复了齐国。被任为相国，封安平君。在齐国面临危急存亡的关键时刻，田单挺身而出，收拾残局，力挽国家既倒之狂澜，一举扭转战局，表现了极其高深的军事韬略。

田单早年为临淄市吏时，其才能在平凡的事务中无所发挥。他后来逃难至安平，将自家车轴之头全部截去，又以铁皮裹轴，务令坚固。不久燕兵来攻安平。城破时，安平人争相逃跑。路上车辆拥挤，许多车因为轴头相撞，不能疾走，有的轴折车覆，他们均为燕军所获。而田单一宗因为车轴坚固，且头短无撞，得以逃脱。这里，田单对燕国乐毅的军事战略和自己逃难时会遇到的困难均有正确的预料，他看到了乐毅以吞齐为目的的战略意图，料到燕军必然会在齐国全面推进，迅速深入。在从临淄逃至安平后，即开始对车乘进行改装加固，以求避免逃跑途中可能遇到的麻烦。这一切足显他料事的精细。正是这一事情传扬出去后，大家发现了他的聪明才智，在即墨无将时拥立了他。

田单一上任，首先着手加强即墨的设防。他自己与士卒一同操作劳动；将宗族妻妾全部列入军队编制，与普通民众一般看待；不时以酒食款待士兵，全城人对他非常信服。当时即墨成了齐国保存势力和准备反攻的重要根据地。只有首先保住即墨，才有一切可言。田单一开始就加强设防，这就抓住了事情的根本。同时，他自己初任将军，毫无资历，城中人难免会有一种不信任感，田单与士卒同甘共苦，将家人与平民同等看待，这既是他治军治民的方法，也是他当时争取军心民心的方法。田单率众防守即墨，乐毅三年攻克不下，只好调整战略。燕兵退兵九里，建立营垒，对城中齐民采取怀柔政策，欲使其感恩悦附。田单在对敌斗争中采取了一些重大的策略措施，为战局的变化积极创造条件。

首先，他利用反间计除掉了燕国军事将领乐毅，诱使燕国前线易将，极大地降低了敌人的军事指挥水平。乐毅长于军事，极善用兵，曾连下齐国七十余城，又安排了对付即墨的部署，是齐国的心腹大患。田单了解到燕太子姬乐资与乐毅有隙，就曾表示说："齐之恢复，其在燕后王乎？"不久，燕昭王死去，惠王姬乐资继位。田单遂使人在燕国宣扬说："乐毅久欲王齐，以受燕王厚恩，不忍背，姑缓攻二城，以待其事。今新王即位，且与即墨连合。齐人所惧，唯恐他将来，则即墨残矣。"（第九十五回）乐资信其言，遂派大夫骑劫代替乐毅为将。骑劫上任后，改变乐毅的部署，加紧围攻即墨。燕军不服骑劫，而田单设守愈严。

其次，田单利用双方兵士的迷信观念大做文章，改变双方军队的战斗信心。燕军易将后，田单一天早上对人们讲："吾夜来梦见上帝告我云：'齐当复兴，燕当即败，不日当有神人为我军师，战无不胜。'"他见一小卒略悟己意，遂对人讲："吾梦中所见神人，即此是也！"立即为小卒换掉衣冠，置之上座，以师礼事之，号为"神师"，每出一令，总是禀过神师而行。田单不久又对人讲："神师有令：凡食者必先祭其先祖于庭，当得祖宗阴力相助。"城中人遂将饭食祭献于庭，飞鸟见其祭品，飞下来绕庭争食。城外燕军看见这种情景，非常惊异。他们又打听到齐军有神师下教，更得祖宗阴力相助，信以为真，全都失掉了攻战的信心。在这里，田单一方面利用齐人的迷信观念，与小卒达成默契，制造神师相助的假象，借以在危急时刻增强齐人的取胜信心。他先禀神师而后下令，给他的号令涂上了神秘的色彩，极大地提高了号令的严肃性和对人们的约束力。另一方面，他又利用燕军的迷信观念，给他们制造齐军得神之助的印象，解除他们的作战信心。他利用同一手段，从相反方向上改变敌我双方军队的战斗信心。

再次，他引诱燕军改变俘虏政策与恩化策略，借以强化齐人坚守城池和血战燕军的决心。骑劫上任后，田单故意使人宣扬乐毅之短说："乐毅太慈，得齐人不杀，故城中不怕。若劓其鼻而置之前行，即墨人苦死矣！"骑劫闻言，即将降卒割掉鼻子。城中人见此，非常惊恐。大家相勉坚守，唯恐燕军破城。田单又使人扬言说："城中人家，坟墓皆在城外，倘被燕人发掘，奈何？"（第九十五回）骑劫遂使兵卒尽掘城外坟墓，将尸骨烧毁。即墨人从城中望见这种暴行，异常气愤，皆来请战，欲报祖宗之仇。田单在这里诱使燕军施行暴行，进一步强化齐军死守血战的决心。他在双方对战中单方面地刺激仇恨心理，改变了双方争斗的心理态势。

第四，以弱示敌，麻痹敌人，又制造投降假象，解除燕军的军事防备。田单从城中精选五千强壮士卒，藏于民间，令老弱妇女轮流守城，故意使燕军看见，其后又派人正式通知燕军说："城中粮尽，几天后全城出降。"接着，他从民间收集千金，使豪富大家私下馈送燕将，求他们入城之日保全家小。燕将向送金者各付小旗，让他们插于自家门上，以为标记。燕军全不准备，呆呆地只等田单出降。骑劫在营中甚至大吹大擂，军中高呼"万岁！"田单在众将请战的时候，分析了各方面的情况，看到决战时机来临，遂以示弱和约降的手段进一步麻痹敌人。齐人行贿于燕将，煞有介事地请求入城保护，似乎燕军占城已毫无疑问。田单利用这种策略，在决战前夕把敌人的防御力几乎降低到了"零"。

第五，布"火牛阵"，利用非人力补充自己的战斗力，以利陷阵杀敌。田单在麻痹敌军的同时，使人在城中收取一千多头牛，用五色龙文的彩衣披于牛身，将利刃缚于牛角，又用膏油浸泡麻苇，束绑于牛尾。使事先选好的五千壮卒以五色涂面，手持利器，跟随牛后。约降的当晚，让百姓在城墙上挖下几十处洞穴，驱牛而出，点火烧其尾上的麻苇，牛受火烧，骤然前奔，直扑燕营，五千壮士随后冲杀。当时燕军只待齐人来降，毫无准备。突然群牛奔来，横冲直撞，角刃杀伤许多燕卒。五千壮士大刀阔斧，逢人便杀。燕军见其神头鬼脸，不知何物。人人胆丧逃窜，死者不计其数。骑劫也被齐兵所杀。

田单解了即墨之围后，整顿队伍，乘胜追逐。所过城邑听说燕将已死，齐兵得胜，纷纷叛燕归齐。田单兵势益盛，一直进军到齐国北界，收复了燕国占领的七十余城。

田单任将时，齐国的势力衰弱到了极点。他根据双方力量悬殊的实际情况，利用反间计、迷信观念及示弱约降等手段减弱敌方的战斗因素，又利用迷信观念、敌方暴行及火牛阵加强自己一方的战斗因素。这些因素有物质方面的，又有士气、军心、意志、信心等精神方面的。经过许多措施的连续实施，敌强我弱的悬殊状况在实质上得到了根本性的扭转。他于是瞅准机会，突袭决战，取胜后又乘胜追击，迅速扩大战果，一举收复了全部失地。

田单是战国极有韬略的军事战将。他聪明多智、强于预见、虑事周密，善于创造和利用各种条件服务于自己的军事活动。他以自己的智慧和韬略组织军事，击败燕国，扭转了齐国败亡的局面，影响了列国的政局。

养客自重的田文（孟尝君）

田文，战国中期齐国贵族。他的父亲田婴为田因齐的少子，曾参与马陵之战，不久升任相国，被封于薛（今山东藤县南）。田文承袭其父的封爵及封地，称为薛公，号孟尝君，被齐闵王田地任为相国。田文大筑馆舍，招揽宾客，首倡战国时的养士之风，并与后来赵国的平原君、魏国的信陵君相友善，一时形成一种势力。田文因宾客之众，颇有贤名。他曾一度被秦国所诱拘，不久在宾客的帮助下逃归；田地一度因故罢免了他的相位，他又在宾客的扶助下复职。燕国伐齐前，齐国政治上的败亡之征已经显露，田文因为田地拒绝了自己的劝谏，遂出奔魏国，依投信陵君魏无忌。不久被魏任为相国，他深结赵、魏之好，又力主魏国出兵协助燕国破齐。齐国田单逐燕复国后，田文离开魏国，退居封邑薛地。比于诸侯，与齐国保持不合作的中立态度。田文死后，儿子们争着继位，齐、魏两国遂灭掉了薛。

田文是战国之世很有影响的政治人物。他以养客而闻名，拥有一股相对独立的私人政治势力。在社会交往、思维方式及政治行为的选择等方面，田文均有许多高明之处。

一、招纳贤士，首倡养客

战国之世向人们充分展示了人才的价值，士的社会地位迅速提高，然而，当时的士阶层经济地位低下，活动分散，他们的政治能量得不到有效的利用与发挥。如何把这部分人组织起来加以利用，成了上层社会所注重的问题。同时，自春秋末期以来，各国政权下移，私人势力得到了极大的发展。社会观念由之变化，战国之世的政治人物对发展个人势力已形成了浓厚的兴趣。田文作为当时比较出色的上层政治人物，他首先看清了这两方面的情况，于是凭借自己雄厚的经济条件纳门客、培植势力。

田文早年曾问他的父亲说：儿子的儿子叫什么？田婴说叫孙子，他又问孙子的孙子叫什么，田婴说叫玄孙。田文又问：玄孙的孙子叫什么？田婴回答说：不知道。田文于是对父亲讲：您担任齐相已经时间很长了，齐国没有扩大，自家的财富积至万金，而门下看不到一个贤能的人。现在您的妻妾践踏着绸缎，而士人穿不上粗陋的衣服；奴婢残剩下鱼肉，而士人吃不饱粗劣的饭食。现在您还在追求积蓄储藏，想要把财富遗留给自己尚不知道的什么人，却忘掉了人才的匮乏和事业的衰弱，这是非常错误的。（参见《史记·孟尝君列传》）田文向父亲的陈述，表明了当时士的处境，表明了田文本人在当时的社会背景下对前述政治问题的初步思考，反映了他重士轻财和决心以财养士、发展势力的心迹。

田文嗣位后，就开始实施他早年的心愿。他广招天下之士，破财养客，甚至一度使自己陷入经济窘迫也在所不惜。田文对凡来相投之人，不问贤愚，全部收留。天下有罪逃亡的难民也来归附。田文身份高贵，但他的饮食与宾客相同，没有特殊。一天，他与宾客一起吃晚饭，有人撞灭了灯光，客人怀疑饭有等级，遂撇下筷子离去。田文问清原因后，将自己的饭与众人相比，没有什么两样。那客人感叹说："以孟尝君待士如此，而吾过疑之，吾真小人矣！尚何面目立其门下？"（第九十一回）竟自刎而死。田文非常悲哀，以礼厚葬。此事使众客异常感动，传扬出去，归附者更多，食客达数千人之众。

田文破财养客，也非常注意笼络宾客之心。除与宾客饭食相同、平等相待外，还有以下一些方法：其一，他对宾客不分贤愚，一律殷勤接待，使宾客人人都以为田文亲近自己。其二，他与宾客坐谈时，常问及对方的亲戚及其住所，旁边的屏风后有文书侍从，负责把这一切记录下来。等谈话结束后，他就派人去慰问客人的亲戚，并向其奉送物品（见《史记·孟尝君列传》），使宾客非常感激。其三，田文很注意新到宾客的行为动向，对特殊人物给予特殊照顾。他在后期因宾客实在太多，遂将众客分为上、中、下三等，生活待遇也有所差异。一天，有一个名叫冯骥的人前来相投。田文与其坐谈后将其安排在下客之列。十多天后他打听冯骥的所为，听说冯骥常独自抱怨生活俭朴，田文遂将其升入中客之列；五天后，他又打听得冯骥抱怨出入无车，不禁惊异道："彼欲为我上客乎？其人必有异也。"（第九十四回）遂将其迁入上客之列，并继续使人观察其所为。田文用这种方法笼络人心，团结和聚集了一大批人物，形成了自己的势力。

田文之所以能广养宾客、自成其势，首先是因为当时有适宜的社会背景，士阶层经济地位的低下及其无所依归，是养士之风得以形成的社会条件，个人势力的发展被上层社会所重视，使养士之风具备了迟早形成的可能性。田文由于一些个人条件，使他成为养士之风的首先倡导者，其一是他对此事认识明确，能从政治的高度考虑这一问题；其二是他身为上层贵族，有相当的物质条件作保证；其三是他在齐国地位显赫，对闲散之士能形成较大的吸引力；其四是他在接客待人方面有所爱好、受过长期锻炼，有一些较好的方法。田文十多岁时就协助父亲接应客人，宾客很喜欢与他交往。在这方面，他的个人才能及其良好方法是起了重要作用的。田文以某种方法组织的宾客集团是以经济为纽带、以他本人为核心的政治集团。

二、聚势为重，自我发展

田文进行宾客集团的组织具有确定的政治意图，但因为他来者不拒，贤愚并归，其宾客的成分是比较复杂的。约二百年后，西汉司马迁去薛地考察，其地凶暴子弟比附近各处明显较多，当地人解释这种原因说：孟尝君招引天下力士侠客，进入薛地的凶暴之人约有六万多家（见《史记·孟尝君列传》）。田文的宾客集团包括这类人物，也需要这类人物，他们一旦被组织起来，自然能作为政治行为的有效工具。

田文曾被秦王嬴稷诱至咸阳，有宾客千余人随从。嬴稷起先欲委相于他，后轻信他人谗言，又欲杀之。田文闻讯，准备行贿于嬴稷的宠妾燕姬，请她进一言放自己归国。燕姬提出要田文献白狐裘为谢。这身狐裘价值千金，天下无双。田文刚到秦国就已献给了嬴稷，自然再无此物向燕姬奉献，众人束手无策。后来，下坐一客发挥自己的特长，装束成狗状，夜间潜入秦宫库藏，盗出狐裘，献给了燕姬。经燕姬枕边吹风，嬴稷下令放还田文。田文唯恐嬴稷反悔，急于离去，但一时手头无过关券证。这时，有一个宾客发挥自己所长，为田文伪造了一张假券证，一行人星夜离去。一天夜半赶到函谷关（今河南灵宝东北），关门照例要在凌晨鸡鸣时开启，田文恐追兵将至，非常着急。这时，又一宾客发挥所长，仿鸡声长鸣。一时间，关内群鸡齐鸣，守关之吏以为天亮，验证开关，田文一行出关而去。比及秦国追兵来到，他们已去得很远。事后田文感叹说："吾之得脱虎口，乃狗盗鸡鸣之力也。"（第九十三回）田文收养的这些宾客属于社会下层，多属鸡鸣狗盗之徒，有些近乎无赖。但他们许多人在生活中有一技之长，在特殊的情况下，可以使他们服务于一定的政治活动。

田文在离秦归齐时途经赵国某地。赵人素闻田文之名，出来争相观看。及见田文身材短小，有人笑着说："始吾慕孟尝君，以为天人，必魁然有异，今观之，但渺小丈夫耳!"（第九十四回）许多人相和大笑。这天晚上，凡是嘲笑田文的人都被割掉了脑袋。田文的宾客对嘲笑者实施了一次残忍的报复，表现了这个宾客集团对田文个人的无比效忠。

田文的宾客中也有一些很具政治头脑的人物。田文一度因经济困窘，派那个常有抱怨情绪的冯骥去封邑薛地收取债息。冯骥收得息钱十万，备牛酒召集债民，旁观其贫富程度，对有力偿还者口头约定期限，对贫困者宣布免债，并当众焚烧债券，宣扬田文的恩德。回来后田文责备他，他解释说："负债贫困的人即使严加逼迫，他也无力偿还，时间长后利息增多，他负担不起，必然逃亡他地。"冯骥还劝导田文说："区区之薛，君之世封，其民乃君所与共安危者也。今焚无用之券，以明君之轻财而爱民，仁义之名，流于无穷，此所谓为君收德者矣。"（第九十四回）后来田文被免相归薛，百姓扶老携幼相迎，争献酒食，田文最终感到了冯骥先前行为的正确。在这件事上，冯骥所以敢自作主张，烧掉债券，是因为他真正理解了田文养客的用意：田文破财养客，他轻财而重士，烧掉贫民债券，虽是经济上的损失，但争取了民心，这与田文养客的总体目标完全一致。正是因为这样一些原因，冯骥才当众免债烧券。

田文广集宾客，势大震主。田地轻信秦楚的反间计，罢免了他的相位。冯骥西入咸阳，对赢稷说：秦、齐势不两雄，齐国新免了贤相田文，"田文怨齐必深，秦若乘时聘之，迎田文至秦，用为相国，则制齐不难。"赢稷惑于其言，派使驾车十乘去薛地迎聘田文。冯骥又提前回齐，对田地说：秦国慕田文之贤，将聘之以为国相，"大王乘其未至，先复孟尝君相位，增其邑封，孟尝君必喜而受之。"（第九十四回）田地遂恢复了田文的相位，并为其增封。冯驩通过游说的方法说服秦国聘用田文，抬高田文的身价，借此要挟齐国，使齐国恢复了田文的相位。看来冯驩是田文宾客中一位很有思想和策略的政治活动人物。

田文的宾客集团成分复杂，但很有政治活动能力。田文据此形成了自己的私人势力，也据此形成了超国界的声誉。凭这些资本，他敢在政治上闹公开的独立性，甚至联合他国，损害齐国的利益。燕国攻齐前，他和田地因政见分歧，奔至魏国，被任为相。在齐国生死存亡的关键时候，他积极参加乐毅的攻齐联盟，与本国执政者公开对抗。田文有独立于国家的政治利益，薛地是他几世经营的独立王国。他借以自重，自求发展，他在晚年居于薛地，与数国当权者相往来，比于诸侯，与各国保持中立，居间为重。复国上台的齐襄王田法章对田文感到恐惧，遣使迎其为相国。他不屑于就其位，加以拒绝。田法章主动亲近他，双方最后连和通好。这种状态一直保持到田文死去。

田文养客与稍后的平原君赵胜有所不同，田文的养客不是要博取好士的名声，而是要发展私人势力，有明确的政治目的。田文与后来信陵君魏无忌的养客也稍有不同，他不单是凭折节下士和好施义气来争取人心，而是采取多种交往手段笼络人心。魏无忌未曾使自己的个人利益与国家利益在根本上相脱节，他晚年沉溺酒色，以此释君王之疑，力求调和双方关系；而田文追求的是不与国家利益相关联的个人利益，公开发展独立的私人势力。

三、思路开阔，处事灵活

田文思维机敏，处事灵活，有相当的个人才能。他是田婴的贱妾之子，生于五月五日。田婴认为他的出生之日不吉利，遂交代其母弃之勿育。田文的母亲不忍抛弃，私下抚育。等他长到五岁时，领去见田婴。田婴见之，非常生气，责问其母为何违命收留。田文顿首于地，问父亲为什么要把他抛弃，田婴回答说："世人相传五月五日为凶日，生子者长与户齐，将不利于父母。"田文对父亲说："人生若必受命于户，何不增户而高之，使人无及。"（见第九十一回）田婴不能回答，但暗暗称奇。这里，田婴认为五月五日的生子长到与门楣一般高时会给父母带来灾难，田文没有反驳父亲的认识。他提出了另外一种思路：增高门户，使人永远不能与之相齐。这一建议充分表现了少年田文想象力的丰富和思维的敏捷。

田文任相后，适逢列国合纵抗秦，楚、魏、韩、赵、燕五国均决定出兵。田地召群臣商议是否从兵伐秦，两种意见，争论不下。田文一人认为："言可伐与不可伐，皆非也。伐则结秦之仇，不伐则触五国之怒。"他向田地建议说："以臣愚计，莫如发兵而缓其行，兵发则不与五国为异同，行缓则可观望为进退。"（第九十一回）后来，他率二万齐军从兵伐秦，刚出齐郊，突然声称自己患病，于是就医治疗，一路耽搁不行。不久，秦兵在函谷关出奇兵击垮了松散的五国联军，田文未至秦境，五路军队已撤。齐国与秦国东西远隔，直接利害不大。田文采取发兵而缓其行的计策，巧妙地避开了五国与秦的军事矛盾冲突，避免了自身的消耗，同时既不相违于五国，又不得罪于秦。这种两不可的观望态度是齐国当时可以采取的最好的行动方案，在一定程度上反映了田文施政的筹谋和韬略。

从思维方式上看，田文具有发散型思维的特点，对同一问题的分析解决，他善于在不变的条件下提出更多的答案或方案。这些方案有些能打破常规思维，为问题的解决提供最佳的策略方法。比如要说服父亲收留自己，解决这一问题，自己的生日和父亲已有的迷信观念既定，他可以反驳父亲的迷信观念；可以乞求父亲的惜悯；可以继续让母亲暗中养育；也可以想法让这种迷信观念自身包含的前提条件落空。前两个方案实施起来困难很大，第三个方案不大现实，最后他采取了第四个方案，轻而易举地说服了父亲。在从兵伐秦一事上，如何能保证齐国的利益不受损失，对待这一问题，五国与秦军事争战的形势不可改变。齐国一是出兵伐秦，与秦争利；二是拒绝出兵，自我保护；还有一种办法，就是明出而实不战。前两种方案各含消极的后果，有损齐之利益，最后选取了第三种方案，既避免损失又两不得罪。

田文在与宾客的几次活动中也包含有这种思维方式。贿赂燕姬时，一件白狐裘已献给了嬴稷。这一条件不变，解决问题的办法，要么以别物相献，这样得不到对方的愉悦，不会尽力相助；要么无物可献，坐待秦国相害。田文一行别出心裁，盗回狐裘，献给燕姬，使事情得以成功。过函谷关时，鸡鸣开关的惯例，关吏会遵守不变。田文一行既未坐等天明，冒追兵抓获的危险。也未偷越关卡，冒守将查获的危险，他们仿效鸡鸣，使关吏提前开门，及时过了秦关。田文及其宾客在对待上述许多问题时，其思维方式都有明显的高明之处。

田文首倡养客，聚势自重，是战国之世颇有特色的政治人物。他的社会交往方式、政治行为方式和思维方式都有自己鲜明的特点。

关于齐国的一点评论

田氏之齐自代替姜齐而为诸侯，至公元前 221 年为秦所灭，经历了不到二百年的历史。田齐在立国之初不算一个强大的国家。三世之后，经田因齐、田辟疆两世的奋发努力，击败了强魏，一时成为东方强国，与秦国东西并雄。田地执政时保持了先世的兴盛，但战略失误、树敌太多，被燕国衔恨攻破，几乎亡国。田单破燕，虽然保全了齐国，但齐国已失去了往日的盛世，无力参与战国的后期竞争，五十余年后被秦国灭亡。

齐国的盛衰与最高当权者的战略眼光有关。田因齐上台后，听大臣之言，励精图治，在内政、军事上狠下功夫，以强大的魏国为战略争夺对手。经过多年的准备与努力，终于取代了魏国的强国地位。田地执政时，失去战略的考虑而逐利，四处用兵、处处树敌、为人操纵，使齐国从强国之巅迅速跌落下来，国势长久得不到恢复，积弱致亡。这其中，最高当权者的战略水平及政治远见的悬殊不同对国家的兴衰起了正反两种极大的作用。

齐国的盛衰还与最高当权者的用人待贤有关。田因齐倡尊贤之风，招致和网罗人才，任邹忌、聘孙膑，依靠他们治理内政和军事，积蓄了国力，两战败魏，使国家迅速走上强盛。田地执政时，任用田文而三心二意，身边无有人才，刚愎自用，独断专行，失去了维护强盛之世的人才支持，终使齐国经受了一次重大的劫难。

与上述情况相联系，齐国的盛衰变化还与最高当权者的民主作风有关。田因齐当政时，公开纳谏，鼓励群臣发表批评意见。他知过而改，从善如流，继位的田辟疆亦曾因无盐君钟离春直谏而将之纳入后宫，显示了纳谏的精神和勇气。田地执政时，骄傲专横，杜绝忠言，致使许多大臣告老离朝，无人劝政，使他的失误不断积累，终于导致国破命丧。

齐国的盛衰变化还从正反两方向说明了对国家政治治理的极其重要性。

田因齐任职期间，抓住东阿大夫的行贿事件进行重罚，狠煞腐败之风，极大地推动了政治的清廉。而后世的执政者没有考虑、也没有发现这种问题，致使歪风逐渐抬头。齐国末期，出了一个后胜，身为相国，竟收受贿赂而暗通秦国，这是齐国后期不注意政治治理的恶果。战国后期，秦国采取"远交近攻"的战略策略实施兼并，齐国在地理位置上远离秦国，因而成了秦国战略联合的对象。在这一政治格局下，齐国在很大程度上失去了危机意识，他们为秦国的外交媾和所迷惑，甚至发展到秦国每灭一国，他们反倒遣使为之祝贺的程度。本来，齐国复国后已经微弱到连对田文的一股私人势力也无可奈何，反倒不得不屈身与其通好的地步。他们应该发奋努力，利用秦国战略媾和的一段相对和平时机秣马厉兵，再图强盛。但齐国后期的当权者缺乏这种政治眼光和勇气，看不到自身危机的趋势，甘心仰秦之鼻息苟延残喘，致使齐国的灭亡不可避免。

齐国历史上有几个值得引起注意的事情：一个是国家出了两名韬略高超的军事人才。其一是军事家孙膑，他承继先祖之兵术，又有自己的一套军事理论；其二是战术策略家田单，他是通过民众推荐自发产生的军政领袖，这些情况在战国之世是不多见的。二是齐国曾开创了战国的学术探讨之风。齐国盛世，学子云集于稷下，自由议论，百家争鸣。这种状况的出现必然是与齐国当时的政治民主及当权者的尊贤政策有极大关系。不容否认，当时的学术探讨成果在相当程度上影响了民族数千年的思想和文化。三是田文大养宾客，使齐国成了养士之风的发源地，这一情况的发生与齐国的历史及现状是有直接关系的。田齐之祖田无宇、田常等人身为姜齐之臣时，为了争取齐国民心，在春秋末期就不惜经济代价，施惠于民，被称为"厚施买国"。最后人心归附，遂将姜齐取而代之。先祖破财施民，得益非小，田文肯定是由此得到了深刻的启发，使他成为最早萌发养士观念的权贵人物。同时，齐国盛世形成的尊贤之风也为养士于齐国创造了良好的条件。

【燕国政治人物】

战国时代大国的博弈争胜

燕国占有今河北北部和辽宁西端，建都蓟（今北京城西南），西接赵，南邻齐，其国君是西周初召公奭的后裔。春秋时燕国弱小，常为山戎所攻掠。齐桓公曾北伐山戎，兵定孤竹（河北卢龙南），为其广拓疆土，燕国渐强。战国之初，燕国亦极少与中原诸国往来。后来，纵横家苏秦入燕游说燕文公成功，燕国参加六国合纵，与列国往来增多。公元前318年，燕王姬哙让君位于相国子之，引起国内政局动荡，齐国乘机攻燕。燕昭王姬平上台后，厚币招贤，改革政治。经过近三十年的积蓄准备，最后派乐毅联合数国之兵攻破了齐国，占齐七十余城。其间又向东扩展，燕国达到最强盛的时期。姬平之后，燕军被齐将田单打败，失尽了所占齐地，开始走向衰弱。秦赵长平之战后，赵国损失惨重，燕国向赵发动过几次军事进攻，均被击败。秦国灭赵后兵临燕国南界。当时的燕太子姬丹惧亡国之祸，收买刺客荆轲，使其于公元前227年以献图为名，入秦刺杀秦王嬴政。事败后秦国加紧攻燕，公元前222年燕国为秦所灭。

燕国僻居北方，与列国政治交往不多，且国势弱小，对当时的政局没有产生过多的影响。同时，燕国当时的文化相对落后，关于本国的历史记载比他国为少。战国时的燕国，苏秦以燕为基地从事六国合纵、姬哙让国、姬平图强、乐毅破齐、姬丹派荆轲刺秦王，这些是他们影响列国的较大的政治活动。

投机政治的苏秦

苏秦，战国时东周洛阳（今河南洛阳东）人，字季子。曾学习于鬼谷先生门下，与张仪同攻游说之学。辞师下山后，他回到洛阳，欲以所学进献周王，被周室权贵所阻。数年后，听说秦孝公重用商鞅，遂西至秦国游说。时商鞅已死，秦惠文王嬴驷对他的说辞毫无兴趣。苏秦在耗尽财费后狼狈回家。经过艰苦的学业钻研后，他说服家人支持，游说燕文公，被燕文公所赏识，遂派他以国使身份游说列国，组织合纵抗秦。苏秦先后说服赵、韩、魏、齐、楚五国之君，使其与燕君相会于洹水（今河南北境的安阳河）之上，立定盟约，联合对秦。苏秦在会间被封为"纵约长"，兼佩六国相印。因为六国内部的矛盾分歧，他往来于燕、赵、齐数国间联络合纵。他曾劝说齐国归还所夺燕国的十城。后来为了燕国的利益入齐行反间之策，被齐国任为客卿，不久被刺客所杀。死后他的反间计被其宾客泄漏。

严格说来，苏秦不属于燕国的政治人物。但他的游说之术首先成功于燕，又曾任相于燕国。在燕国网罗过较多的私人势力，而且晚期为燕国行反间于齐。他一生的政治活动对燕国影响较大，其政治意向也与燕国的利益贴得更紧。

苏秦从一个洛阳平民而成为身佩六国相印的显赫人物，完全得益于他切合时势的个人才能和权谋机变、坚毅自信的品格。

一、熟悉政局，长于游说

苏秦辞别鬼谷先生时，鬼谷先生特意送他《周书阴符》（现已失佚）。此书包含深邃的政治韬略，他曾受老师指点，下山后又反复研读，从中学到了不少政治活动的知识。在洛阳游说周王被阻后，他破其家产，置下车马仆从遨游列国，考察各国的山川地形和风土人情，详细地了解了天下的利害形势。游说秦国失败后，他又回家刻苦自学，深入剖析列国政局。数年后，对天下大势了如指掌，遂正式开始了他的政治游说活动。

当时秦国经商鞅变法后迅速强盛，于是令各国割地为和。苏秦至燕国，对燕文公说："大王列在战国，乃耳不闻金戈铁马之声，目不睹覆车斩将之危，安居无事。其所以不受兵者，以赵为之蔽耳。大王不知结好于近赵，而反欲割地以媚远秦，不愚甚耶？"燕文公问他有何高见，他回答说："以臣愚见，不若与赵从亲，因而连结列国，天下为一，相与协力御秦，此百世之安也。"（第九十回）苏秦从地理位置上分析了燕国与赵国的相依之势，对燕国的媚秦方针提出反对意见，提出了联合赵国的主张。他的主张被燕君所接受，遂代表燕国前去联络赵国。

苏秦对赵君说："臣闻'保国莫如安民，安民莫如择交'。当今山东（当时称崤山或华山以东为山东）之国，唯赵为强。秦之所最忌害者，莫如赵。然而不敢举兵伐赵者，畏韩魏之袭其后也。故为赵南蔽者，韩魏也。"他向赵君分析了赵对韩、魏的战略相依关系，详细地说明了自己的合纵主张。赵君非常信服，为他佩以相印，赐以金帛，资助他游说列国。

苏秦经过一番周折后去了韩国。对韩君说："今大王事秦，秦必求割地为质，明年将复求之。夫韩地有限，而秦欲无穷，再三割而韩地尽矣。俗谚云：'宁为鸡口，勿为牛后。'以大王之贤，挟强韩之兵，而有'牛后'之名，臣窃羞之！"他陈述了事秦的遗害后，端出了自己的合纵主张，韩君亦表示赞同。

苏秦离韩后接着说服了魏国，又东至齐国。对齐宣王田辟疆说："齐地去秦甚远，秦兵必不能及齐。齐盛天下莫比，乃西面而谋事秦，宁不耻乎？"齐国也接受了他的合纵主张。

苏秦后至楚国，对楚王说："楚地五千余里，天下莫强。秦之所患，莫如楚。楚强则秦弱，秦强则楚弱。今列国之士，非纵则横。夫合纵则诸侯将割地以事楚，连横则楚将割地以事秦，此二策者，相去远矣！"（第九十回）楚王遂同意了他的合纵主张。

苏秦为了实现他的合纵主张，对六国依次进行了一次成功的游说。他的游说活动有一些基本的策略方法：第一，他每游说一个国家，都在表面上是从对方的利益出发，似乎是设身处地地替对方考虑问题，而从不言及他国及自己本人的合纵受益，使得对方便于接受。第二，他对每一国陈述自己的观点时，都以此国与秦国的敌对关系为前提，他在这一前提下大谈此国与秦的利益冲突，促使对方接受他的主张。事实上，在天下大乱、七国争雄的战国之世，各国间的利害制约关系是相当复杂、瞬息变化的，既有六国与秦的矛盾，也有六国相互间的矛盾；既有六国相互间的相依借重，又可能有某一时期某些国家对秦国的借重，这些矛盾关系还处在不断变化中。苏秦在游说中单纯强调六国与秦的矛盾及六国间的相依借重，而对六国相互间的矛盾及某些国家可能对秦的借重关系避而不谈。以此为前提来阐述自己的合纵主张，对六国之君有一定程度的蒙蔽性，这是他游说得以成功的一个重要技巧。第三，他在说服对方时，向对方分别摆出了实行他的主张与不实行他的主张的两种行为后果。在上述片面性前提的基础上，夸大了第一种行为选择的受益程度和第二种行为选择的受害程度，加大二者的反差度，促使对方下决心采纳自己的主张。第四，必要的时候，他以客观的地理状况来加强对对方的说服。第五，有时他还给对方以应有的褒扬，夹杂以相应的激将法。

洹水会盟不久，燕国与秦国联姻。齐国又乘燕君新丧夺其十城。苏秦在燕的请求下去齐国，对齐君说："燕王者，大王之同盟，而秦王之爱婿也。大王利其十城，不唯燕怨齐，秦亦怨齐矣。得十城而结二怨，非计也。大王不如归燕之十城，以结燕秦之欢，齐得秦燕，于以号召天下不难矣。"（第九十一回）苏秦这次表面上又是从齐国的立场来分析问题，他以燕、秦联姻为根据，做出一个燕、秦一体的假设前提，在此基础上强调夺燕城的害处与归燕城的益处，说服齐国归还燕城。苏秦的这次游说与他先前游说列国的基本方法是大体一致的。

可见，苏秦的游说，首先是在复杂的事物矛盾中舍掉其余而强调某一个方面，在此基础上做出一个暗含的或假设的前提，然后灵活地运用各种方法，通过两种相反行为及其结果的比较，说服对方接受自己的主张。由于苏秦对列国的政治形势有深入的钻研了解，对天下政局及其变化趋势的熟悉程度远在各国君王之上，因此能在游说中纵横捭阖，敏捷地选取各种所需要的材料和论据，蒙蔽和说服对方。

苏秦的游说，既是国家间的外交活动，也是为实现一定目的而进行的社会交往活动，其方法上有许多高明之处。

二、追求功名，投机政治

苏秦以组织合纵抗秦而闻名。但从他一生的整个活动及思想轨迹看，他以追逐个人功名为最终目的，政治态度及其行为不过是他达到目的的手段。

战国之前，由于传统礼教及其等级制度的限制，普通平民几乎没有可能进入上层社会。战国以来，传统礼教受到严重冲击，礼贤下士之风普遍形成，布衣卿相的局面逐渐出现。这些现象极大地刺激和激励了下层社会的有志之士，他们不甘于默默无闻地生活，希望能凭借自己的才能在政治舞台上大显身手，建立功名。苏秦出身平民，他正是在上述社会大潮下希望跻身上层社会、提高个人价值的有志之士。苏秦在下山前，鬼谷先生对他表示挽留，他慷慨表示说："良材不终朽于岩下，良剑不终秘于匣中。日月如流，光阴不再，某受先生之教，亦欲乘时建功，图个扬名后世耳。"（第八十七回）这明显反映了他的功名心迹。

苏秦的功名心也是受了他个人境遇的刺激。他变卖家产而考察列国风土地形，其后去游说秦国，原以为可以马到成功，不料嬴驷根本不为他的言辞所动。他又上书十余万言，嬴驷仍然不予重视，竟毫无起用之意，结果经费用尽，只好卖掉车马仆从，徒步挑担回家。父母见其狼狈之状，公开辱骂，正在织布的妻子见他如此归来，不肯下机相见。苏秦饿得厉害，求嫂为他做饭，嫂推说无柴，不肯动手。苏秦不觉伤心落泪，感叹说："一身贫贱，妻不以我为夫，嫂不以我为叔，母不以我为子，皆我之罪也！"（第九十回）于是刻苦自励、狠下功夫，更深入地钻研有关知识，必欲获取功名而后已。苏秦后来游说成功，佩六国相印，在各国使者的护送下回了一次家乡，沿路官员设帐相迎、望尘下拜。他的家人也随众郊迎，苏秦在车中问他嫂说："过去你连一顿饭也不愿为我做，为什么现在又如此恭敬呢？"其嫂回答说："现在见到你地位高、金钱多，不容不敬！"苏秦喟然长叹说："世情看冷暖，人面逐高低。吾今日乃知富贵之不可少也。"（第九十回）穷困时受到的冷落强烈地刺激着苏秦，而荣耀乡里、光宗耀祖的前程时时在吸引着他。这些因素强化了他的功名心。

苏秦以获取个人功名为政治活动的目的，这就决定了他政治态度的随机性和立场的易变性。当时的天下政局表现为两种相反的趋势：一种是由秦国兼并列国；一种是六国联合制秦，创造新的政治格局。苏秦起先是游说秦国，希望被秦起用，看来他是选择了第一种政治态度，后来在秦受挫。他二次出游前想道："当今七国之中，唯秦最强，可以辅成帝业，可奈秦王不肯收用。吾今再去，倘复如前，何面目复归故里？"（第九十回）他于是转而选择了第二种政治态度。六国在秦国的威胁下有共同的利益需要保护，它们有联合的可能性。但六国间又存在相互间的矛盾，这又使它们的联合阻力很大，具有不能实现的可能性。它们的联合需要有人以超脱的姿态出面组织，从中疏通渠道、排除阻力、穿针引线，这就为苏秦的政治活动提供了用武的场所，苏秦转变政治立场，选取第二种政治态度的根据即在于此。同时，苏秦在合纵抗秦的大前提下，对一些国家又有一定程度的欺诈。比如开始说服齐国参加合纵时，他大谈六国与秦的矛盾。后来在说服齐国归还燕城时，又特别强调燕与秦的亲密关系，两次说齐含有明显的矛盾。他在说服楚国参加合纵时，大谈合纵后诸侯将割地以事楚，这些话恐怕是连他自己也不会相信的。从根本上来说，苏秦是在六国矛盾关系的空隙中从事活动。他确要弥合六国的关系，但六国若无矛盾，他的活动就失去了意义，因此他又要在一定程度上保持六国间的矛盾。他要在各国的矛盾关系中进行政治投机，借以跨国自重。

三、坚毅自信，机智多敏

苏秦在个人奋斗的道路上有一种坚韧不拔的毅力。他数受挫折，但每次挫折后都不曾灰心，反倒以更加顽强的精神而奋斗。他游说周王受阻后，发愤回家，破财对列国进行了一次实际考察。在秦受挫后遭到家人的冷落，他毫无退缩之意，乃闭门探究老师所赠《阴符》一书，昼夜不息。夜晚困乏欲睡时，用锥自刺其股，血流遍足。他用"锥刺股"的方式刺激和儆戒自己。在没有收获的时候，就在耕耘上刻苦自勉、狠下苦功，有一种不达目的誓不罢休的可贵精神。

苏秦在为目标而奋斗的路上，不因挫折易其志，始终对自己的前途具备着信心。他为游说作准备而数破家财，表明了他对自己人生道路的自信。他的家人曾劝阻他说:"季子不治耕获,力工商,求什一之利,乃思以口舌博富贵,弃见成之业,图未获之利,他日生计无聊,岂可悔乎?"(第九十回)但苏秦不屑于沿袭先辈传统的生活道路走下去。他百般说服自己的弟弟苏代、苏厉,争取他们以家财支持自己的活动。他在后来深入地探究了天下大势后自慰道:"秦有学如此,以说人主,岂不能出其金玉锦绣,取卿相之位者乎?"并对二弟宣称:"吾学已成,取富贵如寄。"他的自信在长期隐忍压抑后终于公开流露。

苏秦在复杂的政治活动中常有一种过人的智慧和机敏,这是他的政治活动能够成功于一时的一个重要因素。联络合纵时,他第二站说服了赵君,正要前往他国时,忽报秦国在战场上败魏取城,又移兵向赵。赵君十分惶恐,坚持让他留在赵国,表示等秦兵退后方让他离开。苏秦闻讯,暗暗吃惊道:"秦兵若到赵,赵君亦必然效魏求和,合纵之计不成矣!"但他故作安闲之态,拱手答道:"臣度秦军力疲,未能即至赵国,万一来到,臣自有计退之。"(第九十回)回府后,他使心腹人士去楚国招来自己的同学张仪,故示冷落,用激将法破除其苟安之心,激其游秦之意,又暗中资助其取得秦国客卿之位,参与秦国最高层决策。张仪明白了整个过程的真相后,非常感激地表示说:"当季子之世,不敢言'伐赵'二字,以此报季子玉成之德。"(第九十回)苏秦扶植张仪参与秦政,又通过张仪而影响秦国,秦国果然放弃了伐赵行为,合纵计划得以勉强实现。

苏秦曾任燕相。有人在燕君跟前进言说,苏秦是反复小人,不足相信。因此苏秦说齐归燕后,燕君就取消了他的官职。他见到燕君说:"我大概是以忠信而得罪了君王!"燕君问他:"忠信怎么能得罪君王呢?"苏秦遂向燕君讲了这样一个故事:有一人出远门做官,他的妻子与人私通。其夫将归时,妇人对情夫说:"你不要怕,我将用药酒毒死他。"两天后,丈夫回家,妇人让妾奉酒进之,妾知酒中有毒,考虑到进酒则会毒死主人;说明真情则会逐掉主母,左右为难,于是假装跌倒而倒掉了酒,主人大怒,给了妾一顿毒打。苏秦接着讲:"此妾佯仆而弃酒,上以活主父,下以存主母,至忠如此,然不免于笞。此所以忠信得罪者也!"他最后表示说:我的一切行为,不幸与此妾的弃酒行为很类似(参见《战国策·燕策》)。燕君听到这番话,立即恢复了苏秦的官职。苏秦首先编造了一个某妾为保全主人之命而不得不撒谎的故事,然后把自己与此妾的情况相类比，说明自己虽有不诚之处，但对君王一片忠心。这里，他反应敏捷、类比机智，由此保全了自己在燕国的政治地位。

苏秦有一段时间与燕国的王太后私通，知道燕君有所觉察，他非常恐惧。乃结好燕国实权人物子之，以求自固。但太后不时相召，苏秦很难辞却。遂对燕君提出愿入齐行施反间，献计说："臣伪为得罪于燕，而出奔齐国，齐王必重用臣，臣因败齐之政，以为燕地。"（第九十一回）燕君答应后，收取了他的相印。他奔至齐国，被任为客卿，参与齐政。苏秦的计策既能为燕国争取到更多的利益，又避开了燕太后的纠缠。

苏秦入齐在闵王田地身边用事时，有些朝臣因与苏秦争宠，遂收买刺客，在朝中刺杀苏秦。匕首入腹后，刺客未及拔出而逃脱。苏秦以手按匕，见田地说道："臣死后，愿大王斩臣之头，号令于市曰：'苏秦为燕行反间于齐，今幸诛死，有人知其阴事来告者，赏以千金。'如是，则贼可得矣。"（第九十一回）言罢，拔匕而死。田地依其言，斩其头号令于市中。因为有重赏，不久就有人前来认领刺杀苏秦之功。田地命司寇严刑审问，最后得到了谋刺的所有主使人，将其全部诛杀。苏秦在自己身死之前献出计策，以功利诱捕刺客，报了受刺之仇，充分表现了他的机智。

苏秦是战国历史上著名的政治人物。在秦国势力崛起不久，他首倡合纵，组织了六国抗秦联盟，一时改变了列国的政局。由于六国各有自己独立的政治利益及特殊情况，它们与秦国的矛盾深浅不一，加之秦国的分化瓦解，其合纵联盟不久就告解体。尽管如此，苏秦所倡导的合纵方针后来不断地为人所采纳，但后来者都赶不上苏秦合纵的规模与影响。

苏秦为个人功名而投机政治。他组织六国合纵，抗拒秦之统一，因违背时势而失败了。但他坚毅、自信的品格及机敏的智慧对后人有不少的启迪。他游说列国的技巧和方式为人们创造并提供了社会活动和外事交往的丰富经验。

游说求贵的苏代

苏代，战国时东周洛阳人，苏秦之弟。他早年在家乡以农商为业。苏秦下山求仕时，他曾破家财给以支持，其间在苏秦的讲解和影响下，对有关游说的知识也有所领悟。苏秦佩六国相印荣耀于乡里，他羡慕兄之贵盛，遂下决心攻习《阴符》，专心学游说之术。苏代是在兄长的影响熏陶下，由业余的政治爱好而走上专业政治活动之路的人物。

苏秦在燕国网罗自己的政治势力时，苏代配合他的计划，与燕相子之结为兄弟，以巩固苏氏势力。苏秦死后，他步其后尘，频繁地活动于列国政治舞台上，向各国君王们出谋划策，替他们从事外事交往，以此谋求生存和获取财富，捞取个人利益。

苏代通过游说而对列国政局产生较大影响的活动有四次：第一件事是，他在燕国与实权人物子之相结好，在燕王姬哙面前吹嘘子之，利用姬哙急于图强的心理，诱使其将王位让于子之。最后引起燕国内乱、齐国出兵攻伐等严重后果，使二国深相结怨，后来战事迭起。

第二件事是，秦国势力大发展后，觉得七国皆称王，不足显示自己的尊贵，遂约齐国一同称帝。齐国大臣们认为这会引起诸侯的反对，主张不予接受。齐闵王田地一时主意不决。适逢苏代至齐，他闻讯后对田地说："秦不致帝于他国，而独致于齐，所以尊齐也，却之，则拂秦之意，直受之，则取恶于诸侯，愿王受之而勿称。使秦称之，而西方之诸侯奉之，王乃称帝，以王东方，未为晚也；使秦称之，而诸侯恶之，王因以为秦罪。"（第九十四回）苏代主张采取表面接受而实则缓称的策略手法，唆使秦首先称帝而旁观其实际后果，然后再决定齐国的态度。这种手法具有更大的奸诈性和灵活性。

秦国决定伐赵，约齐国一同出兵。田地主意不定，问苏代的意见，苏代分析说："兵出无名，事故不成。赵无罪而伐，得地则为秦利，齐无与焉。"

他根据地理位置指出，伐赵即使取胜了，也只能有利于秦国，而齐无利益可沾，主张不予出兵。随后他对田地说："今宋方无道，天下号为桀宋。王与其伐赵，不如伐宋。得其地可守，得其民可臣，而又有诛暴之名，此汤武之举也。"（第九十四回）他是齐国伐宋的第一主谋人，田地采纳了他的意见，与楚、魏联合攻伐宋国。不料，秦王嬴稷听到齐国联兵伐宋的消息后非常愤怒，表示说："宋新与秦欢，而齐伐之，寡人必救宋，无再计。"苏代在齐国的请求下前去劝阻嬴稷。他见面后先向其表示祝贺，遂后解释说："齐王之强暴，无异于宋。今约楚魏而攻宋，其势必欺楚魏。楚魏受其欺，必向西而事秦，是秦损一宋以饵齐，而坐收楚魏之二国也，王何不利焉，敢不贺乎？"嬴稷表示他有救宋的意图，并就此征求苏代的意见。苏代回答说："桀宋犯天下之公怒，天下皆幸其亡，而秦独救之，众怒且移于秦矣。"（第九十四回）嬴稷为他的话所打动，遂改变主意，按兵未动。后来，田地在灭宋后突袭楚、魏，独吞灭宋之利。楚、魏恨齐国负约，果然遣使欲依附秦国。嬴稷以为这是苏代的功劳，非常感激。

苏代活动的第四件事是，长平之战后，赵国四十万精卒被坑杀。秦国名将白起率大军乘胜略地，直逼邯郸。赵国万分危急，束手无策，适逢苏代在平原君赵胜家作客，自请为赵解难。他西入咸阳，见到秦相范雎，对战局作了描述后说道："白起用兵如神，身为秦将，所收夺七十余城，斩首近百万，虽伊尹吕望之功，不加于此，今又举兵而围邯郸，赵必亡矣！赵亡，则秦成帝业；秦成帝业，则白起为佐命之元臣，如伊尹之于商，吕望之于周。君虽素贵，不能不居其下矣！"范雎时为嬴稷的宠臣，听了苏代的分析，愕然点头。苏代于是献策说："君不如许韩赵割地以和于秦。夫割地以为君功，而又解白起之兵权，君之位，则安于泰山矣！"（第九十九回）范雎采纳了他的计策，随即向嬴稷提出了受地和赵的方案，得到了批准。范雎事后以大量金帛赠苏代，苏代又去说服韩、赵割地求和。二国免去了一时的危急，亦对其非常感激。

苏代结交权贵，以政治游说为业。但其政治态度随机而定，除过稍具摈秦的意向外，他没有什么政治立场。苏代走到哪国，就为哪国出谋划策；他受到谁的请求和赐赏，就为谁排忧解难，而从不考虑他行为所能达到的战略目标。他甚至没有政治上的战略目标。从游说活动中捞取个人利益，就是他的一切。他受苏秦的影响而从事游说，但他的政治投机性比苏秦更大。

各国间及许多个人间的利害关系是复杂的，既有相冲突的地方，又有相一致的地方；既包括眼前利害与长远利害的关系，也包含根本利害与非根本利害的关系。苏代游说中，为了达到某一具体目的，他在复杂的利害关系中选取于己有用的某些方面加以强调和夸大，有意回避和抹杀其他的方面，以引诱对方赞成自己的主张。同时，他本来是为了自己的某种目的，但在游说时，表面上却是站在对方的立场上，似乎在替对方考虑问题，以加深对方对自己的信任，这是苏代游说中惯用的两种技巧。他在各国的利害关系中纵横捭阖，自如游刃，到处买好，迷惑别人，落得皆大欢喜。比如他曾劝阻嬴稷勿救宋国，牺牲了宋国的眼前利益，又使齐国用长远利益换得眼前利益，使秦国用眼前利益换得长远利益。齐、秦各感到自己的所得利益，均感激苏代。又如他为解赵围而离间秦国大将白起与相国范雎的关系，牺牲了秦国的根本利益而保住了赵国的利益和范雎私人的利益，使范雎与赵国均很感激。苏代就是用这种办法大搞政治投机，从受益者对他的感激中得到好处。

苏代是战国中后期政治舞台上极活跃的人物。他继承了苏秦的某些活动方式，以游说为生、以游说求富贵。他的游说活动在一定范围和程度上影响了列国的政局。但由于他的政治活动没有基本的战略目标和原则立场，几乎完全是从交往者的感激中捞取个人利益，因而他的活动只能是更为卑劣的政治投机。他不属于燕国，只是由于他和苏秦的关系及其活动方式的类似，这里权将他们放在一起分析。

轻信误国的姬哙（燕王哙）

姬哙，战国时燕国国君，公元前 320 年至公元前 318 年在位。姬哙之父执政时，苏秦去齐进行反间活动，不久苏秦被刺，事情败露。齐闵王田地深恨燕国，欲举兵伐燕。刚刚执政的姬哙听从苏代的建议，向齐国纳质子以请和，并派使说服齐国罢兵。姬哙上台前，相国子之已在朝中结成了一股不小的势力，位尊权重。姬哙上台后继续重用子之。在苏代、鹿毛寿等人的引诱说服下，执政第三年他将君位让给子之，自己列于臣位。后来太子姬平和将军市被等起兵反叛子之，国人也怨恨子之，燕国于是大乱。齐国乘机攻占燕国，子之被杀，姬哙自缢而死。

姬哙实际执政只有短短三年。但他不懂政治，急于图进，轻信人言，最终酿成了国家的内乱。当时中原各国的改革已有三十余年，国势迅速发展。魏、秦、齐等国相继崛起，在列国舞台上各显雄姿。姬哙欲仿效这些国家，整饬政治，来一番大的作为。他上台后"不安子女之乐，不听钟石之声"，不修游宴池台，不事走马田猎，甚至亲自操作农具，耕种田亩（参见《韩非子·说疑》），颇有点励治图强的精神。他常向人打听各国转弱致强的经验，不时征求大臣对朝政的意见，希望能有什么措施，使落后积弱的燕国迅速赶上先进国家。

各国的改革图强离不了人才，他们总是有一名贤能之相辅佐君王，主持朝政。姬哙看中了这一点，常为自己身边缺少这样的大贤之才而悲叹。有一次，苏代代表燕国去齐问候质子，回燕后姬哙问他："闻齐有孟尝君，天下之大贤也，齐王有此贤臣，遂可以霸天下乎？"（第九十一回）苏代回答不能。姬哙急问为何不能，苏代对他说："知孟尝君之贤，而任之不专，安能成霸？"姬哙感叹说："寡人独不得孟尝君为臣耳，何难专任哉！"表示他手下若有这样的大贤，必定会专而任之。苏代告诉他说："今相国子之，明习政事，是即燕之孟尝君也。"姬哙听了苏代的话，遂让子之专决国政。

有一次，姬哙问大夫鹿毛寿说："古之人君多矣，何以独称尧舜?"鹿毛寿一向与子之相交厚，遂回答说："尧舜所以称圣者，以尧能让天下于舜，舜能让天下于禹也。"姬哙又问为什么禹偏偏要传位于儿子？鹿毛寿回答说："禹亦尝让天下于益，但使代理政事，而未尝废其太子。故禹崩之后，太子启竟夺益之天下。至今论者谓禹德衰，不及尧舜，以此之故。"听说尧、舜被人称颂完全是由于能让位于他人，姬哙遂问道："寡人欲让位于子之，事可行否?"鹿毛寿称赞说："王如行之，与尧舜何以异哉?"（第九十一回）姬哙闻言，遂大集群臣，废掉太子姬平，将王位禅让于子之。子之推让一番后就于君位，南面称王。姬哙就于臣列，出别宫居住。

让位不久，将军市被心中愤怒，率军士攻击子之。许多百姓相从，双方恶战十余日后市被兵败被杀。太子姬平亦曾支持市被，兵败后逃于深山避难。其他王室公子出奔他国。国人对子之怨声载道，恨之入骨。及齐军攻入时，燕军竟纷纷倒戈相迎，百姓奔走欢呼，子之军队顷刻瓦解。

姬哙急于国家的强盛，毫不计较个人利益，这种可贵的精神实在罕有。他善听大臣意见，意欲专任人才的风格也很值得称道。然而，他在实施自己良好意愿的过程中犯了一系列的严重错误：第一，他对自己所要专任和禅位的对象本身的情况不甚了解，就盲目交权。他把国家致强的航船放心地交给自己不曾熟悉的舵手，希望航船能在汹涌的疾风恶浪中快速行进，这种情况很少不使航船撞翻。第二，他对禅位这一件事关重大的问题，事先没有征求多位大臣的意见，没有估计民众的情绪，仅仅听信个别人的一面之词就立刻决定，反映了他政治行为的草率。他听了鹿毛寿等人的意见后，并没有从现实关系上考察其言论的动机，认真分析其目的，没有想到要听听各方面的意见，致使自己蒙蔽受骗。第三，他不明情况，盲目效法古圣的禅让。尧舜的禅让决定于远古时代不同的经济、政治及民众意识等情况，同时他们均是在自己本人干了一番大有作为的事业之后，因自己年老而让位于考察了多年的后继人。姬哙未作起码的历史比较，在执政后第三年就让位于人，仅仅想通过自己的无私禅位来赢得圣贤之名，这是极为幼稚的想法。第四，从专任子之到让位于子之，这两步走得太紧太急，他既没有对这样重大的政治措施进行充分的舆论准备，争取群众的支持，又没有给他们一个观念转变的过程。

在治国图强的道路上他急于求成，至少是没有考虑到社会成员的观念转变程度及心理承受能力。

姬哙让国的出发点是良好的，对这一事情本身的评价主要应以子之政权的性质为根据，应从前后两个政治集团所行政策孰优孰劣的比较中来判断让位事件的正误。虽然关于子之的治国方面缺少可据分析的资料，但从后来事态的发展上有三点可以肯定：其一是子之上台后没有给人们以现实的利益，下层民众由于观念上的敌视而不满这个政权；其二是子之上台后未能有效地团结王室亲贵，激化了本来就有的矛盾，削弱了燕国势力；其三是他执政后身边没有吸引到杰出的人才，他身边只有一个鹿毛寿，在率兵拒齐时一战即溃，兵败被杀，其才能可想而知。据此可以看到，无论子之本人胸怀怎样的宏图大志，也不管他是否具有真正的为国之心，他从根本上不是一个优秀的政治人物，故此姬哙让位于他，是一个严重的政治失误。

许多人认为子之是一个政治阴谋家，认为是他和苏代、鹿毛寿等人设下圈套，欺骗姬哙以位相让。事实上，给子之的政治动向作任何结论的材料根据都不充分，也没有根据能够说明子之对他们二人的勾结利用。苏、鹿二人极有政治投机的可能，但未见子之操纵他们，这个账不能算在子之的头上。我们只要能看到子之不是一个优秀的政治人物，也就足能理解姬哙让国的失误。

姬哙急于强国，政治上却显幼稚，盲目效法别国及古代圣贤，轻信政治投机人物的一面之词，把王位拱手让给了自己并不了解和不具政治水平的人物，引起了国内政局的动荡及齐国的入侵，几乎断送了国家。他是一个不成熟的政治人物。

招贤复仇的姬平（燕昭王）

姬平，战国后期燕国国君，姬哙的儿子，公元前 311 至公元前 279 年在位，约与赵武灵王、齐闵王同时。姬平初为燕太子，姬哙让国时将其废掉。子之上台后姬平协助将军市被反叛，兵败后，与太傅郭隗一同逃往无终山避难。后来齐军攻入燕都，志在灭燕，引起了燕国民众的反对。姬平被国人自山中寻出，奉以为君，是为燕昭王，郭隗被任为相国。姬平上台不久，齐兵在燕民的一致反对下班师撤归，姬平乃回归燕都。复国后他志在复仇，卑身厚币，筑"黄金台"招徕天下贤士。经过近三十年准备后，他乘齐国政治危机之时，派大将乐毅率军攻破齐国，占领七十余城，国势达到极盛。姬平晚年迷信长生不老之术，他长期服用方士炼的神丹，引起内热发病，在乐毅部署进攻齐国最后两城时死去。

姬平即位于国破时的危难之际，经过约三十年的努力，几灭强齐，国势达到极盛，他是燕国历史上最为开明和政绩最大的君王。

一、购买"死马"，衔恨图强

姬平的父亲姬哙死于齐国之难，燕国蒙受了重大的损失，姬平对此耿耿于怀。他一复国就对相国郭隗讲："先王之耻，孤早夜在心。若得贤士，可与共图齐事者，孤愿以身事之，唯先生为孤择其人。"（第九十一回）郭隗对他讲了这样一个故事：有一个人派他的亲信持千金去求购千里马，这个亲信半路上见到许多人围着一匹死马叹息，经打听知道这匹死马生前日行千里，不可多得，于是亲信以五百金买下了这匹马骨，回去后对主人解释说："我以五百金买下千里马的尸骨，这一奇事必定会迅速传扬开来，人们会议论说：'死马且得重价，况活马乎？'人们自然会争相将名马送来。"果然不到一年，这个人得到了三匹千里马。郭隗讲完这则故事后对姬平说："今王欲致天下贤士，请以隗为马骨，况贤于隗者，谁不求价而至哉？"（见第九十一回）他希望姬平能在他身上做出一个重贤的姿态，以便吸引贤才。姬平觉得郭隗的话很有道理，于是为郭隗筑起宫室，以弟子的身份执礼听教，亲自为郭隗供奉饮食，极其恭敬。又在易水旁筑起高台，积黄金于其上，以奉四方贤士，起名"招贤台"，又名"黄金台"（后世亦称"燕台"，故址在今河北易县东南）。于是，姬平好士的名声传遍远近，赵、齐、魏等国的人才纷纷前来，这些人中有剧辛、驺衍、乐毅等，燕国一时人才甚众。姬平均对他们以厚礼相待。另外，姬平在执政期间还悼死问孤，恤民养兵，与士卒同甘苦。他深自韬晦，积极作伐齐的战略准备，以便待时而动。

不久前齐国入侵，燕国之民团结一心，驱走入侵之敌。这表明了燕民较强的爱国意识。在积弱衰微的境况下，要想强盛国家，只有打起爱国复仇的旗帜，才能有效地团结国民，振作人心，最终实现强国的目的。同时，燕国僻居北地，与中原交流往来较少，文化上的落后使他们本国未能造就出超群的人才。人才短缺一直是燕国的重大不足，现在成了强盛国家的严重制约因素。姬平以招徕人才为实施政治目标的根本手段，可以说是抓住了振兴国家的关键。

为了招纳贤士，姬平采纳了郭隗的建议，他从礼待眼前的贤才着手，造成尊贤的名声，借此吸引远方的贤才。眼前的贤才也许不具安邦治国的能力，但君主给其以应有的尊重，实际上就表明了自己重贤的姿态和心理，四方之才自会乐而归附。在复国后的极端困难条件下，姬平筑下"黄金台"，不惜以重金延揽贤士。既表明了他求才若渴的急迫心情，又显示了他极高的政治识见。

姬平上台后的一切措施几乎都服从于他复仇破齐的目标。他长期服用方士的神丹，以求长生不老，其中也包含着强烈的复仇目的。他曾对人讲，自己"衔先人之恨，常恐一旦溘先朝露，不及专刃于齐王之腹，以报国耻，终夜痛心"（第九十五回）。他希望能在自己的有生之年灭掉齐国，报仇雪恨，于是谋求长生不死。

二、任贤破齐，斥谗保才

在姬平招致的人才中，乐毅深通兵法，长于争战，是一名优秀的军事人才。姬平遂任他为亚卿，位在诸贤之上，加以重用。齐闵王田地恣行狂暴、四处树敌。不久又逼走了相国田文，国内政局动荡。姬平招来乐毅说道："寡人衔先人之恨，二十八年于兹矣！今齐王骄暴自恃，中外离心，此天亡之时，寡人欲起倾国之兵，与齐争一旦之命。"（第九十五回）遂封乐毅为上将军，尽起国中精锐，并联络数国人马一同攻伐齐国。在这次重大的军事行动中，姬平利用了一些极有利的条件：一是燕国经过了二十八年的休养准备，国力强盛、士卒精锐，境况已远非昔比；二是齐国政局不稳，有机可乘。在双方力量的对比有利于燕的形势下，姬平适时做出了伐齐的战略决策。他将军事行动的最高指挥权交给乐毅，让其统领全国军队并督五国之兵，表现了他对乐毅的高度信任。

攻破齐都临淄后，姬平亲至齐地大犒三军，封乐毅于昌国（今山东淄博市东南），号昌国君。他返国前将乐毅独留于齐，令其收取齐国所余之城。燕大夫骑劫与太子姬乐资关系密切。他觊觎兵权，对姬乐资说："齐城之不拔者，唯莒与即墨耳。乐毅能于六月间下齐七十余城，何难于二邑？所以不肯即拔者，以齐人未附，欲徐以恩威结齐，不久当自立为齐王矣。"姬乐资将此言告诉了姬平，姬平大怒道："吾先王之仇，非昌国君不能报，即使真欲王齐，于功岂不当耶？"（第九十五回）将乐资鞭笞几十，以示惩罚，并遣使持节至临淄，欲拜乐毅为齐王，只因乐毅本人坚辞而作罢。

乐毅攻破齐国，报了燕国几十年的深仇。姬平对他有由衷的感激，在听到乐毅要自立为齐王的言传后，姬平既不是盲目相信，也不是一概否认。他认为乐毅立为齐王，正与其功劳相当，遂准备真封乐毅为齐王。这是对乐毅之功的高度肯定。他鞭笞了相信并转达谗言的儿子，既是对流言的制止，也是对自己信任之心的公开表白，从而有效地保护了人才，维护了乐毅的指挥权威。从策略方法上讲来，姬平当时封乐毅为齐王是极高明的考虑。因为乐毅当时军权在握，又深具才能，他真要自立为王，姬平无论如何是控制和制止不了的。即便能采取手段加以制止，逼乐毅交出兵权，那也会严重影响对齐战争，使几十年的复仇之志功亏一篑。姬平闻言后真封乐毅为齐王，无论乐毅是否有称王之心，这都是对他的高度奖赏，都会坚定他灭齐的信心；而且，乐毅的齐王称号既然是燕王姬平所封，那俩王的地位显然是不能等量齐观的。封王与受封为王的关系使他们二人总具有君臣关系的性质，加之乐毅受封后的感激之情，总要给燕国以优厚的报答，受益最大的还是燕国。何况乐毅还未必真有称王之心。权衡两方面的利弊，姬平遂派人前去封乐毅为王。这一措施既是他复仇后对人才感激之情的表达，也包含有驾驭人才的高超策略。

姬平在关键时刻保护人才，激励人才，使乐毅非常感激，他拒受王号，励志灭齐、以死自誓，决心报答姬平的知遇之恩。不久姬平发病死去，燕惠王姬乐资上台为君。他略信往日谗言，在齐将田单的反间下，派骑劫代替乐毅为将。燕军不久即为田单击败，所收七十余城尽丧，退归本国。姬平的离世使燕国又遭受了一次重大的失败，燕国盛世旋告结束。这从反面表明了他对国家强盛所起的重大作用。

姬平是强盛燕国的明君。他执政三十余年，始终以破齐复仇为目标，延揽人才，励精图治，使国家达到了强盛。他重用人才、善于驾驭人才，关键时刻保护人才，为后世留下了治国用人的宝贵经验。他的不幸早逝使燕国遭受了极其重大的损失。

战略制敌的乐毅

乐毅，战国时燕将，中山国灵寿（今河北平山东北）人，乐羊的后代。中山国在战国初被魏国占领，乐羊被封于灵寿，其后世遂世居于此。后来中山复国独立，再后来又为赵武灵王所攻灭，遂并为赵地。乐毅自幼好讲兵法，曾被赵人所荐举。武灵王赵雍沙丘之变后，乐毅与全家离开灵寿去魏国。魏王不甚信用。后来听说燕国筑黄金台招致天下贤士，遂奔至燕国。燕昭王姬平了解到他的才能后，欲以客礼待之，以示尊厚，他请求列为燕臣。姬平乃封他为亚卿，深加重用。乐毅不久召其宗族来燕居住，遂为燕人。公元前284年，乐毅被任为上将军，奉命进攻齐国。他联合三晋及秦国军队，一举击溃齐军。先后夺取齐国七十余城，因功被封于昌国，号昌国君。他在围攻齐国的最后二城时，为使齐人悦附，采取了示恩柔化的策略，一直围困数年之久。不料燕昭王姬平病死。新上台的燕惠王姬乐资轻信谗言，中齐人反间之计，撤换了乐毅的军事指挥职务。乐毅奔至赵国，被封于观津（今河北武邑东南），号望诸君。燕军被齐军打败后，姬乐资深悔自己的用人之误，向乐毅致书谢过，招其还国。乐毅写信辞谢，不肯前往。姬乐资担心赵国任用乐毅乘机攻燕，遂让乐毅之子乐间袭封昌国君，并任乐毅堂弟乐乘为将军。乐毅遂通燕、赵之好，往来其间，二国均以他为客卿，后死于赵国。

乐毅是燕国历史上少有的人才。他擅长军事，强于战略，在不长的时间内攻破强大的齐国，使燕国威震诸侯。他以自己的军事行为将燕国迅速推向强盛的顶点。

一、受命伐齐，战略高超

正当齐国走向政局动荡的境况时，姬平向乐毅表示了乘时伐齐的主张。

乐毅欣然受命，被拜为上将军，率倾国之兵，杀奔齐国。他在济水之西击溃齐军，乘胜追逐，攻取齐都临淄，下七十余城，几乎灭亡齐国。

　　乐毅之所以能在短时间内取得辉煌的战绩，与他具体的战略部署的高超有着直接的关系。第一，姬平在征求他对伐齐的意见时，他表示说："齐国地大人众，士卒习战，未可独攻也。王欲伐之，必与天下共图之。今燕之比邻，莫密于赵。王宜首与赵合，则韩必从。而孟尝君相魏，方恨齐，宜无不听。如是，而齐可攻也。"（第九十五回）他向姬平提出了联合三晋一同伐齐的主张，并具体分析了组成这种军事联盟的必要性及可能性。事实上，当时齐国势力尚大，虽有许多败亡之征，但单凭燕国力量，还不足以迅速置其于死地。如果联合了赵、韩、魏的力量，就会在兵力上加强自己的优势，并能对齐国形成一种战略包围的态势。乐毅后来进入齐境后，在济西依靠联兵的力量一举击溃齐军，充分显示了他这一主张的正确性。第二，济西一战，齐兵大败而逃。秦及三晋之兵各自收取边城。独乐毅率领燕军，长驱直入，向齐国纵深进兵。燕军势如破竹，直捣临淄。齐闵王田地出逃。乐毅将攻取的所有齐城皆编为燕国郡县，又将齐都的宝物祭器全部收取，载归燕国。可以看到，乐毅在这次军事行动中，不以略地为战争的目标，他在战略上抓住了乘胜灭齐这一要害。事实上，割取齐国边城只能算是一个局部性的胜利，而齐国整顿恢复后必会前来争夺，尚有得而复失的可能。而灭掉齐国则是一个全局性的胜利，它使燕国收益更大，又消除了对方恢复争夺的可能，是较为高明的战略方针。乐毅以灭齐为用兵目标，显示了极大的军事胆识和勇气，也显示了他比联军其他将领更高超的战略远见。第三，齐国兵败后割地求救于楚。齐闵王田地在莒城封楚将淖齿为相国。淖齿见燕兵势盛，知救齐无望，乃秘密派人私通于乐毅，表明他要杀掉田地，与燕平分齐国，希望燕国能支持他立为齐王。乐毅回报他说："将军诛无道，以自立功名，桓文之业，不足道也。所请唯命！"（第九十五回）当即答应了他的请求。不久淖齿处死了田地。积极着手立王。乐毅在这里抓住机会，以支持立王为条件，诱使淖齿处死田地，这一措施含有以毒攻毒的策略。除掉了齐国的君王，造成敌方群龙无首的境况，同时又瓦解了齐楚联盟，造成齐国孤立无援的境况，这为自己最后灭齐创造了条件。

　　姬平在朝中听到关于乐毅欲自立为齐王的传闻后，怒笞了传言的太子，派使者至临淄，欲拜乐毅为齐主。乐毅在前线感激涕零，坚辞王号，发誓灭掉齐国，报答姬平。姬平的激励使他更加坚定了灭齐的信念，由于他一系列战略措施的连续成功，实现灭齐的目标已不是遥远的事情了。

二、威德兼济，柔化吞敌

作为一名军事战略人物，乐毅深知战争中人心向背的至关重要。当年齐国伐燕的后期，因民心不附而被迫撤军的事实也给乐毅以现实的教育。乐毅以灭齐为用兵的目标，他在进军中非常注意对民心的争取。济西败敌后，他率燕军长驱深入，即向所过之地宣谕燕国威德，以争取民众的支持。攻破临淄后，燕军声威大振，乐毅连续采取措施，更加积极地实行对齐民的柔化政策。

乐毅在占领区废除了齐国的暴令，对百姓放宽赋役，又为齐民尊崇的齐桓公、管夷吾立祠设祭，访求逸民加以拥戴，使齐国民众非常高兴。燕军兵至齐国故太傅王蠋的家乡画邑。乐毅下令环绕画邑三十里，不许军队进入，又使人持金币聘请王蠋。王蠋不愿归燕，自缢而死。乐毅闻之，叹息不已，下令将其厚葬，并在其墓碑上题字"齐忠臣王蠋之墓"。以示对齐国名臣的敬意。后来，齐国只剩下了莒地与即墨两处地盘。乐毅以兵围攻，三年未克。于是让军队后撤九里，建立军垒，作长久之计，并下令："城中民有出樵采者，听任之，不许擒拿。其有困乏饥饿者食之，寒者衣之。"（第九十五回）他用这种办法，欲使齐民感恩悦附。乐毅向齐国之民广施恩德，意在消除他们对燕军的敌视情绪。至少争取到他们在战争中的中立，以避免重蹈当年齐国伐燕的覆辙。他对困守即墨两城的齐民采取恩化政策时，实际上是自以为两城在掌握之中。他要在彻底灭齐前，借此向所有齐民做出示范，表明燕军的仁义，以便灭齐后百姓悦附，治理顺利。他在观念上当时已将所有齐民看成了燕国的百姓。

乐毅恩化即墨二城之民，自然是为了在收取齐城前先收齐民之心。后来齐将田单引诱继任的燕将骑劫改变乐毅的柔化政策，借此激愤城中之民的死战之心。这从反面表明了乐毅这一政策在破城之战中的积极作用。值得注意的是，乐毅兵进齐境后以半年时间收取七十余城，而在收取最后两城时，敌方群龙无首，几乎不堪一击，但却耗时数年之久。为什么即使在柔化示恩后，也迟迟未见进攻的迹象？应该说，乐毅在灭齐前确是产生了"兔死狗烹"的思想顾虑。姬乐资对他的谗言、姬平对他的封王，表明了君王及其太子对他一定程度上的怀疑。灭齐时自己军权在握，又向世人显示了自己的才能，这一切必使君王在灭齐后对自己感到内心不安，必然要对自己做出能使他们感到满意的处置。乐毅于是对自己灭齐后的个人命运产生了满有根据的顾虑。可以说，他对即墨二城从内心深处就没有攻夺的意愿。他要留下最后的"兔子"，以保持"猎犬"长久的价值。也许，他还想继续观察燕国政局的变化和燕王的为人，以此来决定对齐国二城的最后态度。乐毅在被姬乐资免职后立刻投奔赵国，后来又辞掉燕国的聘用，表明他对燕国君王是存有戒备之心的。

乐毅是战国时才能出众的军事战略人物。他受聘于燕，率兵伐齐。运用了一系列正确的战略措施制服敌人，几乎灭掉齐国。从军事上保证了燕国的强盛。他在战争中对占领地的民众采取柔化示恩的方针，有效地配合了战争的进展，显示了军事斗争的多种形式。

忧国急仇的姬丹（太子丹）

姬丹，战国末年燕国人。燕昭王姬平将王位四传至姬喜，姬丹是姬喜的儿子，被立为太子。燕赵争战之时，姬喜为了联络秦国，遂派姬丹入秦为人质。秦王嬴政大规模兼并赵国时，姬丹料燕国将不免被秦所吞并，在求归不能的情况下逃回燕国。回国后他访求勇士、收买刺客，准备劫持或刺杀嬴政，以为救国之计。公元前 227 年他派荆轲以献图为名而入秦行刺，结果刺杀未成，反激怒了秦国。秦国遂即大规模伐燕。姬丹兵败后与父王姬喜退保辽东（今辽宁大凌河以东）。秦军以追杀姬丹为名，穷追不舍。姬喜为了缓和局势，假称与姬丹议事，将其灌醉缢杀，并将其首级送予秦军请和。姬丹被杀后四年，燕国被秦所灭。

姬丹在面临国家严重危亡的关头，他忧心如焚、挺身而出，行险以解国难。他是燕末具有一定政治识见和爱国之心的人物。

一、临危忧国，行险救亡

正当李牧率代兵援救邯郸、支撑着岌岌可危的赵国政局时，在秦为质的姬丹已看清了秦国必欲吞赵的企图。他料到秦国吞赵后其祸必及于自己的祖国。于是暗中致书于父王姬喜，让加强国家的防守力量；同时他又让姬喜假称病重，以国家名义召自己回国。姬喜依计而行，派人入秦相告，嬴政回答说："燕王不死，太子未可归也。欲归太子，除是乌头白，马生角，方可。"（第一百六回）公开加以拒绝。据说姬丹仰天大呼，怨气一道，直冲霄汉，乌黑的头发一时全白。嬴政还是不放他回归。姬丹于是毁变面容，换掉衣裳，扮作受雇仆人混出函谷关，星夜逃回燕国。

据《史记·刺客列传》载，姬丹先前曾为质于赵，与生于赵国的嬴政少年时很要好。后来嬴政成了秦王，姬丹为质于秦。嬴政对待姬丹很不友好，姬丹对嬴政可以说是集国仇私恨于一身。他逃回燕国后，广散家财，大聚宾客，筹谋报仇之举。当时赵国残余分子赵嘉自立为代王，在北方积极联燕拒秦。姬丹分析当时的形势说："燕小弱，数困于兵，代王欲与燕合兵拒秦，丹恐举国之众，不当秦之一将。虽附以代王，未见其势之盛也。魏齐素附于秦，而楚又远不相及，诸侯畏秦之强，无肯'合纵'者。"根据这种形势，他提出主张说："若得天下之勇士，伪使于秦，诱以重利，秦王贪得，必相近，因乘间劫之，使悉返诸侯侵地，如曹沫之于齐桓公，则大善矣。倘不从，则刺杀之。彼大将各握重兵，各不相下，君亡国乱、上下猜疑，然后联合楚魏，共立韩赵之后，并力破秦，此乾坤再造之时也！"（第一百六回）春秋前期，鲁将曹沫曾在两国会盟中以剑劫持齐桓公，逼其答应归还鲁国之地。姬丹在无力抗秦的形势下，欲效仿曹沫之举，选勇士入秦劫持嬴政，逼其归还各国失地；或者欲刺杀嬴政，乘秦国之乱恢复各国势力，以抑制秦国。

姬丹的制秦之策含有极大的冒险性和侥幸性，弄不好，不仅空耗精力，反倒引火烧身。他的太傅鞠武建议他表面上和好秦国，而暗地里"西约三晋、南连齐楚、北结匈奴"，徐图秦国。姬丹表示说："太傅之计，旷日弥久。丹心如焚炙，不能须臾安息。"（第一百六回）他怨愤在心，急于复仇，否决了其他的救亡方案，选择了劫持或谋刺嬴政的冒险恐怖手段。

姬丹企图以人身行刺的暗杀手段来挽救国家的危亡。事实上这是难得成功的一种下策，因为嬴政的存在与秦国的强大并不全是一回事儿。当时秦国的统一已有不可逆转之势。即使嬴政被刺杀了，秦国的基业还在。必然会由其他人物出任君王以主持国政、完成统一。姬丹将嬴政的存在与秦国强盛看成一回事儿，企图以刺杀嬴政来削弱秦国。这是他因为私人怨恨和急于复仇之心的作用而造成的政治视角的偏差。尽管如此，他的行刺计划如能成功，无疑会影响秦国的政局，或可延缓燕国灭亡的进程。

二、收买刺客，重义交士

为了实现自己谋刺嬴政的计划，姬丹回国后到处求勇士，以重金收买供养，结以恩义之情，使其以死相许。有一位名叫秦舞阳的少年，年方十三岁，大白天在都市上杀死仇人。市上人畏惧不敢近前。姬丹闻知此人后赦免其罪，收致门下。同时还收得勇士夏扶、宋意等人，皆厚加相待。

燕国有一个名叫田光的先生，智勇深沉，善识人物，所交之人都很特别，姬丹请来田光，拜而求教。田光最后向他推荐了荆轲，介绍说荆轲乃神勇之人，喜怒不形于色，足可胜行刺之任。姬丹遂请来荆轲，告以心腹之言，尊其为上卿。他在易水旁筑一小城，名曰"荆馆"，以奉荆轲，并每天登门问安，衣食车骑，尽其所用。除此之外，他在各方面讨好荆轲。一天，两人游于东宫，观池水，一只大龟从池旁爬出，荆轲拾瓦片投龟为戏。姬丹立即进献金丸以代替瓦片。又一天，两人比赛骑马，荆轲偶然说到马肝味美。不一会儿，姬丹命人献上马肝以食，所杀即是他心爱的千里马。还有一天，姬丹让自己所宠爱的一位美女向荆轲献酒，荆轲见美女两手如玉，出口赞叹。席散后，姬丹让内侍以玉盘送物于荆轲。荆轲揭开相看，原来是那位美人之手。事实上，荆轲击龟为戏未必一定要用金丸；他所说的美味，通常的马肝完全可以达到；美人玉手离开了人体也就失去了美的价值。姬丹所以要这样不顾一切地极献殷勤，无非是要表明自己对荆轲无所吝惜，以达到收买之目的。荆轲后来感叹说："太子遇轲厚，乃至于此，当以死报之。"（第一百六回）姬丹在荆轲身上花了本钱，终于使其感恩而报死。

秦国大将樊於期伐赵时反叛嬴政，兵败后逃匿深山。后来听说姬丹自秦逃回，喜交贤士，遂出山归附。姬丹于易水旁为他建一小城，名曰"樊馆"，待之甚厚。太傅鞠武认为这样会加深秦国对燕的仇恨，劝他遣送樊於期入匈奴，以灭秦国出兵讨伐的借口。姬丹明确表示说："樊将军穷困来归，是丹哀怜之交也。丹岂以强秦之故，而远弃樊将军于荒漠？丹有死，不能矣。"（第一百六回）坚持对樊於期实行庇护，并介绍他与上客荆轲相见。荆轲入秦行刺前，向姬丹提出要以樊於期之头作为进献之礼，以便能接近嬴政。姬丹拒绝说："樊将军穷困来归，何忍杀之？"（第一百七回）他表示其他东西在所不惜，此事不能答应。后来樊於期闻知此事，情愿自献首级，遂自刎而死。姬丹闻讯后驰车急至，伏尸大哭，极尽悲哀，命厚葬其身。姬丹对樊於期的态度，体现了他为人交友的深厚义气。樊於期穷困来投，他情愿冒险加以庇护，即使后来行刺需要，也不愿加害于他。这种始终如一的态度无疑会向其他宾客表明自己好士重义的精神，加强这些勇士对他的感情归附。

　　荆轲入秦前，姬丹交给他淬毒的匕首，又交给他燕国某地的地图及樊於期之首，率宾客们白衣素冠，送于易水之上，他跪着向其敬酒。荆轲离去后他登高相望，凄然如失，带泪而还。这位重义好士的太子，为复仇救国，迫不得已将自己的友人送入去而难返的不测之地。后来，荆轲行刺失败，姬丹行险救亡的一线希望遂告破灭。

　　姬丹怀爱国复仇之心，在秦国大肆兼并、危及燕国的形势下，他结交贤士、收买刺客，希望通过刺杀秦王来挽救国家的危亡。这一计划破产了，但他的爱国精神、救亡的勇气及重义交士的赤诚，为燕国的历史增加了光彩，为后世之人留下了一个矢志爱国的人物形象。

侠骨忠肠的荆轲

荆轲，又名荆卿，本姓庆。他的先祖庆封曾是春秋时齐国的大夫，因避祸而离开齐国。其宗族后来居于卫国，为卫国人。庆轲爱好读书击剑，曾以剑术游说卫君，卫君未加任用。他遂游至燕国，改为荆姓。燕太子姬丹访召勇士时，隐士田光将他推荐给姬丹，被姬丹尊为上卿，相待极厚。为了报答姬丹的知遇之恩，他答应了为燕国谋刺秦王嬴政的请求。不久，他以向嬴政进献督亢（今河北易县、涿县、固安一带）地图为名，与姬丹之客秦舞阳一同入秦行刺，结果未能刺中嬴政，被杀害于秦廷。

荆轲是一位知恩图报、重义轻生的侠义人物。他在燕国受到了优厚的待遇。姬丹为他专门筑立馆舍，时时问候请安。他一次偶然说到马肝好吃，姬丹就杀掉了自己心爱的千里马，以其肝奉食；他曾赞叹姬丹身边一位美女之手的玉色，姬丹遂斩其手以献。这类事情使荆轲非常感动，遂对姬丹以死相许。荆轲没有自己独立的政治立场，他参与燕、秦两国的政治斗争，充当了燕太子姬丹的忠实帮手，在他纯属一种士为知己者死的侠义报恩行为。

荆轲在处事上还是颇有计谋的。入秦前他考虑到必须想法取信于嬴政，遂决定带上樊於期的首级和督亢的地图。樊於期是秦国叛将，当时秦国以千斤黄金和万家封邑购其头，而督亢是燕国膏腴之地，秦国垂涎已久。荆轲选此二物进献秦国，足能保证嬴政对他的信任而会见他。这为自己的行刺准备了极重要的条件。不料，姬丹因樊於期穷困来投，拒绝杀害他。荆轲遂私见樊於期，有意提起秦国对樊个人及其宗族的迫害，问他如何报仇雪恨。樊於期仰天长息，流涕满面表示说："某每一念及秦政，痛彻心髓，愿与之俱死，恨未有其地耳。"荆轲接口说，他有为樊报仇之策。樊於期一再追问，他总是踌躇不语。樊於期又表示说："苟报秦仇，虽粉骨碎身，某所不恤，又何出口之难乎？"荆轲于是对他说："某之愚计，欲前刺秦王，而恐其不得近也。诚得将军之首，以献于秦，秦王必喜而见臣，臣左手把其袖，右手斫其胸，则将军之仇可报，而燕亦得免于灭亡之患矣。"（第一百七回）樊於期闻言，奋臂大呼道："此臣之日夜切齿腐心而恨其无策者也，今乃得闻明教。"当即拔剑自刎而死。荆轲抓住樊於期极恨嬴政、愿与俱死的心理特征，运用极策略的方法，使其自愿交出首级。既得到了自己的献秦之礼，又未伤害恩人姬丹的重义之心。

进入咸阳后，荆轲谨慎从事，也处处表现了他的聪明才智。他打听到中庶子（掌管诸侯卿大夫庶子的教育管理的官职）蒙嘉有宠于嬴政，遂以千金贿赂，求其通融。他得知嬴政欲在咸阳宫会见自己，收受首级和地图，遂将匕首卷进地图中，以保证不被事先发觉。至期，荆轲与秦舞阳相随进宫。未至殿前，秦舞阳就面色苍白，显得异常惊恐，秦国侍臣疑而发问，荆轲回视而笑，上前答道："一介秦舞阳，乃北番蛮夷之鄙人，生平未尝见天子，故不胜震慑悚息，易其常度。"将其惊恐情绪轻轻掩饰了过去，消除了秦人的疑虑，最终得以接近嬴政。

入秦前，荆轲坚持要等到自己的好友盖聂，盖聂剑术高明。荆轲准备与他一同行事。但姬丹几次催促起行，荆轲未等到盖聂，只好与秦舞阳一同入秦。秦舞阳临期惊慌，被阻止于殿下。荆轲一人上殿，嬴政验过樊於期之头，接过地图欲展开相看，图穷匕见。荆轲在殿上直刺嬴政，二人展开搏斗。由于荆轲的剑术不精及秦臣对嬴政的协助，荆轲终被杀死于殿上。

荆轲行刺失败了，但他侠骨忠肠、慷慨赴敌的精神永在。秦王虎势雄威，欲吞噬天下。荆轲仅与一少年秦舞阳为伴，提一匕首，身入不测之地，为拯救危亡之国，舍万死不顾一生，表现了一股凛然大气。荆轲平时常与燕人高渐离相和而歌。入秦时，姬丹、高渐离及一帮宾客白衣素冠，送他于易水之上，作最后的诀别。高渐离击打乐器，荆轲相和高歌："风萧萧兮易水寒，壮士一去兮不复还！"声音悲惨，在场者无不涕泣。荆轲仰面呵气，直冲霄汉，化作白虹一道，复慷慨高歌道："探虎穴兮入蛟宫，仰天嘘气兮成白虹！"（第一百七回）荆轲的行刺救燕最终失败了，他碧血空洒，而浩气长存。

关于燕国的一点评论

战国时的燕国，自苏秦倡导合纵起始与列国的交往增多。后来，姬哙因轻信而让位，致生内乱，为齐所破。姬平为复仇而招贤、发奋图强，乘齐国政局不稳时，派乐毅联合数国军队伐齐，几灭其国，不久又因前线易帅而兵败退归，国势渐衰。战国末年太子姬丹收买侠士荆轲等，想以谋刺方式将燕国从秦国的兼并下挽救过来，终归没有成功。

燕国僻居北地，国弱势小，有对中原诸国的仰慕之情，而无大国的倨傲之气，因而能最先接受贫困之士苏秦的游说及政治主张。苏秦先曾在周、秦、赵等处连续碰壁，但燕文公见之大喜道："闻先生昔年以十万言献秦王，寡人心慕之，恨未能读先生之书。今先生幸惠教寡人，燕之幸也。"（第九十回）一片恭谦求教的心情溢于言表。燕国在接受外来思想方面是比较积极的。这曾是他们走向天下、谋求振兴的契机，但另一方面，这也曾是姬哙轻信误国的原因。易于接受外来思想，但有时缺乏认真地分辨甄别，这就是其中所包含的经验和教训。

燕国的本地人才较少，除了姬平作为较大外，几乎未出一位对自己的历史发生重大影响的人物。这与他们简单的历史传统和落后的文化氛围不无关系。但本地人才的稀疏却成了外地人才在此大显身手的条件。苏秦兄弟、乐毅、荆轲，还有姬平招徕的其他人物，他们均曾游历数国，终在这里受到重用，其个人才能得到了较充分的发挥。人才是兴国之本，从总体上看，燕国因为不具备人才生长的优越条件，又未将招贤用才作为治国的长久方针，他们的人才还是比较单薄的。同时，他们的尊贤任才没有形成一种笼罩社会的风气，外地人才受聘后顾虑较多，常给自己留着一条退路。苏秦后期惧而赴齐、乐毅在战争中留敌自重，最后奔赵不归，都反映着某种思想意向。这些情况又降低了人才的利用率。燕国的盛衰变化在人才开发使用问题上同样具有深刻的经验和教训。

比较而言，燕国人有较强的爱国心。姬哙曾为了国家的强盛，将自己的王位拱手让出，一桩荒唐事，不掩强国心；齐国出兵灭燕时，燕民起而反抗，直把齐兵驱逐出去；姬平怀复仇报国之志，数十年不曾减灭；在国家危亡的关头，姬丹挺身而出，挽救国难。一幕幕的雄壮剧，一一合奏着爱国悲歌。在秦国大兵压境，风卷残云的形势下，赵有郭开、齐有后胜、楚有靳尚，他们通敌叛国，为秦作伥。魏国也有一些不坚定的分子。而燕国没有出现过这类人物。相反，他们后期倒出了一个坚贞报国、临危救亡的姬丹，与其他国家形成了显明的对照。在战国七雄中，韩、赵、魏自分晋而立国，田齐代姜齐而为诸侯，他们都是新起的国家。秦国受封于东周，楚国在西周时逐渐发展起来。而燕国受封于公元前十一世纪的西周初年，相比之下，它是七国中立国最早、历时最长的国家。长久的历史及与他国的寡交状态可能积淤形成了他们较强的本国意识。这或许是他们爱国之心较强的一个原因。

总观燕国的发展，最高决策人少有成熟的政治战略。除姬平当政的几十年曾以破齐复仇为长远施政目标，并有相应的政治手段外，长期以来几乎没有做出过成功的战略决策。他们为了国家的利益，喜行侥幸之事：姬哙在对子之情况不明时让王位于他，把强国的赌注全押在子之身上；姬丹以行刺来救亡，把图存的希望完全寄托在荆轲身上；姬喜后来诱杀掉姬丹，想以此缓解秦国的进攻。他们在列国争战中不注意自我力量的培养积蓄和战略的制定，其措施很少有成功的根据。

燕国由于历史和地理的原因，在列国中有自己的风格。他们成功与失败的原因也各有自己的特殊点。如果没有秦国的兼并，他们仍会以自己的方式延续自己的历史。然而，他们毕竟是天下大局中的一个国家，不可能不受到强国的侵扰。不能大踏步地发展自己，必然要被强国所吞并。这就是燕国所走的道路，也是他们的一条重要历史教训。

【楚国政治人物】

战国时代大国的博弈争胜

　　楚国君主是五帝颛顼的后裔。开国之祖为鬻熊。鬻熊服侍周文王有功，周成王封其后嗣为子爵。他们以芈为姓，立国于荆山蛮荒之地，建都丹阳（今湖北秭归东北）。其后不断与周发生战争，被周人称为荆蛮。西周后期，楚国的疆土逐渐扩大到长江中游，遂建都于郢（今湖北江陵西北纪南城）。春秋时楚国不断兼并周围小国，国势迅速发展。他们不满于周室所封爵号，自称为王。与周相抗，伺机向北发展。齐桓公的召陵盟师，晋文公的城濮之战曾抑制了楚国的北上之势。其后楚国与晋国长期争霸。楚庄王执政时曾争得霸主，疆域包含今湖北、湖南、安徽三省之全部及贵州、陕西、河南、山东、江苏等省之一部。春秋后期，吴国势力发展，一度曾攻破楚都，给了楚国一次最沉重的打击。后来虽在秦国的扶植下复国，但已失去了往日的强盛之势。

　　战国之世楚国在总体上一直在走着下坡路。楚悼王熊疑起用吴起改革内政，希望复兴国家。一年后两人相继死去，改革夭折。熊疑四传于怀王熊槐。虽兼有了越国之地（越已早先兼并了吴国），疆域扩大到今江苏、浙江一带，但楚国政治昏暗、奸臣当道，外交、军事上遭到了重大的挫折。它屡为秦国所败，西北大片土地沦丧。熊槐本人还被秦国所诱拘，囚死异邦。楚国开始走向衰弱。熊槐之子熊横为君时，秦国于公元前278年攻拔了楚都，逼其迁都于陈（今河南淮阳），又相继夺取其西南大片领土。这是楚国长期积弱不振的必然结果。它的衰败至此已不可逆转。考烈王熊完继熊横为君后，重用春申君黄歇。黄歇没有治国治军的才能，后期又与李园相互勾结与争利，促使楚国走向败亡。公元前241年，楚国在秦的军事压力下被迫迁都寿春（今安徽寿县西南），僻居一隅苟延残喘。熊完三传至负刍，公元前223年楚国为秦所灭。

　　吴起变法夭折，使楚在战国初失去了一次复兴国势、与强国争长的机会；熊槐时的政治昏暗和他本人政治行为的连续失误，造成了楚国的衰弱难振；黄歇与李园缺乏治国的谋略和为国的忠诚，加深了楚国政治的昏暗，具备了被强秦所灭的内部条件。

改革图强的吴起

吴起曾是魏国的西河守臣，是魏文侯魏斯手下的得力干将之一。他的才能和个性前面曾有较多的介绍分析。魏斯死后，吴起与他人争夺相位，引起新君魏击的不满。他惧而出奔楚国。

楚悼王熊疑素闻吴起之才，一见面就以相印授之。吴起非常感动，决心振兴楚国，以报答熊疑的知遇之恩。吴起分析了楚国的情况，认为以楚国地广人众之势，而不能雄压诸侯，主要原因在于兵弱，在于当政者没有掌握养兵之道。他对熊疑说："夫养兵之道，先阜其财，后用其力。"根据这一原则，他向熊疑指出了存在于楚国社会的一个严重弊端："今不急之官，布满朝署，疏远之族，糜费公廪，而战士仅食升斗之余，欲使捐躯殉国，不亦难乎？"（第八十六回）在吴起看来，楚国的主要问题是国家的冗官闲吏和特权贵族太多。他们耗费了国家的财力，在分配上挤占了兵士的利益，从而挫伤了兵士为国作战的热情。吴起根据自己的养兵原则，提出了改革时弊的基本方略。他对熊疑说："大王诚听臣计，汰冗官、斥疏族，尽储廪禄，以待敢战之士，如是而国威不振，则臣请伏妄言之诛！"

吴起改革的基本思路是：首先裁减国家各层官员，取消王室远族的世袭特权，为国家节省和储备大量财富，充实国库；然后国家用自己所掌握的财富重新审定国民的利益分配，尤其注意奖励作战勇敢的士兵，以此激励士气，提高军队的战斗力。凭借楚国地广人众的优势，达到雄压诸侯的目的。熊疑采纳了他的建议，责成他主持改革事宜。于是吴起详尽地制定了一套新的官吏制度，一共削去冗官数百员。新制还杜绝了大臣子弟凭借特殊身份而领取俸禄的现象；将五世以上的公族之人视为普通民众，让他们自食其力；对五世以下的公族之人，根据其与君王的远近关系，按档次裁减他们的俸禄。

吴起的这些措施，为国家节省了大量财富。他同时挑选国中壮勇之卒朝夕训练。根据其个人能力，分等级增加其收入。其中有的人比原来多收入数倍，士卒的作战积极性迅速提高。他曾率兵北胜魏国，南取苍梧（今广西东南与广东西北角）。楚国一时以兵强闻名于天下。

吴起主要用损有余以补不足的办法，剥夺冗官贵族的利益，增加战斗之士的收入。据一些零星文献记载，他还将旧贵族及所裁官员迁移到楚国广大的荒凉地区，以利开发；他又整顿官场的歪风邪气，企图防止以私害公、以"谖"盖"忠"的现象；公开宣布拒绝纵横家的游说；等等。吴起主持改革仅一年，而其改革措施涉及面很广，显示了他改革的勇气之大。

吴起以一个外来人才的眼光看待楚国的现状，这使他能够不带任何成见、较准确地观察到这个国家的主要弊端所在。他参政后依靠熊疑的信任，大刀阔斧地进行了综合经济政治为一体的改革，他的主要改革措施切中时弊，态度坚决，收效巨大。然而，他的改革也有一些明显的失误：第一，他裁官节赋、奖励士卒，但没有很好地注意经济的开发。只看重节流，未重视开源，没有注意用奖励生产的政策来促进国家财富的增加。第二，裁减冗官及取消贵族特权的措施操之太急、用力太猛，加大了他与利益削减阶层的矛盾，使改革一开始就具有很大的风险。第三，改革措施急于出台，事前没有作应有的舆论准备，没有形成一种群众支持的改革运动，仅仅依靠熊疑一人的支持为后盾。一年后熊疑不幸逝去，改革立刻陷入绝境。身为丞相、国家大权在握的吴起没有来得及为保卫新政和稳定政局作点应急的布置，就被七十余家王室贵戚射杀于王宫。改革随之夭折。

严格说来，魏国李悝的变法，只是实行了一些有利生产的经济政策，不牵扯社会各阶层之间利益的调整，因而算不上社会改革。吴起在楚国所施行的措施是对旧有经济和政治制度的变更。这个变更是以新的制度为依据，调整社会各阶层的经济关系和政治地位。它是战国时的第一次改革。这场改革由于种种原因而夭折了，但它以自己的瞬间曙光向列国显示了图强的希望所在，给稍后商鞅在秦国的变法改革打开了思路、创造了经验，给后世的改革图强提供了不少有益的借鉴。

昏于政治的熊槐（楚怀王）

熊槐，战国中期楚国国君。公元前328年至公元前299年在位，被称为楚怀王。当时，秦国凭商鞅变法后的强盛之世虎视列国，针对列国的合纵抗秦运动，正任用张仪积极进行外交活动，企图瓦解各国同盟，对各国分而治之。熊槐执政期间，听信秦国张仪之言，断绝了和齐国的同盟关系，被秦、齐两国联合打败，失去了汉中（今陕西湖北之间地）。后来在秦国的威逼下，又听信朝臣靳尚等人的意见，前赴秦王嬴稷的武关（今陕西丹凤东南）之会，被秦国所拘。入秦后他拒绝献出黔中之地（今湖南、湖北及四川交界处大片土地），被秦国长期扣留。他曾乘秦国看守疏忽时逃跑，欲绕道赵国而回。因赵武灵王率军北征，朝中无人做主，赵国闭门未纳。熊槐被秦军追及抓获，回咸阳不久发病而死。

熊槐执政期间，内受奸臣所误，外受秦国的威逼欺侮，使楚在外交、军事上遭受了重大的过失。在楚国历史上，他是一个缺乏政治头脑的庸君。

熊槐上台时，苏秦的合纵同盟刚刚解体。熊槐见秦国重用张仪，恐怕将来威胁楚国。遂以大国君王的身份出面，重新组织合纵同盟，三晋及燕、齐皆相随从，尊熊槐为"纵约长"。当时齐闵王田地乘燕国子之之乱战胜燕国，威震天下，熊槐遂与齐国深相结交。

当时魏国大势已去，赵国尚未振兴，燕国方受兵祸，韩国微弱如故，天下政局表现出秦、楚、齐三强鼎立之势。对齐楚间的联合，秦国深感不安。张仪受命去楚。对熊槐提出，楚国如果能断绝和齐国的关系，秦国愿向楚归还先前所侵夺的商于（今陕西商县至河南西峡间）之地六百里。熊槐非常高兴地表示："秦肯还楚故地，寡人又何爱于齐？"（第九十一回）遂答应了张仪之请，一面派人去关口拒绝齐使入楚，一面派人随张仪赴秦收地。张仪到了秦国，等齐、楚绝交后忽然改口说，他答应向楚国奉献的是自己的六里俸邑，根本没说过要送给楚国六百里土地。熊槐闻之大怒，兴兵十万向秦国进攻。秦国起兵十万迎战，同时又请求齐国出兵援助。秦、齐两国夹攻，楚国连战皆败，大将阵亡，折损军队八万多人，汉中大片土地被秦所夺。魏、韩听说楚国新败，亦准备趁火打劫，夺其土地。熊槐非常恐惧，分别派人去齐、秦两国谢罪，并提出向秦国献出二城以求允和。

楚国这次的重大损失，源于熊槐外交决策的失误。在齐、秦、楚的大三角关系上，秦国虽说力量稍大，但尚不能抵御齐楚两国的力量。熊槐身为纵约长，又与齐国关系密切，在对秦争斗中占有有利的条件。但他轻信张仪的口头承诺，为画饼之利所诱，竟断绝了与齐的关系，从而放弃了自己已经据有的有利条件。当时楚使入秦后，张仪避而不见，一再拖延，秦人又放出话说，楚国与齐尚未完全绝交。熊槐至此尚未看出秦人的欺诈，竟派人绕至齐国边境辱骂齐王，向秦国显示自己绝齐的立场。齐王不胜其怒，遣使入秦通好，相约一同攻楚。在秦国的诱骗下，熊槐终于将友邦齐国赶到了秦国一方。齐、秦结盟，表明楚国外交上的失败。楚国与秦的力量对比已处于明显的下风，张仪随之明朗了不给楚国六百里土地的态度。熊槐不顾当时已经变化了的形势，恼羞成怒，冒险出兵，以弱攻强，又发生了军事决策上的失误。一着不慎，满盘皆输，他最后只好向秦国割地求和。

熊槐兵败无奈，向秦国割地求和。秦国表示说，他们愿以商于之地兑换楚国的黔中之地，楚国如能同意，他们就罢兵。熊槐深恨张仪，遂对秦国说："寡人不愿得地，愿得张仪而甘心焉！如上国肯以张仪畀楚，寡人情愿献黔中之地为谢。"（第九十一回）张仪闻言，自愿来到了楚国。熊槐囚禁了张仪，准备将他杀掉。熊槐的夫人郑袖及宠臣靳尚百般劝阻，一是说杀张仪触秦之怒，会危及楚国；二是说厚待张仪，能使其感恩，可以改善和秦国的关系；三是说张仪身为秦臣，处事偏向秦国，情有可原，应当谅解。熊槐本人也心疼黔中之地，不愿轻易给秦，遂放归了张仪。

熊槐提出以黔中之地换张仪，后来又痛而不舍，看来提出此事时并没有经过慎重的考虑。杀掉一个张仪，仅仅一时满足了自己仇恨心理的发泄，而要使楚国付出大片土地，高明的政治人物绝不会通过削弱自我来换取快乐。熊槐这一交换条件提出的本身，就反映了他政治水平的低下。张仪来楚后，即使不杀，也应该有点警告或惩罚的表示，以维护国家的体面，维护自己言论的外界信誉。但他轻信他人之言，竟轻易放走了张仪。这等于默认了张仪对他的欺诈，向列国表明了自己的软弱无能。后来，有人向他说明了放归张仪的一些危害。他非常后悔，派人追赶，但已追之不及。

熊槐为了挽回楚国外交上的失败，一面与秦国互结儿女婚姻，联络通好，一面送质子于齐，与齐国恢复友好关系。新上台的秦王嬴稷仍然不愿看到楚、齐和睦，首先以军事手段击败楚国，然后邀熊槐至武关会盟。熊槐在惊恐之际接到秦国的邀请，召群臣计议说："寡人欲勿往，恐激秦之怒；欲往，恐被秦见欺。"（第九十二回）他的少子熊兰以为婚姻可恃，宠臣靳尚与秦国关系密切，二人力劝熊槐赴会。他又一次轻信妄言，最后自投罗网，被秦国拘囚。

熊槐入秦前对秦的会盟有所怀疑，但他既未拒绝邀请，又未作相应的准备以预防不测。他害怕秦国在军事上扩大事态，就怀着对秦的一片良好愿望赴秦会盟。他没有想到，秦国正是抓住他的恐惧心而牵定了他的鼻子。他在秦国的威逼诱骗和奸臣的一再挑动下，一步步把国家引向败亡之途，自己也走进了深渊。

熊槐在政治决策及其行为上连续失误，其中一个重要原因是他忠奸不分、轻信虚妄之言。张仪是秦国之相，他竟轻信其口头承诺，以为断绝了和齐国的关系，就真会坐而收复六百里之地。当时一位名叫陈轸的客卿提醒他说："秦所以重楚者，以有齐也。今若绝齐，则楚孤矣。秦何重于孤国，而割六百里之地以奉之耶？倘绝齐而张仪负王，不与王地，齐又怨王，而反附于秦，齐秦合而攻楚，楚亡可待矣！"（第九十一回）并建议他先受地而后绝齐，这种分析和见解本是很正确的。但熊槐为张仪的假言所迷惑，根本听不进这些忠言。他认为不先绝齐，就不能得到秦国的信任。于是在靳尚等人的支持下做出了错误的外交决策。他一直所信任的靳尚，是早先被张仪用重贿所收买的亲秦人物。张仪来楚换取黔中之地时，又是他出面活动郑袖，为张仪的获释而奔忙。对这一切，熊槐毫无所察。他相信过张仪、相信过靳尚、相信过夫人郑袖、相信过儿子熊兰、相信过秦王嬴稷，偏偏不相信屈原、陈轸等人。

熊槐政治行为的失误还在于他心理上对秦国有一种恐惧，他害怕秦国的兵威。以为结好一个秦国比结好一个齐国更具有安全感，于是愿意绝齐而亲秦；他囚拘了张仪，又幻想通过张仪而结好秦国，于是放归了张仪；他怕秦国在军事上扩大事态，就莽然赴武关参加会盟。内心的恐秦症使他每作一次决策，都要考虑秦国的意向，看秦国的眼色。后来与齐通好，本属楚国内政。但秦国出兵干涉，他不敢为捍卫国家的主权而抗争，不敢向秦国的无礼行为提出抗议，甚至不敢提出让秦国撤离边界的基本和谈条件。

从更深的层次上说来，熊槐政治上过分昏昧。他身为执政人物而不懂政治斗争。张仪来楚劝他与齐绝交时说："今天下之国虽七，然大者无过楚齐，与秦而三耳。秦东合于齐则齐重，南合于楚则楚重。然寡君之意，窃在楚而不在齐……"（第九十一回）张仪在说到三个大国的关系时，完全以楚、齐对立为暗含的前提，似乎只有秦国才能加重楚国的分量。他避开楚、齐和好的现状大谈秦、楚联合的好处，对熊槐进行愚弄。而熊槐毫无所察，觉得张仪所言很有道理。齐、楚合作算是楚国的一条政治资本。熊槐不是带着这一资本与秦讲和，而是出让这一资本与秦交往，没想到自己变得势单力薄时秦国会对他百般欺侮。熊槐贪求土地而绝交于齐，似乎看重土地。但后来又提出愿出让土地而换得张仪，似乎得到张仪更为要紧。不料最后又将张仪放归，他施政的昏乱由此可见一斑。

熊槐在政治上、外交上没有自己稳定的战略。他的施政或是受人操纵，或是莽撞而为。在政治手段上，他不是着眼于"争"，而是着眼于"受"。以楚国之众，借助于六国的合纵之力，对付秦国总还是会有些办法的。但他却鼓不起这样的勇气。他害怕秦国，畏秦如虎，企图通过自己对秦的顺从和一片良好愿望来从秦国那里得到一些利益。他把政治斗争视为简单的儿戏，不懂得包含于其中的残酷性和欺诈性，结果为人所欺，丧尽国威，受尽屈辱。

洁身忧国的屈原

屈原，名平，字原。约公元前 340 至公元前 278 年人，楚国贵族出身。开始辅佐楚怀王熊槐，任左徒。参与议论国事、发布号令、接待宾客，亦曾任楚大夫。熊槐轻信靳尚、熊兰之言，屡为秦国所欺，屈原忧心如焚。他恨奸臣当道，常有不满之言，遂被靳尚等人所谗害，遭到贬黜。后熊槐被秦诱拘，死于秦国。太子熊横继位，熊兰升任令尹（楚国掌军政大权的最高官职），与靳尚仍旧当政。屈原见国家朝政日非，君臣贪于苟安，毫无报秦之志。多次进谏熊横疏远奸臣，亲近贤能，选将练兵以图报仇。熊兰知屈原不满于自己当政，指使靳尚向熊横说："屈原自以为不得重用，心怀怨望，且每向人言大王忘秦仇为不孝，熊兰等不主张伐秦为不忠。"（第九十三回）熊横大怒，遂将屈原削职流放。

屈原一直有他自己的政治主张。熊槐在位时他就提出彰明法度、举贤授能，东联齐国、西抗强秦的方针。他也具有一定的政治洞察力，张仪来楚游说时，熊槐高兴地表示："寡人不费一兵，坐而得地六百里。"群臣皆贺，屈原就提醒说："张仪反复小人，绝不可信！"（第九十一回）坚决反对与齐绝交。后来张仪入楚被拘而又放归，屈原使齐归来，闻讯后立即建议熊槐追还。秦国邀熊槐赴武关之会盟，熊槐主意不定。屈原坚决反对说："秦，虎狼之国也。楚之见欺于秦，非一二次矣，王往必不归。"（第九十二回）屈原的这些主张与建议均未受到采纳，自己反而横遭放逐。

屈原一生的思想上有强烈的忧患意识。国家日见衰败，朝政不见好转；忠臣遭到放逐，奸佞横行当道。这一切，强烈地刺激着他。他苦闷，他沉思。屈原有一个已经远嫁的姐姐，听说弟弟被流放，远程前来探望。见屈原披发垢面，缓步于江岸，劝他说："楚王不听子言，子之心已尽矣！忧思何益？"（第九十三回）姐姐自然不能理解屈原的思想意境。他热爱祖国，心已尽而情不尽，身被逐而忧更深。他心忧国事，欲罢不能，遂写下《离骚》《九章》等篇，陈述自己的政治主张、揭露腐败的朝政，表达自己深沉的忧国感情。他写道："长太息以掩涕兮，哀民生之多艰。"他写道："路漫漫其修远兮，吾将上下而求索。"他在肝胆欲裂的心境下对长空呼号，他愿为自己的国家献出一切。

屈原身上还有一种洁身自好的品格。据《史记·屈原贾生列传》载，屈原有次在江泽之畔沉思悲吟，面容憔悴，体形枯槁。一位渔翁见他问道："您不就是楚国大夫吗？为何弄到这般地步？"屈原回答说："举世混浊而我独清，众人皆醉而我独醒，是以见放。"渔翁告诉他："有圣德的人不会头脑凝滞而能与世推移。世人全都污浊，你何不随其流而顺其波？大家全都昏醉，你何不跟着喝酒、自我沉醉？为什么一定要那样保美德而持操守，自己落个被流放的下场呢？"屈原回答说："人们洗头后要弹帽，洗澡后要抖衣，谁愿让自己洁白的身体受到脏物的玷污呢？我宁可跳入江中，葬身鱼腹，也不让洁白的品德蒙受世俗污垢的沾染。"

在奸臣当道的朝政下，屈原洁身自保、孤高自傲。他宁愿遭受身体上的折磨，而不愿与那些自己认定的奸佞小人同流合污。外敌欺凌、朝政腐败，楚国君臣苟且偷安，能有多少人在思考国家的命运？他由此产生了"举世混浊我独清，人人皆醉我独醒"的怆凉心情。他感到忧伤，感到孤独！他难与人语，只好常常对天发问。

屈原过了二十多年的流放生活。公元前 278 年，楚都郢城被秦国攻破。他心灵上又遭受了一次沉重的打击，没有解脱的苦闷又被加深，心头无限忧愤。五月五日，万家灯火，人们喜庆这一传统的"端午"（亦作"端五"、"重五"）节日，屈原极强烈地感到了他与这个世界的感情反差，他的内心碎裂了，遂怀抱石头，跳进了滚滚的汨罗江。这个心忧国家、处世孤独的人物在国破无望时万般无奈，以自杀来谋求最后的解脱。

当地的人听说屈原自溺，争划小舟，出江拯救，终于没有救出。但人们总觉得他还活在江中，于是将甜食投于江中，又怕食物为鱼龙吞食，遂以叶皮包裹。人们没有救出他，但不愿让他在江中受饿，希望能与他们共度"端午"。年复一年，民间形成了端午节竞渡龙舟和包食"粽子"的风俗，其中包含了对屈原长久的纪念。这位洁身忧国的人物，生前世人未能理解他，但世人始终热爱他、没有忘记他，数千年在怀念他。

　　屈原主要是一位爱国主义、疾恶如仇的伟大文学家。他政治上对楚国的影响不大。体现于屈原身上的政治忧患意识和洁身自好的品格反映了历史上有正义感的知识分子的突出特点。人们由此可以看到历史上许多知识分子的个体形象及其必然性遭遇。

苟安寡智的黄歇（春申君）

黄歇，战国晚期楚国人。楚顷襄王熊横执政时，曾以太傅身份随太子熊完（又称"熊元"）入秦为质。十余年后设计使熊完逃归。楚考烈王熊完回国执政，任他为令尹，号为春申君。黄歇主持国政期间，数次参与列国合纵抗秦，均无功而返。在秦国的战略威胁下，他将楚都迁于寿春（今安徽寿县西南），勉强维持局面。他养客三千，晚年受门客舍人李园的操纵，将怀孕的爱妾献于熊完，生子熊捍，被立为太子。熊完死后，因同盗相妒，他于公元前238年被李园谋杀。

黄歇是楚国后期施政时间较长的人物。因为他的养客和参与合纵，在列国也有一定的影响。但他不具有出色的政治才能，对楚国的图存没有起到积极的作用。

一、傅王求贵，避战苟安

黄歇傅太子熊完入秦为质十六年，秦国毫无遣归之意。他听到当朝楚王熊横生病的消息，遂与熊完商议回国继位。黄歇对执政的秦相范雎说："楚太子久于秦，其与秦将相无不交亲者，倘楚王薨而太子得立，其事秦必谨。相君诚以此时归之于楚，太子之感相君无穷也！若留之不遣，楚更立他公子，则太子在秦，不过咸阳一布衣耳。夫留一布衣，而绝万乘之好，臣窃以为非计也。"（第九十八回）范雎觉得言之有理，答应放归。但秦王嬴稷却主张先让黄歇一人回去探视，若熊横果真病重，然后来迎熊完。黄歇见情况如此，遂定下计策，让熊完变换服饰，扮作楚国使者的驾车人，混出函谷关。他自己留在秦国，对外宣称：太子患病，暂不会客。半月之后，他估计熊完出关已远，遂求见嬴稷谢罪说："臣歇恐楚王一旦不讳，太子不得立，无以事君，已擅遣之，今出关矣。歇本欺君之罪，请伏斧锧！"嬴稷怒而欲斩，亏范睢说情放归。熊完回国三月后继父为王，黄歇被任为相国，立刻成了楚国的显贵人物。

在熊完的立王过程中，黄歇发挥了重要的作用。一是他听到楚王患病时立刻决定归国，这一再也不能耽误的决定使熊完争取到了立王的机会；二是他首先打通范睢的关节，巧妙地陈说利害，争取到他的赞同，虽未立见其效，但为后面的行事铺垫了道路；三是他安排装扮熊完，令其出走，自己在咸阳为其虚打掩护，消除了秦国的怀疑，为熊完归国争取了时间；四是熊完归国后他去自首请罪，嬴稷对既成的事实无可奈何，加之黄歇的自首态度及范睢的说情，他随即被秦国放归。熊完归国前曾向黄歇表示说："事若成，楚国当与太傅共之。"他在立王后对黄歇感恩不浅，加之对其长时间的了解与感情，遂委国政于黄歇。

黄歇秉政期间参与了列国间的几次联合抗秦活动。赵国邯郸危急时，毛遂自荐去楚，说服熊完出兵相助。黄歇率八万军队救赵。他在远处屯兵，遥张声势。后来魏无忌窃符救赵，大败秦兵，黄歇方班师而归。他为了弥补自己在救赵期间的无功之过，回国不久向熊完建议说："今秦兵新挫，其气已夺，大王诚发使约会列国，并力攻秦，更说周王，奉以为主，挟天子以申诛讨，五伯之功，不足道矣。"（第一百一回）但黄歇这次只纠集得楚、燕两支人马，周室勉强凑得五六千人相助，韩、赵方自顾不暇，齐正与秦通好，均未发兵。楚、燕二军在函谷关外屯兵三月，军心懈怠，各自班师。后来，赵将庞煖复倡合纵，纠集了除齐之外的五国军队，五军共推黄歇为上将。黄歇召诸将说："伐秦之师屡出，皆以函谷关为事，秦人设守甚严，未能得志。即我军亦素知仰攻之难，咸有畏缩之心。若取道蒲坂（今山西永济西的蒲州），由华州（今陕西华县一带）而西，径袭渭南，因窥潼关，此所谓出其不意也。"（第一百三回）众将同意了这个方案，后来攻打渭南不下。秦相吕不韦率五队秦军迎战五国联军。两军布垒相持，秦军暗地在五队中各抽精兵一万，准备夜袭楚军。黄歇闻讯，不及驰报盟军，即率楚军拔寨撤归。其他四国军队遂陆续撤回。事后，四国各遣人来责问楚军不告而归的原因，黄歇惭愧无言。

黄歇本人没有较强的军事才能。他内心畏惧秦国，第一次救赵时就屯兵远处，观望不进，其出兵仅仅是在应付赵国，敷衍君命。二次出兵，原想借助众国之力，数国军队未至，他于是也就丧失了信心。第三次出兵声势较大，他还作了一些战略上的部署，但一听说秦军将以精兵攻袭楚军，就闻风而遁。

三次用兵，均无功而退。黄歇再也鼓不起抗秦的勇气了。他考虑到秦国在吞并周、魏大片土地后已逼近楚国，遂采纳了门客朱英的建议，决定将国都迁至寿春，认为"东徙寿春，去秦较远，绝江淮以自固，可以少安"。（第一百三回）他深惧秦国，无心抗战，遂东迁避战。这实际上等于放弃西部大片国土以换取一时的苟安。黄歇的这次战略避战和他在战场上的望风而遁是同样性质的行为。

二、盗国谋私，客多智寡

借助于和熊完的特殊关系，黄歇在任职初期就谋求自己的私人利益。当年熊完将淮北十二县封为他的私邑，他就提出："淮北地边齐，请置为郡，臣愿封于江东。"（第九十八回）淮北与齐国相接，自然免不了有军事争夺。为了使自己保有一块长久稳定的富庶之地，他选择了大后方的江东为封邑，此地在春秋末年为吴国的势力中心。黄歇受封后在这里重新建设，经营自己的地盘。都迁寿春，离自己的封地更近，很难说此事不包含有为他个人的打算。

熊完久而无子，他的许多妻妾均未曾怀孕。黄歇为此事也很担忧。当时黄歇新娶了门客李园的妹妹李嫣为妾。李嫣姿色绝美，甚得黄歇宠爱，不久即怀身孕。后来在李园的启发策划下，黄歇瞒过熊完，将李嫣当作处女进献于熊完。他的考虑是，李嫣身怀自己骨血，若献于熊完，必被宠幸，以后能侥幸生下男孩，必定会被立为太子。这样不仅能保住自己现有的权位和利益，而且楚国的江山将来也为自己的子孙所占有。李嫣入宫后果然受到熊完宠爱，后来生下一对孪生子。熊完晚年得子，喜不可言，遂立长子熊捍为太子。六年后熊捍继位为王。黄歇向君王献妾盗国，是他个人私欲的膨胀和发展。为了达到某种卑鄙的目的，他将爱妾出让他人，充分表现了他的利令智昏。

黄歇任职受封后，位尊权重、富贵至极，他崇尚齐国田文等人的养士之风，亦在门下招致了数千食客。和田文、赵胜、魏无忌等人不同，黄歇一直是楚国的实际执政人。他的养客不是为了聚势自重，本身没有多少直接的政治动机，而是为了满足对某种时尚的追求心理。他以此装潢门面，以求在列国中扩大交往和声誉。平原君赵胜常遣使至黄歇家。黄歇让与他的上客们相见，使者为了向楚人夸耀自己，用玳瑁为簪，以珠玉装饰刀剑之鞘，但见到黄歇的门客后深感惭愧。因为他们都用明珠装饰鞋子，黄歇养客的奢侈可见一斑。

黄歇养客数千，出了两个引人注意的人物：一个是李园，他向黄歇策划献妾盗国，后被熊完奉为国舅；另一个是朱英，他曾对黄歇说："李园，王之舅也，而位在君下，外虽柔顺，内实不甘。且同盗相妒，势所必至也，楚王一薨，李园必先入据权，而杀君以灭口。"他建议让黄歇将自己安排为郎中令，统率王宫各官，以防熊完死后李园利用妹妹的关系先行发难。黄歇闻言大笑说："李园，弱人耳，又事我素谨，安有此事?"（第一百三回）他不相信李园会加害于他，拒绝了朱英的意见。朱英见黄歇不采纳他的建议，遂不辞而别。黄歇不像其他养客者那样建立了以自我为核心的宾客集团，也不注意去发挥他们的作用以服务于自己的政治行为。

就黄歇个人讲，他在军事上、政治上都无出色之处。除了曾经选任荀况（即战国时思想家荀子）为兰陵（今山东苍山兰陵镇）令，早先协助熊完逃离秦国二事外，一生均没有什么大的作为。他缺乏胆勇、少智寡谋，三次出兵抗秦全都无功而返，最后反惧而迁都。他不听朱英劝谏。朱英离去后半月余，熊完病死。李园先闻其讯，入宫后埋下伏兵，即将黄歇诱杀于宫中。黄歇受李园的操纵而行事，又终为李园所害；他养下宾客数千人，连自己的性命也不能保证。

黄歇在楚国实际执政，他没有遏制国家的衰亡之势，反使楚国失去了最后一点抗秦的勇气。他执政期间，门人李园献妹窃政，政治投机成功。这是以愚弄君臣、昏乱国政为代价的，它引起了朝臣间的倾轧和仇杀，导致了少主寡后执掌国政，加深了政治的腐败。熊捍立王之后的十余年间，楚国政变迭起，数易其君，至公元前 223 年为秦所攻灭。

深谋篡国的李园

李园，战国末期赵国人，为楚国春申君黄歇的门客舍人。楚国考烈王熊完（《史记》称熊元）久而无子，许多妻妾不曾怀孕。李园于是想把自己姿色绝伦的妹妹李嫣进献于熊完。但他恐怕李嫣久后因无子而失宠，遂心下盘算道："必须将妹先献于春申君，待其有娠，然后进于楚王，幸而生子，异日得立为楚王，乃吾甥也。"（本部分引文均自第一百三回）这里，李园要凭借妹妹李嫣的姿色，利用婚亲关系在熊完那里做一笔政治投机。他知道，只有李嫣为熊完生下儿子后这笔投机生意才算最后成功，而熊完根本没有生育能力，投机生意的难点在于：既要将妹妹献给熊完，又要她在无生育能力的熊完名义下生子。这就必须使妹妹先怀他人之子，然后将妹献于熊完。而根据当时的权位关系看，这一过渡之人非黄歇不可。他必须利用黄歇才能达到目的。

李园要把妹妹献于黄歇。转而又想："吾若自献其妹，不见贵重。还需施一小计，要春申君自来求我。"他向黄歇请假五天回家办事，故意等至第十天方到。黄歇责怪其来迟，李园解释说："臣有女弟名嫣，颇有姿色，齐王闻之，遣使来求。臣与其使者饮酒数日，是以失期。"黄歇听说李园的妹妹名闻齐国，遂对李嫣的姿色深感兴趣，急问李嫣是否已与齐王订婚。李园回答说正在商议此事，尚未确定。黄歇又问是否能让他一见李嫣，李园回答道："臣在君之门下，即吾女弟，谁非君妾婢之流，敢不如命。"于是将妹妹送至黄歇府中。黄歇见之大喜，当夜赐给李园黄金宝器，留其妹于府中侍寝合欢。这里，李园想献妹于黄歇，又要自重以不失妹妹的身价，因此编造了齐王遣使约婚的谎言，以此抬高李嫣的身价，也以此引起黄歇对李嫣的兴趣。但齐王前来约婚之事不能无故谈起，李园于是故意归假超期，诱使黄歇追问，以造成出语言谈的机会。

李嫣在黄歇府中三月后怀孕。李园私下问李嫣说："为妾与为夫人孰贵?"李嫣笑而回答："妾安得比夫人?"李园又问："然则为夫人与为王后孰贵?"李嫣笑而答道："王后贵盛!"李园对她说："汝在春申君府中,不过一宠妾耳!今楚王无子,幸汝有娠,倘进于楚王,他日生子为王,汝为太后,岂不胜于为妾乎?"遂教给她说词,让她在枕席间劝说黄歇。李嫣将所教说词一一牢记。李园向妹妹作了卑妾与王后身份地位的比较,引诱她对王后地位产生向往之情,说服她放弃黄歇而准备另事熊完。李园说服李嫣,这是他得以掌握和利用黄歇、完成政治投机之过渡的重要步骤。

李嫣遵李园之言,晚上对黄歇讲:"楚王之贵幸君,虽兄弟不如也。今君相楚二十余年,而王未有子,千秋百岁后,将更立兄弟。兄弟与君无恩,必将各立其所亲幸之人,君安得长有宠乎?"黄歇沉思无言,李嫣又说道:"妾所虑不至于此也。君贵,用事久,多失礼于王之兄弟,兄弟诚立,祸且及身,岂特江东封邑不可保而已哉?"黄歇闻言愕然,急问避祸之计。李嫣踌躇再三,故显难于启齿之状。在黄歇的一再发问下,她对其说道:"妾今自觉有孕矣,他人莫知也。幸妾侍君未久,诚以君之重,而进妾于楚王,王必幸妾。妾赖天佑生男,异日必为嫡嗣,则是君之子为王也,楚国尽可得,孰与身临不测之罪乎?"黄歇如梦初醒,非常赞成这一主意。次日他将这一主意密告李园,又将李嫣暗送别处居住,其后入朝对熊完说:"臣所闻李园妹名嫣者有色,相者皆以为宜子,当贵。齐王方遣人求之,王不可不先也。"熊完即命人迎李嫣入宫,一见非常宠爱。后来,李嫣生了一对男性双胞胎。熊完晚年得子,喜不可言。遂立李嫣为王后,长子熊捍为太子,李园为国舅,宠幸参政。李园抓住了黄歇保权谋私的性格特点,让李嫣对他以失势受祸相威胁,又以窃国之利相引诱,终使他同意将李嫣献于熊完。李园本是事情的幕后策划人,但他装作不知,表面上以局外人自居。反倒是黄歇积极主动地促成了此事,达到了李园预想的目的。

李园参政后,与黄歇相并用事。他对黄歇非常恭敬,但因同盗相妒,内心对其非常忌恨。后来,熊完久病不愈。李园想起妹妹怀孕之事,只有黄歇知道。他觉得以后太子为王,相互间不便相处,于是决定杀掉黄歇,以灭其口。乃使人暗中访求刺客,收置门下。他因李嫣的关系,与宫中朝夕相通,并向宫殿侍卫约定,一有什么重大情况,必须先告诉他。黄歇则拒绝了门客朱英的建议，对李园并未提防。不久，熊完病死。李园闻报，立即入宫，吩咐秘不发丧，先让勇士做好埋伏。至黄昏时分，使人报讯于黄歇。黄歇入宫奔丧，被伏兵袭杀。李园又灭掉黄歇之族，没收其食邑。他一人独掌国政。

李园终于通过投机手段达到了自己的政治目的，可谓精于权术、老谋深算、诡谲奸诈。在整个投机过程中，李园一个人对付了三个人：妹妹李嫣、主人黄歇、君王熊完。熊完有的是权力，缺的是儿子；李嫣拥有的是姿色，向往的是地位。但这二人的结合会因熊完没有生育能力而各不遂意，李园投机的彻底成功还需借其他男性的生殖能力替熊完生子。在楚国诸臣中，黄歇深得熊完信任，又需要对自己权位的长久保障力。于是，李园借黄歇为熊完生子，这就调动了黄歇协助成事的积极性。在整个活动中，李园躲在李嫣之后，不去出面。他利用李嫣来对付黄歇，利用黄歇来对付熊完，利用熊完来达到自己最后的目的。

关于楚国的一点评论

楚国原是一个强大的国家。春秋末年遭吴国之祸后基本失去了向北发展的势头，带着尚未恢复的国力进入了战国之世。战国时的魏、齐、赵、燕、秦五国都曾有一个强盛的时期，但楚国却一直走着向下的道路。这一状况的出现有如下一些原因：第一，吴起在战国初改革夭折，使楚国错过了一次恢复和发展的良机。当时晋国分而为三不久，秦齐尚未崛起，各国的内蕴力大体相当，相互间的制约力不为很强。楚国若能改革成功，在内政及军事上除弊兴利，再次强盛的可能还是较大的。及熊疑逝去，守旧势力反扑而来，不仅断送了这次图强运动，而且摧毁了后代改革的勇气。同时，其他国家后来逐日强大，也严重制约了楚国的发展。第二，楚国一直存在着政治腐败的问题，从贵族们起哄围杀吴起，到靳尚、熊兰等谗害忠良，再到黄歇、李园等互相倾轧，反映了楚国政治的一般状况。楚国地土广大，可以受封的王室亲贵太多，形成了一股不小的政治势力。国家的主要执政者不但无法消除这一社会赘瘤，有时反而要依赖它来维持权力。这就使国家的政治长期处于病态状况，最后终于危及到了国家机体的生存。第三，王室亲贵阶层的专权阻塞了人才的进用之路，使杰出人才无法挤入高层决策圈。即使偶尔挤进个别人才，也终会被这个阶层清理出去。吴起、屈原等人的命运就显示了楚国人才的某种必然性归宿。这一现象又反过来促使列国人才远离楚国，使楚国的兴盛不具备一些最起码的条件。第四，由于人才的匮乏和王亲贵族的专权，楚国没有出现专门的军事人才。魏有乐羊、赵有廉颇、齐有孙膑、燕有乐毅、秦有白起与王翦等，都是战国时一流的将才。而楚国还沿用春秋时令尹或大夫领兵作战的老习惯。这些人没有军事上的专门才能，既不具有高超的战略战术手段，也不善于练兵训武，使楚国在军事上长期处于弱势。吴起在战国初就向悼王熊疑提出过兵弱的问题。后来秦国张仪评价楚国"其卒虽众多，然而轻走易北，不敢坚战"。（见《战国策·魏策》）廉颇晚年奔楚后嫌楚国兵卒太弱，深感不得其志。吕不韦攻打五国联军时专选黄歇所领的楚兵先打，这些情况都表明了楚军战斗力确实低劣。这一严重状况一直未被改变过来。第五，楚国在外交上没有积极的战略，在齐、秦、楚的三角关系上常处于消极被动的地位。春秋时他们和秦国同时与晋国争利作对，后来受吴之害，又赖秦而复国。战国时政局大变，但他们对秦国仍有一种依恋。他们畏惧秦国，又时时对秦国存有幻想，丧失了独立的外交原则，结果数次受骗于秦。由于这些原因，一个大国终于没有振作起来，最后走向了灭亡。

综观楚国的历史，可以发现他们与中原诸国的一点重要差异，就是其文化习俗上的相对非保守性。这一特点在战国之前表现得非常突出。比如春秋时楚庄王就敢于陈兵周郊，问鼎周室。他有一次举行庆胜会至晚，席间一人乘灯光偶灭时调戏庄王爱姬。庄王认为酒后狂态，为人情之常，竟不予追究。这在当时的中原之国是不可想象的。晋、楚邲之战，楚庄王战和不定，让诸将民主投票决定，最后听从嬖人伍参的意见而迎战。宫中侏儒优孟为了劝谏庄王，排了一出滑稽小剧，剧中就有庄王及名臣孙叔敖等人。看来楚人在观念上并不认为这是对君王的亵渎。晋、楚鄢陵之战前，两军相对，正逢晦日（每月的最后一天）。晋军认为晦不行兵，不做准备，楚军却乘机冲杀，不为某种传统观念所束缚。楚君的祖先在西周时就敢于打破传统的等级观念，僭号称王。楚国历史上以子弑父、以弟篡兄的现象极多，以至于许多大臣认为楚国"利少不利长"，传统的忠孝悌观念看来对他们的制约作用较弱，使楚人有较少的保守观念。产生这一现象的原因：一是周朝开始一直把他们视为蛮夷，对他们另眼相看，使他们在观念上一直与周相对立，敌视周朝礼仪，乐当叛逆；二是他们在南方兼并小国甚多，文化思想上的融合性较大，使正统的礼仪观念在受到一次次的冲击后相对淡化；三是他们居处南境，与中原各国往来不多，其后又长期存在军事对峙，相互间的文化交流稍少。楚人思想观念的相对非保守性，构成了南方文化体系的一个重要特点。但这一特点远不能抑制因上述多种原因而形成的政治、军事上的积弱状况，阻止不了政衰国亡的大势。

【秦国政治人物】

战国时代大国的博弈争胜

秦君是五帝颛顼的后代。远祖大费辅大禹治水有功，又为舜养驯鸟兽，舜赐他嬴姓，号为伯益。曾被禹选为继承人而未就位。其后代辅佐夏、商之君，周武王伐纣时几乎被诛。西周前期他们依傍赵国之祖造父居于赵城（今山西洪洞县北）。秦祖非子善于喂养马畜，居于犬丘（今陕西兴平东南）。周孝王闻之，让他给自己养马。马匹繁殖很快，孝王联系其祖伯益为舜驯兽的功劳，遂封非子于秦（即秦亭，在今甘肃清水县东北），重赐嬴姓。让其作为一个附属国延续嬴氏的祭祀，号为嬴秦。周幽王骊山之难时，秦襄公出兵协助周室平定犬戎之乱有功。周平王东迁洛阳时封他为诸侯，赠给他岐山以西的土地，让他从犬戎手中夺来占据。秦国经过两代的战争，收复了这片土地。襄公六传至秦穆公。秦穆公任用贤能，锐意图强。曾三平晋乱，称霸西戎。一时成为春秋强国，但因晋国在桃林之塞（约今河南灵宝以西、陕西潼关以东地区）扼其咽喉，秦国的东向发展一直受到阻塞。战国时，晋国分而为三，力量削弱，秦国重新萌发了东进的念头。

秦孝公嬴渠梁有感于东邻魏国的强大，上台后招致贤才。卫鞅受任在秦国进行了全面的改革，又乘魏国的马陵之败而出兵东进，使秦国迅速强大了起来。秦惠文王嬴驷继位后，任用张仪为相国，以连横策略对付列国的合纵，向外扩张土地，使秦国的势力大大发展。昭襄王嬴稷为君期间，任用白起、范雎等将相，以极大的气魄吞噬列国。他执政四十余年，使秦国的兼并之势已不可逆转。吕不韦、王翦等人辅佐秦始皇嬴政，终于灭掉六国，统一天下，建立了历史上第一个郡县制的统一国家。商鞅、张仪、嬴稷、范雎、吕不韦、嬴政等人物对秦国在战国之世的发展起到了极大的历史作用。他们的才能与功业未可磨灭。

改革强国的卫鞅（商鞅）

卫鞅，约公元前 390 至公元前 338 年人，战国时政治家。卫国公族远属，名鞅，称为卫鞅，素好法家的刑名之学。战国初见卫国微弱，不足展其才能，乃奔魏国，为相国公叔痤的门客。公叔痤很赏识他，推荐他为中庶子（掌管诸侯卿大夫庶子的教育管理），每有军国大事必征求他的意见，后来又把他推荐给君王魏䓨，让其接替相位，魏䓨未能任用。卫鞅听说秦孝公下令招贤，遂西入秦国。通过嬖臣景监的引荐，数次向秦孝公陈述自己的政治主张。秦孝公任他为左庶长（秦国二十等爵位的第十一等），让他主持变法改革。他因政绩突出，后被升为大良造（秦国的第十六等爵，相当于相）。秦国强盛后，他乘魏国马陵战败之际出兵攻伐，逼其献出河西之地（今陕西合阳、澄城、大荔一带地方，在黄河的西面），迁都大梁。他因这次战功而被封商（今陕西商县东南）十五邑，号商君，故称商鞅。公元前 338 年，秦孝公死后，他被政敌所诬陷。惠文王嬴驷收其相印，令其归回封地，旋又派兵追捕。卫鞅欲逃魏国。魏拒而不纳，遂逃商地，为官兵所捕。后被五牛分尸，车裂而死。

商鞅主持国政期间，奠定了秦国强盛的基础，促成了秦在战国之世国力上的领先地位。从他的施政行为看，他是一位集战略家、谋略家和改革家于一身的政治人物。

一、统观全局，战略得宜

商鞅具有多种治国方略。他见秦孝公时，先曾以帝道、王道之方略献陈，孝公均不感兴趣。后以霸道方略进献，正中孝公之意。商鞅不仅掌握这些治国方案，而且明了这些方案的实施方针。对于争伯称雄的方案，商鞅介绍说："伯者之术，与帝王异。帝王之道，在顺民情，伯者之术，必逆民情。"他对孝公讲："夫琴瑟不调，必改弦而更张之。政不更张，不可为治。小民狃于目前之安，不顾百世之利，可与乐成，难与虑始。"（第八十七回）可见，商鞅在施政前，心中有一套成熟的战略方案及其实施方针。他的政治行为从不是盲目施行，总是服务于一个大的战略目标，是实现这一战略目标的一种手段。政治战略的确定使他在施政过程中避免了许多不必要的曲折，迅速达到了强国的目的。

军事斗争在战国时被提到了首要的政治地位。商鞅曾向孝公分析秦的军事形势说："秦魏比邻之国，秦之有魏，犹人有腹心之疾，非魏并秦，即秦并魏，其势不两存矣。"春秋以来晋国长期称霸，阻塞着秦国的东向通道。战国初期魏国强盛，势逼秦国，曾对秦形成严重威胁。商鞅的分析是以地理状况为出发点，依据历史与现状而对军事形势做出的正确判断。当时魏军十万精兵方被齐国孙膑击败于马陵。商鞅根据他对军事形势的如上分析，及时制定了秦国用兵争霸的总体战略。他向孝公说："魏今大破于齐，诸侯叛之，可乘此时伐魏，魏不能支，必然东徙，然后，秦据河山之固，东向以制诸侯，此帝王之业也！"（第八十九回）商鞅的军事战略包括了用兵的方向、目标、步骤及时机。秦国后来一段时间的军事行为，都受到这一战略思想的指导或影响。

秦国国势有所复苏后，商鞅及时将国都由雍（今陕西凤翔县南）东迁于咸阳（今陕西咸阳东北）。秦国政治中心的东移，为后来的东向发展提供了重要的条件，也表明了秦国高层决策人志吞天下的战略雄心。

二、才能出众，深有谋略

商鞅在魏国时，常替相国公叔痤筹谋军国大事，虑事无不正确。公叔痤临终前，见魏䓨不能用他，劝他赶快逃离魏国，以免被魏䓨所杀。商鞅回答说："君王既不能用相国之言而用臣，又安能用相国之言而杀臣乎？"（第八十七回）根据他的判断，魏䓨拒绝任用他，必是怀疑他的能力，把他看成了一个无足轻重的人物。既然如此，魏䓨也就绝不会担心他见用于列国，因而绝不会加害于他。青年卫鞅对魏䓨的态度和自我处境的分析估计充分显示了他出众的才能。

　　商鞅在秦国制定的新政与民俗相去甚远。新法出台前，他怕民众不予相信，视为儿戏。于是将一根木头立于城之南门，使人看守。布告市民说："有能徙此木于北门者，予以十金。"许多人都来围观，觉得奇怪，不知其真实用意，竟没有人敢来扛走。商鞅一直将赏金增至五十金。众人更感疑惑。有一个人想道："秦法素无重赏，今忽有此令，必有计议。纵不能得五十金，亦岂无薄赏！"（第八十七回）于是大胆出面，将木头扛至北门。许多人跟着观看。商鞅招来扛木者，将五十金如数付予。人们将此事互相传说，都觉得左庶长出言必信，出令必行。商鞅遂在第二天颁布了新法。商鞅初到秦国任职，民众对他陌生。他要颁布新法使民执行，首先需要民众对他有起码的信任。他通过设奖移木、当场兑现的方式建立自己在民众中的信誉，把自己有令必行的施政风格从侧面告诉给了民众，从而大大提高了民众对新法的信任度。

　　商鞅得知魏国新败于齐，遂乘机率兵伐魏。魏国大夫公子卬率军迎战，屯于吴城。吴城是魏将吴起守西河时所筑，非常坚固，难于攻取。商鞅遂决定以计取之。他当年在魏国时与公子卬私交很深，遂写信给公子卬说："鞅始与公子相得甚欢，不异骨肉，今各事其主，为两国之将，何忍治兵，自相鱼肉？"提出愿与他释兵相会，乐饮而罢兵。公子卬本为讲和而来，见信非常高兴，即约定时间在玉泉山相会。商鞅假传军令，让秦军前营尽撤，却暗中吩咐他们以射猎为名，四散埋伏。玉泉山时为魏国之地。商鞅至期率少量随从先行到达，公子卬见状，亦辞掉兵士来会。商鞅安排名叫乌获、任鄙的二位秦国勇士为公子卬敬酒，乘机拘拿了魏国一行人员。山后伏兵将逃散的魏人全部擒拿，不曾走漏一人。之后，他让乌获假作公子卬坐于车中，任鄙扮作护臣单车随后。又让捉获到的魏人带路，叫开吴城，放两位勇士入内。商鞅亲率大军赶来，里应外合，占领了吴城。

　　在计破吴城的过程中，商鞅首先利用公子卬的求和心理，以叙旧为由，诱其赴会，并用撤兵等手段麻痹对方，使其解除武装。他暗作准备，巧获魏军主将及其随行。这可算是一次早先的"鸿门宴"。抓获公子卬后，他又假扮人物，智取了吴城，轻而易举地夺取了一座坚固的城堡。商鞅在吴城得手后，率兵长驱直入，直逼安邑（今山西夏县西北）。魏国被迫割河西之地以请和。这次用兵充分显示了商鞅的军事才能及其过人的谋略。

三、全面改革，变法创制

商鞅根据自己关于霸道的治国方略提出了他的政治纲领。他对孝公说："夫国不富，不可以用兵；兵不强，不可以摧敌。欲富国莫如力田，欲强兵莫如劝战。诱之以重赏，而后民知所趋；胁之以重罚，而后民知所畏。赏罚必信、政令必行，而国不富强者，未之有也。"（第八十七回）商鞅要把他施政的重点放在农战方面，他要用奖罚的法制手段促进国民的农战积极性，从而达到强国的目的。根据这一思路，他在公元前356年和公元前350年两次颁布新法，全面推行了他的改革方案。他的改革措施有如下许多方面：

第一，开辟土地，确定租税。新法规定凡郊外旷野，除了车马必经之路及田间阡陌，附近居民均可开垦成田，其后按实际亩数照常纳税。全部取消井田制，租税一律按亩征收。这一措施扩大了国家的耕地面积，为农业的发展创造了更好的自然前提，也为国家增加税赋收入创造了条件。同时，井田制的废除也包含了土地制度的根本改革。

第二，奖励农耕，重本抑末。新法鼓励男耕女织，规定生产粟帛量多的农民，称之为良民，免一家之役。因懒惰而导致贫穷的，没收其财产，使其成为官家奴仆。对工商者实行重税。这一措施是企图通过经济和行政手段把国民引导到农业生产上来，促进经济的健康发展。同时，新法还规定一家有两个成年男子的必须另立家户，否则就要加倍征赋。因为军赋是按户征收的，这一措施以强化一夫一妇为单位的小农经济，又可增加国家的赋税收入。

第三，建立县制，加强集权。新法规定将境内的村镇全并为县，每县设县令、县丞各一人。县令是一县之长，县丞掌管民政。当时秦国共建了三十一县。这一措施是对以前分封制的否定。县一级地方行政机构的确立，有利于实现对广大村镇的管理，保证中央对全国的集中统一领导。这是秦国政治体制的根本性变革，中央集权制的封建国家在此基础上生长了起来。

第四，实行连坐，互相监督。新法规定村镇五家为保、十家相连，互相监督。一家有过，九家检举，不检举时，十家相连受法。客舍旅馆过往行人，都要以文凭验证，不许无证留宿。这条措施实是强化了村镇的保安制度，有利于县级政权的管理。对于一盘散沙的小农家户，这是一项极有效的治理手段。

第五，设赏劝战，以功定爵。新法规定官爵按军功确定，能斩敌一首，即赏爵一级，退一步者即斩。功多者受上爵，车服任其华美；无功者即使富有，也只许穿普通衣、乘普通车。王室族人以军功多少决定其亲疏，如无军功，取消其王族之籍，以普通平民看待。凡私下争斗者，不论曲直，一并处斩。这条措施取消了以前以血缘亲疏定卑尊等级的传统方法，代之以按军功大小确定政治上的卑尊等级，限制了宗室特权。通过奖励军功的办法促进兵士的作战积极性，提高军队的战斗力。

商鞅变法中的上述措施牵扯到国家的经济制度（其中包括农业、工商、税收等政策）、政治制度、保安制度及军事制度，是一次全方位的社会改革。在整个改革中，商鞅以重奖严罚作为对整个社会运动的控制杠杆，意在增加社会财富、增加国家收入、增强军事战斗力、加强国家集权。事实上，在战乱的时代，一个国家拥有了可以集中使用的雄厚的经济实力和强大的军事力量，这个国家就可能无往而不胜。

四、千秋得失，昭示后世

商鞅的改革创就了后来秦始皇所建社会新体制的雏形，使秦国在经济和军事上跃居列国前列，改革取得了全面的胜利。他的改革之所以成功，是有一些原因的：

第一，改革前大造舆论，使民众对变法有相当的思想准备。据《史记·商君列传》载，商鞅变法前在朝堂上与守旧派代表甘龙、杜挚等人进行了面对面的辩论，对他们的种种非难进行了逐一反驳，指出："治世不一道，便国不必法古，故汤、武不循古而王，夏、殷不易礼而亡。反古者不可非，而循礼者不足多。"既抨击了守旧派的反对，又扩大了新法的舆论宣传。他又用设奖移木、当场兑现的手段向民众表明政府说到做到的诚意，使民众对改革所要出台的方案有精神准备，避免了因新法突然降临而易招致的人心不安和社会动荡。

第二，新法抓住了奖农、劝战和加强集权这三大核心问题，以重奖作为引诱手段，以严罚作为限制手段，从正反两个方面宏观调节，督促民众按国家的需要从事个人奋斗，营造一切名利自农战出的社会环境。商鞅的改革有确定的目的，并且达到了目的与手段的高度统一。

第三，商鞅的改革是一次全方位的社会建设工程，各项措施配套衔接。比如经济上强化了小农经营方式，政治上又通过连保制和县级政权将分散的个体农户统一了起来。既增加了生产，又实现了集权。又如垦田与税收政策的衔接、立功与奖赏晋升制度的配套、废除特权与以功定爵相结合的给出路方式，等等。多项配套措施的绝妙处在于把国家利益同社会成员的私人利益严密地统一了起来，严格杜绝了有悖于国家利益的私人利益之获得。同时，商鞅的改革一次到位，中间不存在过渡环节。这就避免了不配套的过渡方案可能引起的社会动荡，也缩短了社会阵痛的过程。

第四，商鞅将各项改革的措施制度化、法律化，使之成为社会的规范，对全体社会成员形成强制或约束。他把李悝在魏国颁布的《法经》加以改造利用，使他的施政带有法制化的特点。社会成员在法制的规范下，知道怎样可以趋利、怎样可以避害，避免了行动上的盲目，从而形成了整个社会运动的有序性。

第五，商鞅改革的措施得力，贯彻新政的态度坚决。他为实施新法而一往直前，义无反顾。改革是一场深刻的社会变革，它将牵扯到社会各阶层利益的调整和民风民俗的移易，必然会遇到种种阻力。商鞅对此有相当的思想准备。新法颁布不久，许多人都反映新法执行起来不方便。秦国太子嬴驷在这时也触犯了新法。商鞅认为"法之不行，自上犯之"，遂以过人胆略毫不留情地处罚了嬴驷的师傅公子虔。此事在民众中造成了强烈的震动，人们知道法不徇情，因而相戒遵守。新法推行十年后，人们从中得到了实际利益，非常高兴。商鞅对自己的社会改革方案是非常自信的。他知道，新体制建立后，其运行机制的成熟需要一个过程，人们对这种体制的习惯和适应也有一个过程。如果在这个过程尚未度过时就根据一般民众的评价而中止新法的执行，非但会前功尽弃，退回积弱的老路，反而会丧失中央的领导权威，动摇人们对决策人的信任，甚至有可能导致全社会对所革弊端的重新确认，引起更多的社会问题。因此，在改革的路上，有进路而无退路。商鞅严咎嬴驷的触法行为，既打击了反对派的气焰，又以此为样板，向民众显示了新法的严肃性，表明了他义无反顾、改革到底的决心。

第六，主持改革的领导核心认识一致、团结和谐、人事稳定。商鞅先向秦孝公进献了霸道的治国方略，而后提出了改革图强的纲领，又通过与保守派的辩论取胜，彻底争取到了孝公的支持。临变法前，他还向孝公提出了相关的用人问题，尖锐指出："夫富强之术，不得其人不行；得其人而任之不专，不行；任之专而惑于人言，二三其意，又不行。"（第八十七回）整个变法过程中，孝公始终是商鞅的坚定支持者和坚强后盾。他选中了商鞅的治国方案，看中了商鞅的治国才能。于是让他放手大干，商鞅要处罚太子，其中没有他的支持或默许是绝对办不到的。他曾对商鞅加官晋爵，破例给予封邑，表明了对其政绩的极大肯定。商鞅敢于在改革的风险舞台上无所顾忌、放开手脚地踢打，其中也包含了对孝公的高度信赖。为了强盛国家的一致目的，他们君臣和谐一致、配合默契，共同合作十余年之久，终于取得了列国瞩目、千秋瞻仰的改革成就。

商鞅的改革取得了巨大的成功。但在他未及收场之际，随着孝公的逝去及旧势力的报复，他本人惨遭车裂之祸，使一场成功的改革出现了他个人为改革而殉身的历史性遗憾。商鞅个人悲剧的起因是在整个改革的过程中逐渐酿成的：

第一，他在改革前作了舆论上的宣传，但他只是要人们做好适应新法的思想准备，并没有希望人们理解新法的精神实质，没有把新法化作民众的自觉行动，他一再认为"民不可与虑始"，"成大功者不谋于众"（见《史记·商君列传》）。这种上智下愚的思想使他过分小看了民众。对关乎千家万户切身利益的改革事宜，他禁止人们议论，对改革的主体力量和受益者取敌视态度。新法出台后，百姓议论纷纷，有表示赞成的。有表示不赞成的，商鞅将他们拘至府中斥责说："汝曹闻令，但当奉而行之。言不便者，梗令之民也；言便者，亦媚令之民也。此皆非良民！"（第八十七回）遂将他们迁徙于边境为戍守之卒。他的新法只准人们执行，不许人们议论，实际上奉行着"民可使由之，不可使知之"（孔丘《论语》语）的愚民方针。他还过分强调了改革的"逆民情"性，用法太严太猛，对民心伤害太多。他常亲至渭水边察阅囚犯，有时一天诛杀数百人。百姓是改革的受益者，但改革的设计人和主持人被车裂处死时，当时的百姓并未表示多少同情，甚至许多人协助官兵追捕。他死后争啖其肉。这反映了商鞅改革过程中的一大过失，这一过失将他弄到了自食其果的地步。

第二，与上一问题相联系，商鞅既然在改革中不希望依靠民众的力量，那他必然把一切希望押赌在君王身上。君王就是他的全部依靠。他借助于君王的权力来推行新政，然而，借助于权力的人总是处在权力的威胁之下。当王权易手、自己被撤职时，终于变得孤单无靠，仓皇躲逃，最后被自己曾经借助过的强大权力所粉碎，重蹈了吴起的覆辙。

第三，商鞅的改革富强了国家。新君上台，他受报复而被撤职。回归封地时声势浩大，仪仗队伍比于诸侯。百官送行，朝中为之一空。他高估了人们对他的评价度，放不下架子，故意张扬，以示尊荣，但他却低估了这一形式与专制王权的不相容性。他高估了个人的力量，低估了离职后自我处境的危险，终于使嬴驷改变主意，派兵将他捕杀。

总之，英雄史观作祟于商鞅的脑际，使他的改革没有画完一个圆满的句号。

商鞅是秦国历史上杰出的政治家。他富有治国治军的战略谋略，尤其是，他在秦国推行了全面、深刻、基本上大获全胜的改革。他创立了一个新社会制度的雏形，又为秦国把这种社会制度推向整个天下准备了雄厚的实力。他个人惨遭杀害，但他的功业彪炳史册。

舍义求利的张仪

张仪，字余子，魏国人，曾与苏秦同在鬼谷先生门下学习游说。下山后求仕魏国，不得任用。因见马陵之战后魏国屡败，遂带妻子奔楚国，为楚相昭阳的门下客。昭阳与宾客游览途中丢失了"和氏璧"。张仪因家贫而受到怀疑，被笞打数百、奄奄一息，于是又回到魏国。后来他在苏秦的扶持下去秦国游说，被惠文王嬴驷任为客卿，参与秦国的最高层决策。其后他频繁地活动于列国的政治舞台上，倡导连横。从外交上为秦国争取到了巨大的利益，被任为秦相。嬴驷死后，秦国新君对他不甚赏识，朝中谗言遂起。他避祸逃于魏国，不久病死于魏。

张仪是战国时与苏秦齐名的纵横家。他在列国中倡导连横事秦，帮助秦国对六国的合纵同盟进行分化瓦解。在此过程中，形成和发展了自己特有的政治手段和外交策略。

一、舍信弃义，行诈列国

传统礼仪观念对人们的约束力自春秋以来就逐渐减弱。战国之世，人们行为的功利心明显加强。张仪就是在政治行为中早先抛弃信义规范的人物。

张仪事秦时，齐、楚关系和睦，形成对秦的抗衡力量。嬴驷为此非常担忧，召张仪问计。张仪表示说："臣凭三寸不烂之舌，南游于楚，伺便进言，必使楚王绝齐而亲于秦。"于是往见楚怀王熊槐，对他说："大王诚能闭关而绝齐，寡君愿以先前所取楚国商於之地六百里还归于楚。"（第九十一回）熊槐高兴地予以答应，一面派人前去断绝与齐国的关系，一面派人随张仪赴秦国受地。将近咸阳时，张仪忽然酒醉发作，失足坠于车下，左右慌忙扶起，先行入城就医，而后闭门养病，久不入朝。前来受地的楚国使者几次求见不得，遂上书嬴驷。嬴驷答复说不知此事，要等张仪病愈后再说。后来，张仪听说齐、楚断交，齐国已派人来秦国相约合攻楚国，知自己计策已遂，于是声称病愈入朝。他在朝门见到那位楚国使者，故意惊讶地问："将军胡不受地，乃尚淹吾国耶？"楚使回答说："秦王专候相国面决，今幸相国玉体无恙，请入言于王，早定地界，回复寡君。"张仪表示说："此事何须关白秦王耶？仪所言者，乃仪之俸邑六里，自愿献于楚王耳。"楚使反驳说："臣受命于寡君，言商於之地六百里，未闻之六里也。"张仪坚持道："楚王殆误听乎？秦地皆百战所得，岂肯以尺土让人？况六百里哉？"（第九十一回）楚国无可奈何，最终连一寸土地也未得到。

张仪以秦相的身份应诺给楚国六百里地，作为对其绝齐的报偿。等楚国绝齐后，又转口说当初应诺给楚的是自己的六里私邑。他利用当时的外事交往没有文字凭据的特点，对楚国君臣进行了一次公开的欺诈。张仪在咸阳近处假装坠车称病，避开楚使，拖延日期，实际上是要等楚、齐彻底绝交后再将欺诈明朗化，以保证计策的万全。曾经为了瓦解六国的合纵同盟，张仪派人对东邻魏国讲，只要魏国与秦结盟，秦国愿归还魏国的襄陵等七城。等魏国从六国同盟中分化出来后，又拒绝给魏国城邑。这是用类似手法对魏国实行的一次欺诈。

这些被欺诈了的国家自然对张仪怀恨在心，但张仪又有另外的"善后"办法相对付。楚国在绝齐后未得到商於之地，一怒之下向秦进攻。秦联合齐国击败楚军，夺其汉中之地。事态平息后，张仪向嬴驷建议割汉中五县送与楚国。楚怀王熊槐非常高兴，对张仪很是感激。魏国在受骗后也气恨张仪。张仪让秦军攻取魏之蒲阳，然后以蒲阳归还于魏，又亲自向魏送去秦国人质，以为和好之策。魏君深感秦国君臣的好意，张仪乘机对魏君说："秦王遇魏甚厚，得城不取，又纳质焉，魏不可无礼于秦，宜谋所以谢之。"魏君询问以何物谢秦，张仪告诉他："土地之外，非秦所欲也。大王割地以谢秦，秦之爱魏必深。若秦魏合兵以图诸侯，大王之取偿于他国者，必十倍于今之所献也。"（第九十一回）魏君惑于张仪之言，遂献少梁（今陕西韩城南）之地以谢秦，又退回了人质。这里，张仪采取先打后拉、为拉而打的策略手段，先夺取受骗国的利益，又把所夺之物当作秦国的东西送给受骗国，以使对方释掉前嫌，重新赢得他们的好感。非但如此，他还引诱魏国对秦的送城"好意"做出报答，使魏国在得到象征性的满足后又蒙受了一次实际上的损失。

张仪既要欺诈列国，又要受诈国对他表示好感，于是就要对这些国家进行更大的、连续性的欺诈。他以秦国的军事武力为后盾，既从欺诈中为秦国获得了实际利益，又从连续欺诈中消弭了各国对他的怨愤。

二、连横外交，手法灵活

张仪在政治上支持秦国的兼并统一。他的外交原则是瓦解六国联盟，争取各国服从秦国，除了反复欺诈、先打后拉的手段外，他还善于通过灵活的游说方式来实现目的。

张仪结好了秦与楚、魏的关系后，即去齐国游说。他对齐闵王田地说："大王自料土地孰与秦广？甲兵孰与秦强？今秦楚结昆弟之好，三晋莫不悚惧，争献地以事秦。大王独与秦为仇，秦驱韩魏攻齐之南境，驱赵兵渡黄河，以乘临淄即墨之敝，大王虽欲事秦，尚可得乎？今日之计，事秦者安，背秦者危！"田地闻言，遂同意联秦结好。张仪又前去赵国，对赵君讲："敝邑秦王，有敝甲凋兵，愿与君会于邯郸之下，使微臣先闻于左右。今秦楚结好，齐献鱼盐之地，韩魏称东藩之臣，是五国为一也。大王欲以孤赵抗五国之锋，万无一幸！故臣为大王计，莫如事秦！"赵君也同意了他的看法。张仪又往燕国，对燕昭王姬平讲："大王所最亲者，莫如赵。今赵王已割地谢过于秦，将入朝秦王于渑池，一旦驱赵而攻燕，则易水长城，非大王之有也！"（第九十二回）燕国于是也同意与秦国和好。

张仪在游说列国、推行连横主张时运用了如下的一些策略手段：第一，他在游说中首先炫耀秦国的武力，以武力对游说国进行公开或含蓄的威胁，造成对方对秦国的恐惧心理。第二，他每游说一个国家，都假造舆论，欺骗对方说其他各国都已经与秦国联合为一了。他造成各国事秦的虚假气氛，对游说国形成精神压力，迫使他们迅速做出和秦的决定。第三，张仪在游说中根据各国的具体情况，故意贬损游说国得以抗秦的依赖条件，摧除对方与秦国相对抗的心理支柱。如他对齐国田地说："从人为齐计者，皆谓齐去秦远，可以无患。此但狃于目前，不顾后患……"他对赵君讲："大王所恃者，苏秦之约耳。苏秦背燕逃齐，又以反诛，一身不保，而人犹信之，误矣！"他在燕国又大讲赵不足恃。游说国依赖什么条件独立于秦国，他就大讲这一条件的不可靠性，以取消他们在对秦态度上的其他选择。第四，他在游说中打出为游说国筹谋计事的幌子，加大对方的信任感。

和苏秦一样，张仪也是一名出色的政治活动家，在列国纷乱的政治舞台上。他们各自推行着自己的政治方针，在各国间的相互关系中做文章，谋求富贵，获取名声。但和苏秦不同，张仪有他比较一贯的政治立场。他被秦国任用后，就一直将秦国的利益作为活动的出发点。他曾以欺诈手段欺骗过楚国、齐国，甚至欺骗过自己的父母之邦魏国，但从来未干过伤害秦国利益的事情。他曾自愿以身换取楚国黔中之地，不失为一种自我牺牲的精神。他在外交活动中常常不讲信义，玩弄骗术，但他有自己确定的目标，因而他的活动还谈不上是政治投机。在他看来，这只是为自己从事的强一秦弱六国的既定事业所采取的策略手段。

三、身受报复，自脱免祸

张仪在外交游说中行诈于列国，因而不时地处在某国的痛恨之下。一些国家对他个人的报复时有发生。但张仪能以灵活机智的策略对付这些报复，在复杂的政治与外交斗争中以非军事手段实现自我保护。

张仪欺骗楚国与齐绝交后，反使秦、齐联合，攻取了楚国的汉中之地。熊槐开始对张仪非常气愤，对秦国提出，愿以本国黔中数百里土地换张仪一人。嬴驷知张仪去楚后万不得生还，不愿交换。张仪却相信本人有计自脱，坚持前往楚国。去楚后，张仪先遣人打通熊槐宠臣靳尚的关节，让靳尚对熊槐宠妾郑袖讲："秦不知楚王之怨张仪，故遣使楚。今闻楚王欲杀仪，秦将使亲女下嫁于楚，以美人善歌者为媵，以赎张仪之罪。秦女至，楚王必尊而礼之，夫人虽欲擅宠，不可得矣。"（第九十二回）郑袖妒心极强，深怕秦国嫁女于熊槐，遂听靳尚之计，以保地和秦为借口，力劝熊槐放掉张仪。张仪遂得脱免。这里，他利用郑袖的嫉妒心，将自己被囚与熊槐纳妾二事无中生有地联系起来，使郑袖出面解脱了自己。

张仪游说齐国时对田地曾说其他五国均已事秦，迫使田地与秦和好。田地见他离开齐国后方去赵、燕等国联络，知张仪欺骗了自己，非常气愤。遂准备出兵伐秦，约定能抓获张仪者，以十城相赏。其时嬴驷刚死，新君对张仪不甚赏识，朝中谗言很多，张仪的处境非常危险。张仪于是对新君讲："闻齐王甚增仪，仪之所在，必兴师伐之。仪愿辞大王，东至魏国，齐之伐魏，必矣。魏齐兵连而不解，大王乃乘间伐韩，通三川以窥周室，此王业也。"他遂去了魏国，被魏君任为相国。田地闻之，果然兴师伐魏，张仪让他的舍人冯喜假称楚客，往见田地说："大王如憎张仪，愿无伐魏也。臣适从咸阳来，闻仪离秦时与秦王有约，言'齐王恶仪。仪所在，必兴师伐之。'故秦王具车乘，送仪于魏，欲以挑齐魏之斗。齐魏兵连而不解，秦乃得乘间图事于北方，王今伐魏，中其计。王不如无伐，使秦不信张仪，仪虽在魏，亦无能为矣。"（第九十二回）田地遂罢了伐魏之兵。魏君见张仪能计退齐兵，对他加倍厚待。

张仪这次自脱之计是非常巧妙的。他在秦国面临内部的不信任和外部的讨伐两种压力时，深感内部压力的现实危险性，遂以吸引齐军兵锋为借口，使秦国把他送往魏国。这既摆脱了现实的危险，又为下一步用计做好了铺垫。齐军准备伐魏时，他派心腹以楚人的身份，故意向齐国告知秦国的计谋，制造齐国伐魏与秦国得利、张仪得宠之间的关系。田地要惩罚张仪，不愿看到张仪得宠的结果，于是放弃伐魏。张仪在用计时让冯喜假称楚客，使他保持了一个局外人的身份，也避免了田地对冯喜之言的怀疑。从张仪离秦到他被厚待于魏的整个过程中，张仪分别施计于秦、魏、齐三国，利用他们之间的利害制约关系，灵活机智地摆脱了个人的危险境况。

张仪是秦国历史上突出的政治人物之一。在秦国势力刚刚崛起的历史关头，他在列国倡导连横，瓦解六国合纵同盟，使秦国兴旺起来的势力未曾被六国联盟所遏制。他抛却了传统的礼仪观念，在外交上不拘手法、纵横捭阖，为秦国争取到了极大的实际利益，促进了秦国的发展及其统一事业。张仪外交上的灵活方式及其临危自脱的策略手段对人们的各种社会交往活动具有开阔眼界的作用。

创霸定尊的嬴稷（昭襄王）

嬴稷，战国时秦国国君，即秦昭襄王，又称秦昭王，秦惠文王嬴驷的儿子，公元前 306 至公元前 251 年在位。嬴驷死后，秦武王继位，四年而死。嬴稷遂执政为君。嬴稷上台时，秦国已非常强大。凭借这一实力，他对楚、赵、魏、齐等国连续进行了外交上的欺诈和军事上的进攻，极大地扩展了地盘，张扬了国威。嬴稷任用魏人范雎为相国，制定了"远交近攻"的兼并战略，对内加强了中央集权。他又任用白起等名将，略地拔城，后又取得长平之战的胜利。这一切奠定了秦国统一列国的坚实基础。

嬴稷十八岁执政为君，在位五十余年。这是秦国对外兼并大发展的时期。他以秦国已有的实力为后盾，凭借自己的雄心和才能，在列国的政治舞台上尊贤任才、扬威耀武，创造了赫赫政绩，终于使秦国在七雄争长中占据了明显的上风。

一、仗势霸道，欺凌列国

嬴稷上台时，楚国虽曾受张仪之欺诈，但仍未失其大国之势。楚怀王熊槐向齐国送去质子，欲逐渐恢复与齐国的关系，以防御秦国的侵伐。嬴稷听到这一消息，即派兵攻楚。在战场上取胜后，他派人送给熊槐一信，说道："王弃寡人而纳质于齐，寡人诚不胜其愤！是以侵王之边境，然非寡人之情也。今天下大国，唯楚与秦，吾两君不睦，何以令于诸侯？寡人愿与王会于武关，而相订约，结盟而散，还王之侵地，复遂前好，唯王许之。王如不从，是明绝寡人也，寡人不能以兵退矣。"（第九十二回）嬴稷在信中软硬兼施、威胁利诱，提出如果熊槐来武关会盟，秦将以所侵之地归还；如果熊槐不来会盟，秦国将要继续扩大军事进攻。熊槐在靳尚、熊兰等人的劝说下，遂赴武关（今陕西丹凤东南）会盟。嬴稷却派他的弟弟嬴悝前去武关，假称秦王，带数万军队将熊槐劫持到了咸阳，逼其割黔中之地予秦。

秦国出于自己战略斗争的考虑，忌恨楚、齐和好，这是可以理解的。但嬴稷为此而公开干涉邻国的外交活动，企图剥夺他国的政治自决权，又欺骗和劫持邻国的君王，以此挟逼邻国割地，这是对邻国的公开欺凌。这种欺世霸道的行为为列国以前所少有，也是秦国以前的所有国君未能做到的。

熊槐到了咸阳后，嬴稷大集群臣及诸侯使者，自己南面而坐，让熊槐坐于藩臣之位，北面参谒，对其进行公开侮辱。他的割地请求遭到拒绝后，遂将熊槐拘于咸阳，直到其死去。才将尸体归还楚国。嬴稷以军事进攻和外交欺骗的手段欺凌楚国，既使秦国获得了实际利益，又张扬了秦国的声威，使列国对秦畏如虎狼的恐惧心理更为增强。

赵国沙丘之乱后，武灵王赵雍死去。嬴稷图谋赵国，对其进行了持续的战略试探。他听说赵惠文王赵何新得了"和氏璧"，遂写信给赵何道："寡人慕和氏璧有日矣，未得一见，闻君王得之，寡人不敢轻请，愿以西阳（在四川涪陵迁陵一带）十五城奉酬，唯君王许之。"（第九十六回）赵何派蔺相如持璧赴秦。嬴稷拿到宝璧后，闭口不提偿城之事，即传给后宫妻妾欣赏，分明是要欺骗赵国。宝璧事件后不久，嬴稷又约赵何在渑池会盟。席间，嬴稷让赵何奏琴瑟一曲，旋即招来秦国御史，记载道："某年月日，秦王与赵王会于渑池，令赵王鼓瑟。"（第九十六回）秦国在记载中故意用一个"令"字，表现了上对下的指使，公开践踏赵国的尊严。

嬴稷善于运用外交手段玩弄阴谋诡计。当时列国盛行养士之风，齐国孟尝君田文和赵国平原君赵胜因为养客而誉满列国。嬴稷遂送人质于齐，提出："愿易孟尝君来秦，使寡人一见其面，以慰饥渴之想。"（第九十三回）齐国以为是秦国的友好表示，退回了秦国的人质，又使田文赴秦。田文时为齐之相国。他到了秦国后，嬴稷竟最后决定要将他杀害。长平之战前，嬴稷又致信给赵胜说："寡人闻君之高义，愿与君为布衣之交，君幸过寡人，寡人愿与君为十日之饮。"（第九十八回）赵胜到秦后，嬴稷即将其扣留，并向赵提出交还的条件。

在与列国的外事交往中，嬴稷依仗国家的强盛之势实行霸道，从来都是横行无忌，盛气凌人。他常以和好名义欺骗与国当事人进入自己的掌握中，然后将其扣留，提出交换条件。他公然欺凌列国，侮辱与国当事人，根本不顾天下之公理。在列国的政治舞台上，嬴稷已经不是平等地看待其他国家，当时七国均已称王。他觉得这样不足以显示自己的尊贵，遂别立帝号，提议与齐国并称东西二帝，他的帝号因齐国未加使用而在称呼二月之后取消。后来，他灭掉了名存实亡的周朝，将统治天下的象征物九鼎迁至咸阳，并通知各国前来朝贡称贺。这些行为是他与列国不平等交往思想的充分表现和进一步发展。嬴稷以吞并天下为目标，这就决定了他对列国的欺凌是没有止境的。列国的政治自主与他的兼并目标水火不容。既然列国不能遏制他的兼并，那他对列国的欺凌必然是直至吞噬而后已。他对某国欺凌的迟早、方式及是否得手都具偶然性，而这类事件的发生却是兼并过程中的必然现象。

二、思贤若渴，器重高才

嬴稷执政期间，思贤敬才的意识一直非常强烈，这是他能作为一代雄主的可贵风格，也是他能创造显赫政绩的一条重要原因。

嬴稷有一次听说了赵胜为向邻人瘸者谢过而斩掉美人的事情，当即嗟叹其贤。大臣向寿对他说，赵胜的所为尚赶不上孟尝君田文，并向他介绍了田文的有关事迹。嬴稷立即发问说："寡人安得一见孟尝君，与之同事哉？"（第九十三回）他视才如宝，得之无方，遂以交质和好为名，诱骗田文来秦。田文到后，他降阶相迎，握手言欢，诉平生相慕之意，准备择日立为丞相。他闻贤即思，见才就用，确是一种可贵的风格。田文到秦时向嬴稷献了一件天下无双的纯白狐裘。不久听说嬴稷轻信谗言，欲加害自己，遂让宾客偷出白狐裘，复献于嬴稷所宠幸的燕姬，使她从中通融，让嬴稷释放自己。后来嬴稷知道了燕姬所得的狐裘即是田文宾客偷走的自己库藏之物，连连感叹说："孟尝君门下，如通都市，无物不有。吾秦国未有其比！""孟尝君有鬼神不测之机，果天下贤士也！"（第九十三回）不但没有怨恨田文，反而对其益加敬重，强烈的爱才之心远远压倒了对其盗物之举的忌恨。后来，田文在齐国被齐闵王田地罢相。嬴稷得知这一消息，非常高兴，急忙装饰车乘，派使者带上黄金，随田文门客赴齐，以丞相的礼仪规格迎聘田文。嬴稷知道了田文之贤，为了任用他，不惜采取外交上的欺骗手段，又不惜以重金相聘，充分表现了他用才的诚意。他明知田文盗裘而不怪罪，这完全出于对人才的珍爱。

嬴稷执政的第四十一年，魏人范雎来投秦国，初次接触，他感到范雎身具高才，遂将其迎入内宫，待以上客之礼，又屏退左右，长跪于前，请教国政，表示说："寡人慕先生大才，故屏去左右，专意听教。事凡可言者，上及太后，下及大臣，愿先生尽言无隐。"（第九十七回）范雎向他提出了秦国在当时的内政和外交上应采取的策略方针，他当即拜谢说："先生所教，乃肺腑至言，寡人恨闻之不早。"次日即以相印授予范雎，并封以应城（今河南鲁山东），号其为应侯。后来，他听说范雎早先在魏国时的仇人魏齐逃至赵国，当即表示："丞相之仇，即寡人之仇也，寡人决意伐赵"（第九十八回），遂亲率大军二十万攻赵，赵国将太后爱子长安君为质于齐，请求齐国出兵相助，秦将王翦恐战两国不胜，建议全师而归，嬴稷对他说："不得魏齐，寡人何面见应侯乎？"他考虑再三，生出一个计策，最后以交友为名，诱骗平原君赵胜至秦。提出让赵国以魏齐交换赵胜，最后还是得到了魏齐之首。范雎向嬴稷举荐过两个人物，一个是郑安平，一个是王稽。郑安平后来降魏，被嬴稷灭族。按照秦国之法，凡荐人不当者，与所荐之人同罪。按说范雎应该连坐受诛，但嬴稷破例表示说："任安平者，本出寡人之意，与丞相无干。"（第一百一回）再三抚慰，令其复职，当时群臣议论纷纷。嬴稷怕范雎心上不安，于是下令道："郑安平有罪，族灭勿论。如有再言其事者，即时斩首！"国人乃不敢复言，嬴稷又赐给范雎比平常更多的食物，以安其心。不久王稽私通魏国，嬴稷将其杀掉，但他同样没有追究范雎的责任，在范雎辞职时还表示了诚挚的挽留。

范雎是深有战略谋略的人才。嬴稷一发现范雎之才，立即抛弃了他专横霸道的作风，屈君王之尊，以重礼相待，叩以肺腑之言，并将国政相委，表现了他对人才的极端器重。他为了替范雎报仇，亲率大军伐赵，在不利的军事形势下，不惜用欺诈的外交手段达到目的。范雎荐举之人叛国后，他一反秦国之法，破例对范雎进行保护，设法稳定其心，这些均表现了他对人才的爱护和珍惜。

为了弘扬自己的事业，嬴稷珍爱人才、器重人才、敢于大胆地任用人才，关键时刻又能出面保护人才。无论是与田文的长期纠葛，还是与范雎的前后相处，嬴稷都表现出了重贤敬才的可贵风格。他在晚年曾对范雎叹息说："夫物不素具，不可以应卒。今外多强敌，而内无良将，寡人是以忧之。"（第一百一回）他知道人才对于国家事业的作用，认识到人才是应付各种复杂情况、保证事业长盛不衰的根本，因而特别担忧国家的人才不足。正是出于这样的考虑，他才长期思贤若渴、礼敬高才，使自己在执政期间取得了显赫的政绩，把秦国的发展推到了一个新阶段。

三、才智聪敏，政绩显赫

战国时期的秦国君王中，有四代执政的政绩特别突出。秦孝公主要依靠商鞅施政，惠文王主要依靠张仪来发展国势，而嬴稷和后来的秦始皇嬴政都是在相国的协助下，主要依靠自己进行政治决策。嬴稷胆略兼人、才聪智敏，具有较强的政治能力，这也是他政绩突出的一个重要原因。

嬴稷能看清当时列国政治斗争的实质，不受拘于传统的道德规范和守信形式。他仗势霸道，干涉别国主权，公开欺凌列国，彻底抛弃了礼仪观念，对政治目标的追逐更为直接和明确。熊槐被诱至咸阳后，知嬴稷想以他交换楚国黔中之地，遂表示说："寡人愿割黔中矣！请与君王为盟，以一将军随寡人至楚受地。"嬴稷明确回答说："盟不可信也。必须先遣使回楚，将地界交割分明，方与王饯行耳。"（第九十三回）熊槐先前曾相信张仪的口头诺言，与齐国断交后，派人随张仪入秦收取六百里商於之地，结果受到欺诈。他至此还看重盟约，天真地希望嬴稷能相信盟约而放归自己。嬴稷不是一位政治上幼稚的人物，他知道没有约束力的盟约不具起码的可靠性，当即拒绝了熊槐的意见。相比之下，嬴稷对政治斗争的理解更为成熟和准确，更接近其实质。

嬴稷在许多时候能够把握政治斗争的策略，善于运用对敌斗争的艺术。齐相田文自秦逃归后，继续受到齐国的重用。他非常担心和嫉恨，遂派人至齐国广散谣言说："孟尝君名高天下，天下知有孟尝君，不知有齐王，不日孟尝君且代齐矣！"（第九十四回）同时又派人对楚国说，熊槐被拘于咸阳、死于秦国，这都是秦国误听了田文之言。他煽动楚国对田文的仇恨，策划让楚国亦向齐国散布关于田文的流言。齐闵王听到两国的流言，信以为真，遂收缴了田文的相印。他同时并用直接的和间接的反间，在效果上互相加强，终使齐国罢免了田文。在后来与赵国的长平之战前，他又用反间计除掉了赵将廉颇，保证了战役的胜利。楚国太子熊完和太傅黄歇为质于秦。他们听说国内君王病重，于是打通范雎关节，请求归国。但嬴稷却表示说："可令太傅黄歇先归国问疾，病果笃，然后来迎太子。"（第九十八回）他让黄歇一人先归，看来是深有考虑的，秦国扣留熊完，是要挟宝而持，换取利益的。如果放归了他，秦国对楚国就会无法要挟；但如果一人都不放归，楚国没有替熊完说话的人，其王位可能会被他人所夺，熊完变成了布衣之民，秦对楚亦无从要挟。而如果将黄歇放归，他回国后必然会代表熊完争到王位。这样，楚国必急于迎回熊完。秦国乘急要挟，必能换取极大的利益。嬴稷的这一安排方案是最为策略的。他在宣布这一决定时故意以探病为借口放归黄歇，避开真实的用意，更是表现了他很深的心计。嬴稷在政治斗争中还是善于掌握分寸的，他以十五城交换赵国的和氏璧。蔺相如持璧至秦后见他无交换诚意，暗中让人将璧带回赵国。秦臣知道后，欲将蔺相如处死，嬴稷制止说："即杀相如，璧未可得，徒负不义之名，绝秦赵之好。"（第九十六回）最后反厚待相如，以礼送归。在与赵何的渑池之会上，两国间的明争暗斗非常激烈。秦国许多人建议拘留赵何与蔺相如，嬴稷表示说："谍者云：'赵设备甚密。'万一其事不济，为天下笑。"（第九十六回）遂放弃了劫持计划，与赵何约为兄弟。他在楚王病重时继续扣留太子熊完，决定放归黄歇一人，准备与楚作一笔大的政治交易，但后来黄歇策划让熊完一人秘密逃归。事情暴露后，他考虑到杀黄歇不能复还熊完，徒绝楚欢，遂厚赐黄歇，遣之归楚。嬴稷在政治斗争中具有灵活的手段。他善于根据变化了的情况，将斗争的形式和程度及时调整到适当的分寸，这充分显示了他政治活动的策略和艺术。

　　嬴稷具有一双识才的慧眼。赵武灵王为了实现自己的吞秦战略，假称赵国使者赵招，亲自去咸阳窥察山川地形，并想观察嬴稷的为人。嬴稷与之会见后，晚上突然想起赵使的言谈举止，感到其绝非常人。次日急忙宣赵使相见，不想武灵王赵雍已暗中回国。嬴稷凭一面之交就觉察到了这位赵使的非同寻常处，实非容易。他后来与范雎相识，即以国政委之。他曾对人讲："昔周文王得吕尚以为太公，齐桓公得管夷吾以为仲父，今范君亦寡人之太公仲父也！"（第九十八回）他在大政方针上接受了范雎的两条意见，一是在内政上坚决地收缴了原相国魏冉等人的特权。魏冉是太后之弟，在嬴稷幼年即位时他曾给予支持，其后被太后用为丞相，擅国政四十余年。嬴稷罢免了魏冉等人，实际上是剪除了太后的势力。随后他将太后置于深宫，不许其参与朝政。这就恢复和加强了商鞅改革时形成的君主集权。嬴稷接受的另一条意见是"远交近攻"的兼并战略，这一战略要求对远方的国家实行外交联络，以便对列国分化瓦解，而对邻近的国家实行军事吞并，以逐步完成统一天下的事业。从此，秦国有了相对稳定并密切配合的军事与外交方针，极大地加速了兼并进程。

嬴稷还善于策划和组织大规模的战役。他根据新的兼并战略，在结好齐楚之后，从军事上首先分割包围韩国的上党，准备组织上党战役。但上党守臣冯亭降赵，赵国出面保护上党。秦军又移兵向赵，于是上党战役变成了长平之战。长平之战是战国时规模最大的一次战役。嬴稷作为得胜方的策划者与组织者，对战役的进展起了极大的作用：第一，他在两军相持的战役前期，采纳了范雎的建议，使用反间计，使赵国撤换了百战将军廉颇，换上了纸上谈兵的赵括，大大降低了敌军的指挥水平。第二，在赵国阵前易帅后，他暗中派武安君白起为秦军主帅。白起为战国名将，曾为秦国南征北战，攻取七十余城，战无不胜。他选定白起为秦军总指挥，极大地提高了秦军方面的指挥水平；同时又秘密其事，麻痹敌方，使其对秦军的战术猝不及防。第三，白起指挥秦军在战场上将几十万赵军分割包围于长平后，嬴稷亲临前线附近，发动当地的民家壮丁从军，组织人马分路掠取赵人粮草，遏阻其救兵，促进和保证了战役的胜利。长平战后不久，他随军亲至邯郸督战，并威胁列国说："秦攻邯郸，旦暮且下矣，诸侯有敢救者，必移兵先击之！"（第九十九回）若非魏无忌窃符救赵，赵国可能会被他当时所灭。

嬴稷执政期间，楚国的威风被摧除殆尽，其大片土地为秦占有；韩、魏半壁河山被削割；韩国已朝贡称臣；赵国自长平之战后败亡已成定局；周朝被灭；九鼎迁至咸阳；魏、赵已相议尊秦为帝。秦国的兼并战略已经确定，其统一海内几成定局。

精明处事的范雎

范雎（有些史书记作"范雎"），字叔，战国时魏国人。他自负其才，本欲求事魏王。因家境贫寒，不能通达。乃先投于魏国中大夫须贾门下，被用为舍人。齐国田单败燕复国后，国势稍振。范雎随须贾前去齐国修好。范雎在这次赴齐外交中表现了极高的才能，深为齐襄王田法章所敬重。田法章私下派人挽留他，他以礼回辞。齐国又派人给他送来重礼，他只收取了所送牛酒。须贾得知此事后，怀疑他私通齐国。回国后向魏相国魏齐告发，魏齐将范雎打死，扔于郊外。不料范雎苏醒。他买通守卒，逃至亲友家中。康复后化名张禄，秘密逃往秦国。设法参谒嬴稷，陈述其政治主张，被用为相国，封于应城，号为应侯，成了嬴稷的亲信谋臣和秦国的主要决策人。后来，他所荐举的两个人物叛国投敌，犯了死罪。他怕受株连，内心恐惧，遂固辞相位，推荐燕人蔡泽代己。他退归封地，老死于应。

范雎是战国后期才智精明的政治人物，他为秦国设定了切实可行的兼并战略，其个人才能在秦国也得到了较充分的发挥，嬴稷曾把他比作身边的太公仲父，这是对他在秦国政治地位及个人才能的高度肯定。

一、思想细腻，才智精明

范雎因家境所困，屈事须贾。其后被须贾诬陷，遭魏齐迫害。他被魏齐在大会宾客的席间打断肋骨、体无完肤。在求情不得的特殊情况下，他佯死逃生。回家后立刻对妻子安排说："魏齐虽知吾死，尚有疑心。我之出厕，乘其醉耳。明日复求吾尸不得，必及吾家，吾不得生矣。"他让妻子把自己身上的血迹收拾干净，将伤处裹敷后，将自己连夜送至结义兄弟郑安平家中，并嘱咐说："我去后，家中可发丧，如吾死一般，以绝其疑。"妻子依言而行。

次日，魏齐果然疑心范雎复醒，派人察看其尸。守卒回报说："弃野外无人之处，今唯苇薄在，想为犬豕衔去矣。"魏齐立即派人去范雎家中窥察，知其家人举哀戴孝，方坦然不疑。范雎到家后并不认为已逃离虎口。他料到魏齐必见自己确死方罢休，家中必是其窥察或寻找的重点。遂将自己转移至家外，并在家中安排为自己吊丧的场面，进一步迷惑魏齐，加大自己逃生的安全度。

半年后，范雎逐渐康复。他在友人郑安平的协助下，与出使魏国的秦国使者王稽取得联系。王稽面谈后知其大才，返秦时将他秘密载归。进入秦界不久，一群车骑迎面而来。范雎询问王稽，知是秦国丞相穰侯魏冉代表秦王巡察城池。他急忙对王稽说："吾闻穰侯专秦权，妒贤嫉能，恶纳诸侯宾客，恐其见辱，我且匿车厢中以避之。"魏冉车仗须臾而至，他与王稽打过招呼后目视车中说："谒君得无与诸侯宾客俱来乎？此辈仗口舌游说人国，取富贵，全无实用！"王稽作了否定回答，魏冉方才离去。稍走不远，范雎从车厢中出来，要求离车先行。他对王稽说："臣潜窥魏冉，眼白视邪，其人性疑而见事迟。向者目视车中，固已疑之，一时未即搜索，不久必悔，悔必复来，不若避之为安耳。"（第九十七回）约行十里后，后面有二十余骑飞速赶来，对王稽说："吾等奉丞相之命，恐大夫带有游客，故遣复行查看，大夫勿怪。"将车中搜查了一遍，见无他人，方回去复命。范雎深知政治活动的复杂，即使到了秦国后，他仍未放松警觉。他对魏冉看来是有一定了解的，知其专权妒能，故而急忙回避。尤其是，他在车厢中对魏冉察言观色，料他必然怀疑厢中藏人，又即离车前行，避免了被魏冉所抓获。王稽深感他的精明，暗中感叹说："此君真智士，吾不及也。"

到了咸阳，王稽将范雎推荐于嬴稷。嬴稷对他不甚了解，开始并无任用之意。范雎后来又上书嬴稷，嬴稷相约与他在离宫（正式宫殿之外的宫室）相见。范雎先到，他望见嬴稷车仗相拥而来，佯为不知，故意前行不避。前导宦者驱逐他，告诉说"王来"。范雎回答说："秦独有太后穰侯耳，安得有王！"竟不躲避，宦者将范雎之语告知嬴稷。嬴稷亦不发怒，将他迎入内宫，待以上客之礼，又屏退左右，跪而请教道："先生何以幸教寡人？"范雎含糊不答，如此三次。嬴稷请问不答之故，范雎告诉说："今臣羁旅之臣，居至疏之地，而所欲言者，皆兴亡大计，或关系人骨肉之间。不深言，则无救于秦；欲深言，则大祸随于后，所以王三问而不敢答者，未卜王心之信不信耳。"嬴稷表示说："事凡可言者，上及太后，下及大臣，愿先生尽言无隐。"于是范睢才详细地陈述了他对秦国政局的看法及秦国应采取的政治战略。嬴稷深受启发，并知道了他的才能，不久即任他为承相。范睢在面谒嬴稷时，为了激其自警，有意搞了一次冒险之举。他当道不让，向前导宦者说出"秦止有太后穰侯，不闻有王"之语。他料到受大臣之制而不能独擅国政是嬴稷的心病。说出此语，诱使嬴稷请教自己，以抬高自己在对方心中的价值和地位。嬴稷三次讨教，他不予回答，实际是要逼其做出不追究言语责任、并为言语保密的保证。因为他初见嬴稷，实在不知道对方的雄心和抱负，深恐话不投机，绝了以后进言之路，或者谈话内容被传出，受到别人的迫害。他在摸清了嬴稷的政治意向后，畅所欲言，陈述己见。一下子就打中了嬴稷之心，立刻受到重用，开始参与了秦之国政。

范睢自在魏国见王稽起，就自称张禄，而隐去真实姓名。在秦为相时仍用化名，这一措施是对自己生命和政治前途的保护。他在魏国时刚刚逃脱了魏齐的迫害，深怕在与王稽接触中泄漏其事，被魏齐重新抓获。同时，他知道魏国已将自己看成通敌叛国之人。自己在魏名声不佳，如果求仕他国，对方了解到魏国关于他的传言，必然会拒绝使用他。而魏齐若知道他求仕别国，也难免要从中反间阻梗。使用化名，彻底避免了上述不利的影响，也避免了他执政后人们对他对魏政策的猜测议论。

范睢在被魏齐打得昏死后，他相继利诱守卒、逃脱魏齐、回避魏冉、进见嬴稷、化名张禄，在不长的时间内，从临死之地而升任秦相，这一切极大地得益于他虑事的细腻和才智的精明。

二、设定战略，优化国政

范睢初见嬴稷，在其做出"尽言无隐"的督促后，即对嬴稷讲道："秦地之险，天下莫及，其甲兵之强，天下亦莫敌，然兼并之谋不就，伯王之业不成，岂非秦之大臣，计有所失乎？"嬴稷向他请教失计之所在，他遂提出了远交近攻的兼并战略。说道："为大王计，莫如远交而近攻。远交以离人之欢，近攻以广我之地。自近而远，如蚕食叶，天下不难尽矣。"（第九十七回）对这一战略的实施，他解释说："远交莫如齐楚，近攻莫如韩魏，既得韩魏，齐楚能独存乎?"嬴稷听罢,鼓掌称善,当即拜范雎为客卿,号为张卿。当时丞相魏冉的封地在陶山(今山东定陶县西北)一带,与齐为邻。他为了扩大封地,准备出兵攻打齐国的刚寿(今山东宁阳、东平一带)。范雎依据他远交近攻的兼并战略,向嬴稷提出反对意见说:"臣闻穰侯将越韩魏而攻齐,其计左矣。齐去秦甚远,有韩魏以间之,王少出师,则不足以害齐,若多出师,则先为秦害。今伐齐而不克,为秦大辱;即伐齐而克,徒以资韩魏,于秦何利焉?"他从地理位置上分析了伐齐之弊,用他的兼并战略开始指导国家的军事行为。嬴稷采纳了他的建议,阻止了伐齐之师。自此,秦国坚定地和好齐国,与齐国四十余年没有发生战争,争取了他们在秦国兼并战争中的中立,而专心对付韩、魏等国。

范雎被任为客卿后深得嬴稷信任,经常被单独召见商议国事,宠遇日隆。他见嬴稷深信自己,遂对他说:"臣昔日闻秦但有太后、穰侯,不闻有秦王。夫制国之谓王,生杀予夺,他人不敢擅专。今太后恃国母之尊,擅行不顾者四十余年。穰侯独相秦国,结朋比党,生杀自由,私家之富,十倍于公。大王拱手而享其空名,不亦危乎?"他在内政上提出了进一步加强君王集权的主张。他分析秦国的政治现状说:"今穰侯内仗太后之势,外窃大王之威,用兵则诸侯震恐,解甲则列国感恩,广置耳目,布王左右,臣见王之独立于朝,非一日矣。恐千秋万岁而后,有秦国者,非王之子孙也。"听了这番议论,嬴稷不觉毛骨悚然,再拜致谢。遂下决心收缴了魏冉的相印,使其归于封邑,驱逐了其朋党,并将太后置于深宫,不许过问国政,让范雎接任丞相。范雎在内政上积极支持嬴稷打击外戚势力,加强中央集权,对秦国的政治建设具有极大的意义。范雎在参政后先制定对外的战略,摸清情况后再着手内政的优化,自远及近,由易而难,反映了他施政的谨慎和策略。

制定了大政方针、完成了内政建设后,范雎协助嬴稷对列国开始了大规模的兼并。他曾具体安排实施反间计,使赵国撤换了大将廉颇,保证了秦国长平之战的胜利。后又劝嬴稷灭周称帝。这些措施都是实施其兼并战略的具体环节,对秦国的发展起了积极的促进。

三、睚眦必报,恩怨分明

范雎思想周密,虑事精细,细密的思维特点决定了他对往日的恩怨耿耿于怀，不曾稍许忘却。他身任秦相后，大权在握，于是对往日的恩怨进行了明确的报答。

魏国听说秦国准备兴师侵伐，又听说秦国新任丞相张禄是魏国人，遂派中大夫须贾去秦修好，希望通过外交途径化干戈为玉帛。须贾正是当年在魏诬陷范雎的仇人，范雎知其到了咸阳，生一报复之计。他换去相衣，扮作寒酸之状去馆驿谒见须贾。须贾知范雎当年已被打死，当时见之大惊。他听范雎说自己逃至秦国为人作庸，不觉动了恻隐之心，给范雎赐以酒食，又送一长袍为其御寒。后来须贾在相府门口得知秦相张禄正是范雎其人，吓得魂不附体，跪于门前，托人入报说："魏国罪人须贾在外领死！"他一步一叩头，直至范雎堂前。范雎威风凛凛，历数须贾的罪错，最后发落说："今日至此，本该断头沥血，以酬前恨，但汝以绨袍恋恋，尚有故人之情，故苟全汝命。"（第九十七回）须贾叩头谢恩不已。办完了和好事宜后须贾一早辞别范雎，范雎声称要为故人安排饭食。他留下须贾，午后大摆筵席，各国使者及宾客纷纷到来。须贾大半天未进饭食，此时又饥又渴。但范雎并不招呼他入座，竟和其他来客饮酒进餐。吃了一会儿，范雎开言说："还有一个故人在此，适才倒忘了。"众客一齐起身准备让座，范雎对他们说："虽则故人，不敢与诸公同席。"他命人设一小座于堂下，唤来须贾，使两名黥徒将其夹在中间以坐，席上只放些炒熟的料豆。让两名犯人手捧而喂之，如喂马一般。须贾不敢违抗，将料豆食毕后再次叩谢。范雎向宾客叙述了旧事，又怒目须贾道："秦国虽然许和，但魏齐之仇，不可不报。留汝蚁命，归告魏王，速斩魏齐头送来。将我家眷，送入秦邦。不然，我亲自引兵来屠大梁，那时悔之晚矣。"须贾连声答应，叩头而去。范雎凭借秦国在两国关系中的强大优势，对魏国使者须贾进行了公开的私仇报复，报仇前他扮作庸人，微服私见须贾，进一步观察他的为人，以决定对他的处置态度。尽管须贾产生了哀怜之意，给他赐食送袍，尽了故人情分，但并未完全消除他对须贾的昔日怨恨。他故意当着众位宾客的面对须贾进行人格侮辱，借此以排遣他的怨恨之情。他私访须贾，最后以保全其命作为对其赐食送袍之情的回报。

魏国丞相魏齐听说秦国准备伐魏，对君王献策说："秦强魏弱，战必无幸。闻丞相张禄，乃魏人也，岂无香火之情哉？倘遣使赍厚礼，先通张相，后谒秦王，许以纳质讲和，可保万全。"他把和好的希望主要寄托在执秉秦政的魏人张禄身上。及须贾回国，他得知张禄即是当年自己准备打死的范雎，吓得丧魂落魄。又听说范雎向魏国索要自己首级，乃弃了相印，逃至赵国，投于赵胜门下。嬴稷亲自出面为范雎报仇。他诱拘了赵胜，逼赵国以魏齐相交换。魏齐后来无处逃生，自刎而死。信陵君魏无忌以其首级向秦国换回赵胜。范雎得到魏齐之首，命漆之为便溺之器，表示说："汝使宾客醉而溺我，今令汝九泉之下，常含我溺也。"（第九十八回）范雎逼死魏齐，辱及其形骸，方觉泄了昔日怨仇。

范雎是靠友人郑安平的保护才保全了性命，是靠王稽的帮助才得以逃至秦国。在谋报须贾和魏齐之仇时，他向嬴稷告诉了自己的含冤经历及真实姓名。报仇之后，他对嬴稷说："臣布衣下贱，幸受知于大王，备位卿相，又为臣报切齿之仇，此莫大之恩也。但臣非郑安平，不能延命于魏，非王稽，不能获进于秦。愿大王贬臣爵秩，加此二臣，以毕臣报德之心，臣死无所恨！"（第九十八回）嬴稷遂任用王稽为河东（今山西省西南部）守，封郑安平为偏将军。范雎在这里愿自贬爵位，以换取对郑、王二人的加封。这可能是他报德之心的真实流露，也可能他考虑到自己正得嬴稷信任，嬴稷绝不会对他降格使用。他做出一个自贬的姿态，这样荐举郑、王二人更方便些。因为嬴稷已为他出面报了魏齐之仇，他不好意思再向其提出更多的要求。他对二人的荐举直接是对昔日恩德的报答。

据《史记·范雎蔡泽列传》载，范雎为相后"散家财物，尽以报所尝困厄者。一饭之德必偿，睚眦之怨必报"。范雎遭受过困危生活的折磨，他对这段生活中的遭遇印象极深，难释于怀。加之他思想细腻而不含混，恩怨历历分明，因此他对这一切要作相应的报答，以达到心理上的平衡。事实上，人人都有报怨偿恩之心，只不过是范雎的这种心情较为强烈典型罢了。这是他精细的思维特性所要求的。

四、保宠营私，受劝辞位

范雎为秦国设定了最为切实可行的兼并战略，因而成为嬴稷最为宠幸的人物。但当这一战略由酝酿设定阶段转入实际实施阶段时，兼并的重点也就同时转移到了军事战场上。范雎不是一名叱咤疆场的战将。他在这个阶段不处于政治活动的中心，因而就有宠幸减弱的可能。这几乎是一个必然的趋势。范雎出身贫寒，仅仅是靠君王的宠幸才身居相位的。他在这个阶段自然要想法搞一些保宠的活动。

秦、赵长平之战后，武安君白起坑杀赵卒四十余万，然后又乘势欲攻邯郸。赵国惊慌失措，束手待亡。这时，苏秦的弟弟苏代请过赵王，入咸阳来见范雎说：武安君若攻取邯郸，则赵必亡，"赵亡，则秦成帝业，秦成帝为一，则武安君为佐命之元臣，如伊尹之于商、吕望之于周。君虽素贵，不能不居其下矣。"苏代之言，正说到范雎的病痛处。他避席前趋，愕然问计。苏代告诉他："君不如许韩赵以和于秦。夫割地以为君功，而又解武安君之兵柄，君之位，则安于泰山矣！"范雎听罢大喜，厚赐苏代。次日入见嬴稷说："秦兵在外日久，已劳苦，宜休息。不如使人谕韩赵，使割地以求和。"（第九十九回）嬴稷未作认真考虑即予答应。白起在战场上连战皆胜，此时只好奉命班师。范雎在这里与赵、韩讲和，完全是出于对白起的嫉妒。他怕白起的功劳超过自己，于是剥夺了白起进一步的立功机会，以便能继续保持君王对他的最高宠幸。为了自己的利益，他对苏代的救赵之辞非常赞赏。不自觉地充当了赵国的保护人。他后来又暗打报告、火上泼油，使嬴稷杀掉了白起，给秦国的事业造成了相当的损失。范雎为秦国设定了高明的兼并战略，此时变成了战略实施的挡路人。这表明他对秦国统一事业所能发挥的使命到此已基本完结。

魏无忌窃符救赵，秦军在战场失利。范雎所保举的郑安平在这次军事活动中降魏。嬴稷一反秦法，保护范雎不受株连。事后，范雎甚不过意，劝说嬴稷灭周称帝，以此媚悦嬴稷。灭周称帝之举不失为秦国兼并天下的一个步骤，但范雎提出这一建议的动机已经发生了根本的变化。这时他所考虑的仅仅是媚君、保宠。他手中已经没有了能够促进秦国事业进一步开拓的奇策妙计，因而失去了初见嬴稷时那种当道不避、示尊无屈的胆略和锐气。靠媚君而生存的臣子绝不可能得到君主的真正尊重。范雎在秦国地位的衰落已成了一个时间问题。

秦国灭周后，迁九鼎于咸阳。魏国未来朝贺，秦国准备攻之。河东守臣王稽却将此事暗告魏国。实情暴露后，王稽以通敌罪被嬴稷诛死。范雎作为王稽的荐举人，益发惊恐不安。一天，他见嬴稷临朝叹息，急忙上前询问原因，请不能为主分忧之罪。嬴稷告诉他："夫物不素具，不可以应卒。今武安君诛死，而郑安平背叛，外多强敌，而内无良将，寡人是以忧也。"（第一百一回）白起被杀及郑安平背叛两事均与范雎有一定关系，"内无良将"之语又多少表达了对范雎为相的怨意。范雎此时处于一种惜身保命、恓惶不安的精神状态，闻言后只觉且惭且惧，不敢应对而出。

范雎在秦国的处境已非常困难。他十分敏感地努力寻求一种自我保全之计。他的处境和心态已被当时的有识之士所看破。一位名叫唐举的先生告诉到处求仕的燕人蔡泽说："今秦丞相应侯，用郑安平、王稽皆得重罪，应侯惭惧之甚，必急于卸担。"（第一百一回）蔡泽博学善辩、自负甚高。他去咸阳见到范雎，直截了当地向其指出了所处的危险境况，列举了商鞅、吴起、文种等人功成不退、下场悲惨的例子。对他说："大丈夫处世，身名俱全者，上也；名可传而身死者，其次也"，并用"日中必移，月满必亏"的道理说服他，劝他功成勿居，急流勇退。这番话正中范雎心怀，促使其下定了最后的决心。范雎次日入朝，对嬴稷说："客新有从山东来者，曰蔡泽，其人有王伯之才，通时达变，足以寄秦国之政。臣所见之人其众，更无其匹，臣万不及也。臣不敢蔽贤，谨荐之于大王。"（第一百一回）嬴稷与蔡泽会谈，知其才略，拜为客卿。范雎请求辞职，未获嬴稷同意。他遂称病不起。嬴稷方任蔡泽为丞相，以代替范雎。这里，范雎所以能够轻而易举地被蔡泽说服，让出相位，根本原因在于他在秦国兼并事业中所能发挥的使命已经完成，马上面临着失宠失势的现实可能；他所荐举的两个人物犯了大罪，极大地动摇了他在秦国的政治地位。他因荐人不当而触撞了秦法，嬴稷虽出面保护了他，但他知道，君王对自己的宽容已达到了很大的限度。自己再也没有促进秦国事业、强化君王宠幸的奇谋妙策，卸担辞位就成了最好的出路。蔡泽的劝说只不过使他对这一问题的认识更加确信，促使他早下决心罢了。范雎辞职后，退出了秦国的权力中心圈，虽有可咎之过，但成了不受人注意的人物，故不致生出大祸。这是他在政治舞台上最后所寻求到的自我保全之策。

范雎是战国后期政绩突出的政治战略家。他以精细的思维和敏锐的才略死里逃生，求仕秦国，为秦国设定了远交近攻的兼并战略，并促使嬴稷加强了君主集权，对秦国的统一事业产生了深远的影响。他执秉秦政后报恩报怨，大逞其志。功成后保宠不得，适时退位，体现了独特的处世风格。

一代名将白起

白起，战国后期秦国名将，郿（今陕西眉县）人。嬴稷执政前期，受丞相魏冉的荐举而为大将。因作战有功，屡经升迁，先后被封为左庶长、国尉、大良造。他叱咤疆场，曾夺得三晋及楚国的很多土地。公元前 278 年攻克楚都郢，被封武安君。长平之战中他为秦国的前线总指挥，大胜赵军，坑杀俘虏四十多万人。战役后他率军乘势围困邯郸，为相国范雎所嫉妒，被迫奉命班师。回国后他与范雎意见不合，后又拒绝嬴稷的伐赵之命，遂被撤职削爵。范雎乘机进谗，白起于公元前 257 年被逼自杀。

白起是战国时代最有名的大将之一。他身经百战，屡立军功。后因性格刚直而受谗致死，但秦国统一事业的丰碑上有他不可磨灭的功绩。

一、战无不胜，威震列国

白起对韩、赵、魏均发动过大规模的战争。他善于用兵，战无不胜。他指挥了多次战役，其中很有影响的，一是公元前 293 年与韩、魏在伊阙（今河南洛阳市南）作战，斩敌首二十四万，其后攻拔魏城六十余座；二是公元前 278 年率军攻破楚都郢（今湖北江陵西北），迫使楚国迁都于陈；三是他亲自指挥了与赵国的长平之战，俘虏并坑杀敌军四十余万。斩首数万的事对他是极平常的。

长平之战前，秦军大将王龁与赵国大将廉颇率军对垒。双方相持很久不下，后来秦国用反间计，使赵国以赵括代替廉颇。嬴稷闻讯后与范雎计议说："非武安君不能了此事也！"（第九十八回）遂暗派白起为秦军上将，王龁副之，又密传号令说："有人泄漏武安君为将者斩！"白起就职后，先使三千人出营挑战，赵括以万人来迎。赵兵奋勇争先，秦军大败奔回。白起登高远望赵军，对王龁说："吾知所以胜之矣！"白起以少量人马挑战，实际上是对赵军的军事试探。他由此看到了赵括好勇争胜、轻易出战的指挥弱点。依据这一情况，他让王龁在赵括所下的战书上批下"来日决战"，接着安排了缚龙降虎的战术罗网。

白起首先退军十里，安稳营寨，然后大集诸将听令，他将全军分为五路：第一路，让王贲、王陵率万余人列阵，与赵括更迭交战，只要输不要赢，引得赵军来攻秦营，便算一功。第二路，派大将胡伤引兵数万，屯于侧翼，只等赵军追赶秦军，便从旁杀出，务将赵军截为两段。第三路，派大将司马错等人，引兵数万，从小道绕出赵军之后，绝其粮道。第四路，派大将蒙骜、王翦各率轻骑五千，伺候接应。第五路，他自己和王龁坚守大营。次日，两军对阵交战，秦将王贲、王陵连战皆败。赵括亲率大军追赶，及至秦营。赵括传令一齐攻打，但连攻数日不下。赵括派人催取后军，方知后营为秦将胡伤所阻，无法前来。赵括率军回转，欲围击胡伤，半路上被秦将蒙骜、王翦所阻击。他安下营寨，坚壁自守，不想运粮之路被司马错率兵塞断。赵军被困四十余日，军中无粮，士卒自相杀食，乱成一片。赵括无法禁止，败局已定。白起包围赵军后，对赵军传令招降。赵军此时方知白起为秦军指挥，吓得心胆俱裂。白起还选下射手预先埋伏。赵括组织了数次突围，均被射回。赵括在最后一次突围中中箭而亡。赵军闻主帅被杀，无人敢于出战，被分割包围的大军纷纷出降，长平之战以秦军的全胜而告终。

这次战役中，白起试探到了敌军骄而轻敌、易于出战的特点后，他引诱赵括大军出营，将其分割包围，断其粮草，使对方不攻自破。包围敌军后，他将用兵重点放在对敌人突围的阻击上，这就断绝了对方的一切生路。他还对敌军适时采取招降措施，加速了其军心的崩溃。白起在与敌军正式交战前退兵十里安营，作出怯战的态势，进一步麻痹敌人，诱其出营，同时也拉大了出营之敌与其后方的距离。为自己的第二路军队提供了截击敌人的条件。作战前期他将自己为将之事秘而不宣，意在加重敌人的轻敌心理，包围赵军后他将自己为将之事公开于敌人，意在加深敌军的心理震恐，进一步摧垮其军心。白起以自己高度成熟的战术手法，没用多大代价就夺取了长平之战的大胜。

战役取胜后，白起与王龁计议说："今赵卒先后降者，总合近四十万之众，倘一旦有变，何以防止？"（第九十八回）他认为赵军降卒是极不可靠的，于是将降卒分为十队，使秦军十将统领，与秦军二十万人相配，各赐以牛酒，宣传说："明日武安君将汰选赵军，凡上等精锐能战者，给以器械，带回秦国，随征听用；其老弱不堪，或力怯者，俱发回赵。"赵卒非常高兴。当天晚上，白起向十将密传一令："起更时分，但是秦兵，都要用白布一片裹首，凡首无白布者，即系赵人，当尽杀之。"秦军兵将照令而行，当晚一齐发作。降卒不曾准备，又无器械，束手就戮。逃出营门者，被白起安排的巡逻部队抓获斩首。降卒四十万人，一夜间几乎被全部杀尽，血流成河。

白起根据不久前上党之战的经验说："前秦国已拔野王（今河南沁阳），上党在掌握中，其吏民不乐为秦，而愿归赵。"他认为三晋之人是不乐于为秦人的。长平之战，秦国以二十万军队吞噬了赵国四十余万大军，战果太大。秦军一时无法吸收消化，为了避免危险，他于是安排将这股力量全部毁灭。四十多万降卒的力量实在很大，远远超过了二十万秦军。这些降卒在饥饿的威胁下和主帅被杀的震恐下一时降秦。但震恐过后，很难保证他们不串通一体，反抗秦军。因而，从秦军的角度考虑，杀掉四十万人为万全之计。如果留下他们，根本不能将他们投之于对三晋的作战，还常常有哗变的危险。如果这些人在长平撤军时串通发作，秦军长平之战的胜利恐怕也难以保证。白起在军事上将自己无法消化的东西在入喉之前即行销毁，表现了他军事上的谨慎和成熟。他在这次行动之前假传号令，麻痹降卒，反映了他对四十万降卒力量的慎重提防与处理策略。这些降卒被坑杀后，他故意留下其中的年少者二百四十人放归邯郸，使其宣扬秦国之威，并着手率大军进逼邯郸。这既反映了他未曾完全泯灭的人道精神，又表现了他灭赵前以威慑敌、先声夺人的策略手段。

二、性格刚硬，受谗屈死

正当白起乘长平大胜之余威，率大军直逼邯郸，准备一举灭赵的紧要战略关头，秦相范雎接受了苏代的游说和挑拨。他唯恐白起战功过大，在君王面前夺己之宠，于是向嬴稷提出了让韩、赵割地请和的主张。嬴稷未作认真考虑，竟予同意。白起在战场上正连连得手，忽闻班师之令，只好率军而归。回国后他知道班师之令出于范雎之谋，非常气恨。他对众人公开宣讲说："自长平之战，邯郸城中，一夜十惊，若乘胜往返，不过一月可拔矣。惜乎应侯不知时势，主张班师，失此良机。"（第九十九回）嬴稷听到此语，后悔说："白起既知邯郸可拔，何不早奏?"于是又组织伐赵之师,适逢白起有病,乃让王陵率军前往。

时赵国重新起用廉颇为将,王陵在前线屡有小败。嬴稷见白起病愈,让他前去代替王陵。白起分析说:"邯郸实未易攻也。前者大败之后,百姓震恐不宁,因而乘之,彼守则不固,攻则无力,可克期而下。今二岁余矣。其痛已定,又廉颇老将,非赵括比。诸侯见秦之方和于赵,而复攻之,皆以秦为不可信,必将'合纵'而来救,臣未见秦之胜也!"(第九十九回)因而固辞不去。嬴稷让范雎往请,白起对范雎余恨未息,遂称疾推辞。范雎对嬴稷回奏说:白起"病之真否未可知,然不肯为将,其志已坚。"嬴稷发怒说:"白起以为秦国别无他将,必须彼耶?"乃增兵十万,派王龁往代王陵。

王龁围邯郸,五月未能攻拔。白起闻之,对人讲:"吾固言邯郸未易攻,王不听吾言,今竟如何?"有人将此语告于范雎,范雎言于嬴稷,必欲使白起为将。白起遂假称病重推辞。嬴稷大怒,削去白起爵位,贬其为士伍,迁于阴密(今甘肃灵台),让他立刻出咸阳城,不许暂停。白起受令出咸阳,在杜邮(今陕西咸阳市东)暂歇,以待行李。范雎对嬴稷说:"白起之行,其心怏怏不服,大有怨言,其托病非真,恐适他国为秦害。"嬴稷乃遣使赐以利剑,令其自裁。一代名将白起受命自刎,屈死于杜邮。

应该说,白起对秦赵战争形势的分析是比较正确的。长平战后,赵人惊恐异常,士气丧尽,又防守准备不足,而秦军士气正盛,极有可能一举攻拔邯郸,灭亡赵国。韩、赵割地请和两年后,秦国攻拔邯郸已不那么容易了。一是赵国大痛初定,士气上升,防御上有所准备;二是老将廉颇重新回到军事指挥岗位,他善于用兵,非赵括之比;三是秦国与韩、赵讲和不久,发动战争会失信于列国,将失道寡助。但白起自赵班师后,深恨范雎阻其灭赵之功,并怨嬴稷轻信范雎之言,于是与国家的两位最高当权人产生了较深的隔阂,形成了心理对抗。他不屑于将自己的正确意见向他们正面表达,而是在背后抱怨议论,使君王感觉到了他的怨恨情绪。当嬴稷命他上前线任将时,他固执己见,坚不肯行。后来又称病推辞,公开表明了他对最高当权人攻战方针的不合作态度,加深了双方的思想隔阂。

在后来是否攻战赵国的问题上,白起与两位最高当权人意见不一。作为一名军事战将,白起希望自己的战争预言能被完全证实。这种心情是可以理解的。但正因为这种心情的存在和可被理解,秦军在战场上未曾得手后,他成了最高当权人所嫉恨的对象。白起对自己的处境未曾觉察。他这时不是隐藏锋芒、消弭裂痕，为当权者找一些了事的台阶，相反，却在家中议论攻赵之事，张扬自己的战争预见，使当权者感到他在为秦国的失利而幸灾乐祸，并且在嘲笑战争的策划者。这就使双方本来已有的矛盾进一步加深。白起被逐出咸阳时，对自己的危险处境尚没有足够的估计。他口出怨言说："范蠡有言：'狡兔死，走狗烹。'吾为秦攻下诸侯七十余城，故当烹矣！"这为范雎的进谗提供了把柄，成为他被害的直接导因。

白起与范雎、嬴稷的矛盾其实是早就具有的。白起是秦国前丞相魏冉一手提拔的战将（见《史记·穰侯列传》），魏冉与白起两人将相相和，用事日久。后来见范雎初来秦国即得宠于君王，俱有不悦之意。不久嬴稷用范雎代替魏冉为相，白起难免有不服之心。白起对自赵班师之令提出反对意见，只不过是使他们间的矛盾公开化罢了。嬴稷和范雎对魏冉的长期专权是有看法的，他们罢掉了魏冉之职，对白起继续留用。并非不知道白起与魏冉的关系，只不过是要利用白起的武略和才能，而当白起对他们的某些具体的战略方针提出反对时，自然极易触发他们的深层嫉恨。白起受范雎之谗言而被嬴稷赐死，在相当程度上体现着秦国派系斗争的继续。

白起在杜邮接到嬴稷让他自裁的命令后，感到非常震恐。他为秦国斩敌百万，拔七十余城，绝对没有想到君王会不念功劳，这样处置自己。心理上感到了极大的逆差。他持剑在手，长叹道："我何罪于天，而至此！"良久又自语道："我固当死！长平之役，赵卒四十余万来降，我挟诈一夜尽坑之，彼诚何罪？我死固其宜矣！"（第九十九回）白起临死前为自己一生效力于秦而深感悔恨。他把自己的下场看作是对自己一生杀人过多的惩罚或报应，达到了一种心理平衡。于是接受了嬴稷之命，举剑而刎。白起之死，使秦国蒙受了重大的人才损失，列国失去了一位最优秀的战将。

白起富有极高的阵战才能。他出生于秦国大兼并的时代和国度，充分发挥了自己的所长，极大地促进了秦国的统一事业。没有白起，秦国的统一可能要推迟许多年。驰骋疆场的阵战养成了他刚硬不屈的性格。他自恃其功，在长平之战后的攻赵问题上坚持己见，与最高当权人相顶抗，最后含冤而死。他为一个专制国家的发展征战了一生，以赫赫战功强化了国家的专制力量。而专制制度却无情地粉碎了他，迫使他扮演了一场悲剧的主角。

商贾政客吕不韦

吕不韦，战国末年人。原为阳翟（今河南禹县）大商人。在赵都邯郸经商时遇见入质于赵的嬴稷之孙异人，认为"奇货可居"，遂与之深相结纳。异人是秦太子嬴柱的庶生子。时嬴柱宠妃华阳夫人无子，吕不韦于是入秦游说华阳夫人，并在权贵间穿梭活动，使嬴柱立异人为嫡子。其后回到邯郸，以重金买通异人的看监人员，设计带异人逃回秦国，被嬴稷封为客卿，食邑千户。不久，嬴稷病死，孝文王嬴柱被立为君。他除丧三天即死于宫中，嬴异人（时改名为子楚）遂被扶立为君，是为庄襄王。子楚感吕不韦之德，任其为丞相，封文信侯，使食河南洛阳十万户。子楚在位三年，得疾而死。十三岁的太子嬴政继位，是为秦始皇。时嬴政年幼，吕不韦以丞相身份实际主持国政，号为"仲父"。他执政期间，灭掉了东周，平定了秦将樊於期、成蟜的叛乱，又攻取了赵、魏的土地，扩大了秦国的兼并战果。他还大养宾客，组织编写了《吕氏春秋》。先前，吕不韦在邯郸时与子楚夫人赵姬曾有一段瓜葛。子楚死后他又与其私通，后来他怕嬴政发觉，荐嫪毐以自代。公元前238年，嬴政举行冠礼，准备亲理政务。嫪毐起兵反叛，兵败被擒。吕不韦因此受到牵连。嬴政罢免了他的相位，令其出居封地河南，不久又令迁往蜀郡。吕不韦在往蜀途中忧惧自杀。宾客盗其尸体，偷葬于北邙山（今河南洛阳市北）。

吕不韦出身商人。他大破家财，投机政治，先后在嬴稷、嬴柱、嬴子楚和嬴政四位君王手下任职，取得了显赫的政治地位。他具有圆滑的处世本领和高明的政治手腕，是嬴稷和嬴政之间秦国的一位重要政治人物。

一、重金为赌，投机政治

吕不韦是一位对政治怀有极大兴趣的、不安分的商人。在经商时对列国政治情况及各国主要政治人物的个人背景一定非常了解。他在邯郸遇见异人，知是秦国王孙。根据对秦王家族成员及其关系的分析推测，他预料到了在异人身上经过努力可以实现的巨大潜在价值，遂产生了作一笔政治投机的想法。他回家问一同经商的父亲道："耕田之利几倍？"他的父亲回答说："十倍。"吕不韦又问："贩卖珠玉之利几倍？"父亲答："百倍。"他又问："若扶立一人为王，掌握山河，其利几倍？"父笑而回答："安得王而立之？其利千万倍，不可计矣。"（第九十九回）父亲的话坚定了他重金为赌的信心。于是他以百金结交监守异人的赵国大夫公孙乾，通过公孙乾而结识了异人。有一次，三人同席而饮，公孙乾起身如厕。吕不韦即乘便向异人说："秦王今老矣。太子所爱者华阳夫人，而夫人无子。殿下兄弟二十余人，未有专宠，殿下何不以此时求归秦国，事华阳夫人，求为之子，他日有立储之望。"异人答应后他又表示说："某家虽贫，请以千金为殿下西游，往说太子及夫人，救殿下还朝。"说通异人后，吕不韦以五百金密付异人，让他买通左右，结交宾客，以便活动方便。公孙乾上下俱受吕不韦及异人的金帛，相互串通一气，不复疑忌。吕不韦又以五百金买下珍奇金玉，去咸阳见到华阳夫人的姐姐，对她说："王孙异人在赵，思念太子夫人，有孝顺之礼，托某转送。这些小之礼，亦是王孙奉候娘娘者。"遂将金珠一函献上，其姐姐大喜，出堂见客。吕不韦大讲了一番异人的贤孝，又将价值约五百金的金玉珍宝献上道："王孙不得归侍太子夫人，有薄礼权表孝顺，相求王亲转达！"华阳夫人接到这些珍宝后，以为异人真心念她，非常高兴。吕不韦乘机劝她立异人为子，被其接受。吕不韦二次回到邯郸后，秦兵围攻邯郸甚急。他料赵国一时不会放归异人，遂破尽家财，得黄金六百斤，以三百斤遍贿南门守城将军，诈言说："某举家从阳翟来，行贾于此，不幸秦寇生发，围城日久，某思乡甚切，今将所存资本，尽数分散各位，只要做个方便人情，放我一家出城，回阳翟去，感恩不浅！"守将许诺后，他又以百金献于公孙乾，表示自己欲回阳翟，反求公孙乾与南门守将说个方便。吕不韦又借口设酒话别，大摆酒席，将公孙乾一行人灌得大醉，晚上偷带异人出了邯郸，回到秦国。

吕不韦以商人赢利的眼光来看待政治行为。他看到了政治投机的获利之厚，于是破尽家财，花费重金作了一次投机的赌注。他分金于异人，与异人分别贿赂监视人质的公孙乾，为他们的接触、联系及活动制造了极大的方便条件。他又自己买下金玉珍宝，以异人的名义献给华阳夫人和她的姐姐，博取她们对异人的欢心，使华阳夫人立异人为子，以提高异人这一"奇货"的价值。他最后散尽家财，贿赂城门守将和公孙乾等人，为异人的逃离提供了条件。吕不韦父子从商许久，家累千金，逃离邯郸时已是倾家荡产了。但他此时却获得了一个价值可以即刻出手实现的"奇货"，故而富贵在望。散尽家财在他看来无非是一笔重大买卖实现前的"垫本"而已。战国时期，各国间的交往愈益频繁，促进了商业的发展。商人已成为经济势力较强的社会阶层，吕不韦舍弃千金，投机于政治，也集中反映了商人阶层在经济势力发展后必然出现的参政欲望。

吕不韦在邯郸时娶下一美女，号为赵姬。华阳夫人决定立异人为子后，吕不韦料到异人回国，必有继立为王之分，遂决定将赵姬献于异人。据说赵姬当时已怀孕两月，吕不韦献出赵姬的考虑是："若以此姬献异人，倘然生得一男，是我嫡血，此男承嗣为王，嬴氏的天下，便是吕氏接代，也不枉了我破家做下这番生意。"后来赵姬生下嬴政，即后来的秦始皇。嬴政为吕氏所出的论据并不充分。赵姬后为异人所娶，也许是异人孤寂在外，见美而思的主动请求，也许是吕不韦益发讨好异人的主动出让。不管属哪种情况，吕不韦同意献出赵姬，至少是想取媚异人，并在秦国王宫内安插一个"内线"人物，以使自己将来在秦国的政治活动更为方便。和破尽家财的手段一样，吕不韦献姬于异人，是在异人身上花下的第二笔大本钱。他既要破重金提高"奇货"的价值，并创造其价值出手实现的条件；又要献美姬以加深自己与"奇货"的联络，保证其实现了的价值能有自己所得到的份额。

在从事这场政治投机的过程中，吕不韦表现出了浓厚的商人作风。他在邯郸握定异人，以为占有奇货。但异人是秦太子嬴柱二十几个儿子中的普通一个，并无高贵之处，"奇货"不奇。于是他在咸阳权贵间穿梭往来，为异人延誉，有意吹嘘手中货物之奇。华阳夫人的姐姐受礼而出，向吕不韦询问异人的情况。他故意捏造说："某与王孙公馆对居，有事尽与某说，某尽知其心事，日夜思念太子夫人，言自幼失母，夫人便是他的嫡母，欲得回国奉养，以尽孝道。"对方问及异人的安全，吕不韦回答说："因秦兵屡次伐赵，赵王每每欲斩王孙，喜得臣民尽皆保奏，幸存一命。"当问到臣民何故保奏异人时，他编造说："王孙贤孝无比，每遇秦王太子及夫人寿诞，及元旦朔望之辰，必清斋沐浴，焚香西望拜祝，赵人无不知之。又且好学重贤，交结诸侯宾客，遍于天下，天下皆称其贤孝。以此臣民尽行保奏。"（第九十九回）吕不韦在咸阳有意吹嘘异人，宣扬手中"货物"之奇，终使华阳夫人立异人为嫡子。吕不韦在整个活动过程中用金钱、美色和谎言向赵、秦许多人物四处讨好、八面逢迎，都是商人作风在政治领域的沿用。他辅佐嬴政的开初某年，秦国受蝗虫之灾，疫病大作，庄稼不收。他下令让百姓纳粟千石，拜爵一级，公开让国人纳粟买爵。这更是将政治活动商业化，为后世开了一个先例。他因商从政，商人作风极大地影响到他的政治行为。

二、精通世故，处事圆滑

吕不韦在政治活动中善于发现和利用有关人员的迫切需要，他办事能抓住关键环节。在咸阳他向华阳夫人转去了异人的"孝顺之意"后，他又向华阳夫人传话说："吾闻'以色事人者，色衰而爱弛'。今夫人事太子甚爱而无子，及此时宜择诸子中贤孝者为子，百岁之后，所立子为王，终不失势。不然，他日一旦色衰爱弛，悔无及矣！今异人贤孝，又自附于夫人，自知中男不得立，夫人诚拔以为适子，夫人不世世有宠于秦乎？"吕不韦深知华阳夫人的受宠地位及其对自己色衰失宠的担心。他以立子保势相启发，使华阳夫人立即愉快地接受了他的建议。华阳夫人就立子之事请于太子嬴柱，并恃宠使嬴柱刻下"适嗣异人"之符，作为信誓。

嬴柱在夫人的催逼下，就救异人回国之事请于父王嬴稷。嬴稷方筹划与赵国之战，竟未答应。吕不韦得知此事后，用行贿门人的手段求见嬴稷的小舅子杨泉君。他陈述对方的"至死之罪"，说："君之门下，无不居高官，享厚禄，骏马盈于外厩，美女充于后宫；而太子门下，无富贵得势者。王之春秋高矣，一旦山陵崩，太子嗣位，其门下怨君必甚，君之危亡可待也！"杨泉君闻言，出了一身冷汗，急问解脱之计。吕不韦对他说："太子尚无适男，今王孙异人贤孝闻于诸侯，而弃在于赵，日夜引领思归，君诚请王后言于秦王，而归异人，使太子立为嫡子，是异人无国而有国，太子之夫人无子而有子，太子及王孙之德王后者，世世无穷，君之爵位可长保也。"（第九十九回）杨泉君非常感谢，即日以其言告于姐姐王后。王后就异人归国之事请于嬴稷，嬴稷即予应诺。吕不韦先向杨泉君分析了家势大于太子，其危险在后的道理，而后启发他以迎归异人的方式结恩于太子、太孙，以永保家势。他抓住了王后家族最关键的问题，并指出了其解决的方式，竟办到了太子所办不到的事情。可以看到，吕不韦对官场的情况及秦宫的私人关系非常熟悉。他善于从不同的侧面抓住和利用权贵们保势的实质心理。他准备利用谁，就从谁的切身利益去分析，先讲对方的危险处境，然后指出其解脱之法。他为对方指出的解脱之法与自己政治投机的措施相一致，这就既使对方为自己所利用，又使对方感激自己。他能够说服华阳夫人和杨泉君的奥秘正在于此。

基于对世故的精通，吕不韦在官场中有极高的政治活动才能。他为了帮助异人归秦立嗣，采取了一系列圆滑而严密的手段：第一，他选择了走华阳夫人门路的方式，这是帮助异人立嗣的根本途径。第二，他以商贾之人，根本无法见到华阳夫人，于是献宝于夫人的姐姐，用贿赂的方式打通活动关节。第三，他从各个角度宣扬异人的贤孝，博取华阳夫人对异人的欢心。第四，他对华阳夫人以"立子保势"相启发，使其迅速下定立异人为子的决心。第五，他说服杨泉君，通过杨泉君而影响王后，最终使秦国政治集团的核心人物对异人作了认可。吕不韦从事的是政治活动，他必须使自己的政治活动目标为秦国的实际当权人所承认。但他无法接触嬴稷、嬴柱这些当权人物，也无法说服他们。于是他采取了走其夫人之门的方式，设法打通关节，分别说服他们各自的夫人，通过夫人从侧面来影响当权者本人。这是他当时所能采取的最为可行的策略手段。

吕不韦帮助异人逃离邯郸，事情也是办得非常圆滑的。第一，他花重金买通南门守将，为逃归创造了方便条件。第二，他重贿异人的监守公孙乾，反央公孙乾与南门守将说情，既增加了守门之将的信任度，又为深结公孙乾提供了借口，使守将与公孙乾俱不怀疑。第三，他向守门之将与公孙乾故意宣扬自己的阳翟出身及回乡之情，掩饰自己逃奔秦国的目的，消弭自己逃离邯郸的政治用意，以使他们敢于出面协助。第四，他临行当晚置酒与公孙乾话别，告诉他说："某只在三日内出城。"（第九十九回）故意缓言归期，实则将公孙乾灌醉后立即动身，使其不加防备，为异人摆脱监守提供了有利条件。公孙乾并不知道吕不韦与异人的真实关系，即便有所警惕，此时也不及提防。第五，吕不韦本欲奔邯郸城西的秦军大营，但却故意策划从南门而出，南门是走阳翟的大路，出南门与他的回乡之说相符，不致引起守将怀疑。且南门不正对秦营，戒备稍松，出走的可能更大。第六，他灌醉公孙乾一行人后，让异人扮作仆人随行，且在夜半，南门守将难辨真假。通过这些严密的措施，吕不韦终于携异人逃归。

吕不韦在处事上有一些独特的方式。比如他曾为自己活动方便，行重贿于公孙乾、华阳夫人的姐姐及邯郸南门守将，但他从不使对方感觉到自己是在行贿。他对公孙乾显出结交之情，对城门守将显出回乡之情，把行贿故意表现为一种对友人的慷慨赠予。对华阳姐姐的行贿，他干脆说成是异人的孝顺之礼。他向受贿人故意抹煞自己行贿的实质，实际上是要抹煞自己行贿的个人动机，避免他们对自己行为动机的追究和怀疑。他把自己装扮成一个无所欲求的人物，行贿于人又使对方无所感觉，使对方在不知不觉中为他所利用。这反映了他处事风格的一个侧面。

吕不韦在与权贵的交往中善于投其所好。他不管对方的所好是否正当与合理，也不管自己的投好行为本身是否有意义。在他看来，笼络权贵人物就有直接的政治意义。在邯郸时，为了迎合异人之意，他将赵姬献给异人。携异人归秦后，华阳夫人准备与异人相见。吕不韦对异人说："华阳夫人乃楚女，殿下既为之子，须用楚服入见，以表依恋之意。"（第一百回）异人依言而行，华阳夫人问后知道异人为思念自己而在邯郸效楚人装束，益发高兴，当即相认为子。并与嬴柱商议，改异人之名为子楚，表示了她对异人的亲恋。吕不韦让异人继续讨好华阳夫人，自然也就博取了嬴柱乃至嬴稷对他的宠幸。他不久被拜为客卿，食邑千户。子楚执政时升任丞相，与他善于讨好权贵是很有关系的。嬴政为君之初，吕不韦号称仲父，与时已身为太后的赵姬勾结私通。后来见嬴政年长，才智过人，遂生恐惧。欲断绝奸情，无奈太后不时宣召入宫。吕不韦既想抽身避祸，又不愿得罪太后。遂将犯有淫罪的嫪毐进献于太后，达到了避祸和投太后所好的双重目的。

圆滑的处世风格使吕不韦在政界交往中少有霸道作风。他身任秦相时，有一次遣张唐去燕国合两国之好。张唐担心路经赵国受阻，托病不去。吕不韦驾车亲自往请，再三强之。张唐坚执不从。吕不韦回到府中，独坐堂上纳闷，未见他有任何报复陷害的表示。年仅十二岁的门客甘罗自言能说服张唐前往，他以礼待之，表示说："孺子能令张卿行者，事成当以卿位相屈。"（第一百四回）后来甘罗说服了张唐。吕不韦不掩其才，在君王面前大加赞扬，推荐其参加对赵国的外交活动，立功后使嬴政封之为上卿。他率秦军在潼关防御五国的合纵之兵时，虚心采纳了大将王翦出奇制胜的建议。吕不韦在与部下的交往中有一种平易近人的态度，少有以势压人或盛气凌人的作风。他升任丞相后崇尚养士之风，招致宾客三千人。曾将富有才学的楚国上蔡（今河南上蔡西南）人李斯推荐给嬴政，拜其为客卿。他不嫉同僚之才，不掩他人之功，平时与群臣结交甚厚，关系融洽。因此，他虽以商贾出身而跃居相位，但不服和反对的人极少。嫪毐事发后，吕不韦受到牵连。嬴政欲将他杀掉，征询群臣的意见，群臣保奏说："不韦扶立先王，有大功于社稷；况嫪毐未尝面质，虚实无凭，不宜从坐。"（第一百四回）吕不韦善于处人，与群臣关系相睦，故在关键时候群臣为他解脱保奏，没有发生落井下石的现象。这种情况在当时的官场上是少有的。吕不韦后来自杀后，他的门客感平日相遇之恩，不忍其暴尸于外，合伙盗回尸体，与其先亡之妻合冢而葬。这也反映了他在任职期间对下层宾客的良好态度。

总之，吕不韦出身商人，他熟悉世情，办事圆滑；他善投人所好，八面玲珑，是一位处世的能手。

三、行事机敏，手腕高明

吕不韦在具体行事中不乏才智上的机敏，这是他的许多筹谋得以实现的重要的主观条件。吕不韦的机敏表现在他处事的许多场合和许多方面。

他对自己蓄谋而图的事情常常秘不告人，悄悄地进行外围的铺垫工作。当条件成熟时，又将蓄谋中的核心问题伪装成自己偶然的发现，使当事人从不怀疑他行事的初衷和个人动机。他在邯郸见到异人，下决心破财作一笔政治投机。但异人有公孙乾监守，无法接近。他于是以百金结交公孙乾，与其成为"挚友"。后来见到异人，他佯为不知，问其来历，公孙乾以实相告。一次两人饮酒，他对公孙乾说："座间别无他客，既是秦国王孙在此？何不请来同坐？"（第九十九回）酒席为吕不韦所设置，自然他有请客的权利。公孙乾吃人之席，无法阻人之意，而吕不韦邀异人入席的理由又很充分，显得很为得体。吕不韦就这样在监守的眼皮下与异人相识，而监守自以为是两人相识的中介人，对其关系全然不疑。直到两人后来双双逃走，公孙乾才跌足长叹："吾乃堕贾人之计矣！"畏罪而伏剑自刎。吕不韦有意结识异人时用佯为不知的方法，极大地隐瞒了他的动机。吕不韦接着去咸阳，他向华阳夫人的姐姐送交了所谓异人对夫人的孝敬礼物。夫人托她的姐姐回复致谢，吕不韦佯装而问其姐姐道："夫人有子几人？"回答说："无有。"吕不韦于是向夫人提出了"立子保势"，以防色衰而爱弛的建议。他假装不知其无子之情，似乎他的建议只是一种偶然的所想，与送礼之事毫无关系。这就极大地隐藏了他在咸阳游说的个人动机。吕不韦两次运用"佯为不知"之法，对他的行事成功均起到了极大的保护作用。

吕不韦在行事中还能做到随机应变，能灵活自如地应付突然出现的情况。他与公孙乾、异人三人一同饮酒，公孙乾起身如厕，他乘机向异人说明了自己愿帮助其归国的意图。两人私语时，公孙乾进来，猝然问道："吕君何言？"吕不韦从容回答说："某问王孙秦中之玉价，王孙辞我以不知也。"（第九十九回）公孙乾遂不疑惑，三人尽欢而散。吕不韦料公孙乾未听清自己的谈话内容，于是以假话掩饰。他的回答与自己从商的职业身份相符合，因而极易被公孙乾相信；同时，他的回答故意显示了自己对经商的热心，也会促使公孙乾把自己视为没有政治意图的简单人物，其迷惑作用是很大的。

吕不韦为了取悦异人，决定把自己娶来不久的美女赵姬献出。但他不愿以主动的形式出让，于是摆下酒席，请异人和公孙乾来家饮酒。他在席间说道："卑人新纳一小姬，颇能歌舞，欲令奉劝一杯，勿嫌唐突。"赵姬出来向客人敬酒后，舒袖长舞，轻步如飘，其色颜体态使两人神摇魂荡。赵姬入内后公孙乾大醉而卧。异人心念赵姬，神魂不定。他借酒装面，对吕不韦说："念某孤身质此，客馆寂寥，欲与公求得此姬为妻，足满平生之愿。未知身价几何，容当奉纳。"吕不韦佯装发怒道："我好意相请，出妻献妾，以表敬意，殿下遂欲夺吾所爱，是何道理？"异人惭愧无地，当即下跪道："某以客中孤苦，妄想要先生割爱，实乃醉后狂言，幸勿见罪！"吕不韦慌忙扶起异人，对他说："吾为殿下谋归，千金家产尚且破尽，全无吝惜，今何惜一女子。"（第九十九回）最后终将赵姬出让。在这件事情上，吕不韦隐去自己的目的，先安排场面，让赵姬以姿色引诱异人，使异人主动提出请求。他则佯以十分被动的形式达到了目的。当异人提出请求时，他佯装发怒，实际上是要抬高赵姬的价值，尤其是要垫托自己后来的割爱，使异人加深对自己的感激。他后来出让赵姬后，异人当即表示说："先生高义，粉骨难报！"这确是异人当时的由衷之言。

吕不韦后来与身为太后的赵姬私通日久，为了抽身避祸，想荐一人入宫以自代。他偶闻市人嫪大善淫。秦语称没有德行的人为毒，故称为嫪毒。吕不韦使嫪毒入宫，采取了以假乱真、瞒天过海的手法。征得太后（赵姬）同意后，他向其献计说："使人发嫪毒旧日之淫罪，下之腐刑，太后行重赂于行刑者，诈为阉割，然后以宦者给事宫中，乃可长久。"（第一百四回）后来他密召嫪毒，告以其事。嫪毒欣然同意，吕不韦使人告其淫罪，判以腐刑（古代阉割去男子睾丸及阴茎的一种刑罚），又以百金分贿主刑官吏。行刑者取驴子的生殖器及牲血，故意传示左右，诈称阉割，又拔掉嫪毒须眉，使其成为宦者之状，杂以内侍之中，入宫侍奉太后。吕不韦用假刑罚的手段瞒过了嬴政，达到了抽身避祸和取悦太后的目的。若不是后来嫪毒酒饱生事，恐怕嬴政对此事难以发觉。

吕不韦的处世风格和政治行为常常是融为一体的。他携异人归国后，被嬴稷封为客卿。不久嬴稷病死，太子嬴柱继位。嬴柱上台三天即死，人们怀疑是客卿吕不韦想让子楚速立为王，重贿左右，置毒药于酒中，毒死了嬴柱。三年后，吕不韦又以医药进献子楚，子楚生病一月而死。吕不韦的行事布置严密，不露痕迹。人们虽然怀疑、猜测，但没有真凭实据。吕不韦的权势反倒不断加强。

嬴政的同胞弟弟长安君成峤十七岁时，吕不韦派他与大将樊於期率兵五万伐赵。宾客对吕不韦说："长安君年少，恐不可为大将。"吕不韦笑而答道；"非尔所知也。"（第一百三回）他坚持派成峤率军出征而不明言理由，看来必有阴谋包含其中。吕不韦当时身为丞相、仲父，实际主持国政，暗中与太后往来通奸。成峤以亲子身份出入于太后身旁，即使对他们的奸情无所觉察，也必然会引起吕不韦的疑忌。何况，成峤是嬴政之弟，又很年轻，将来必然成为威胁吕不韦权势的人物。而嬴政如果要打击吕不韦，成峤必定是他所要借重的人物。吕不韦对这点看得非常清楚。于是派他率兵伐赵，其意是要寻机惩罚他。樊於期是秦国群臣中厌恶吕不韦之为人的人，吕不韦对此一定有所觉察。他这次派两人一同率兵。途中，樊於期私下对成峤挑拨说："丞相今日以兵权托君，非好意也，阳示恩宠，实欲出君于外。丞相出入宫禁，与王太后宣淫不禁，所忌者独君耳。若兵败无功，将借此以为君罪，轻则削籍，重则刑诛，君不可不为之计。"并向成峤揭露了吕不韦所谓献姬盗国之罪。成峤在樊於期的操纵下，遂举兵反叛。吕不韦一听到前方报警告变，即对嬴政讲："长安君年少，不办为此，此乃樊於期所为也。於期有勇无谋，兵出即当就擒，不必过虑。"他胸有成竹，派大将王翦率兵十万往讨叛军。平叛后，嬴政亲自下令斩成峤之首，樊於期逃奔燕国。吕不韦将自己所嫉恨的两个人物故意放在一块，让他们率兵出战，向他们提供勾结反叛的条件，造成理由，将他们一并剪灭。即使他们这次不曾反叛，以五万兵力出战，成功的可能极小。这也就造成了对他们削职贬爵的理由。吕不韦就是这样阳示恩宠、不露声色地除掉了自己的两个政敌。

战国后期，列国形成了一种养士之风。孟尝君、平原君、信陵君、春申君均以养客而闻名天下。吕不韦依仗秦国之强，不甘落后，也招致宾客数千人。当时荀况等人的著作遍传天下。吕不韦由此受到启发，他让宾客人人著述所见闻，最后集合成八览、六论、十二纪，计二十多万字，起名为《吕氏春秋》，号称此书囊括了天地万物古今之事。《吕氏春秋》的编纂，反映了吕不韦在任职期间注重思想文化建设和意识形态之作用的意向。这在秦国以前的历史上是没有的。《吕氏春秋》既有儒家之说，又有道家及名、法、墨、农、阴阳各家之言，保存了许多先秦旧说和古代史料。其编纂成功，对扩大文化传播、提高秦人的文化思想素质，促进秦国对文化建设的重视，一定发挥了不小的作用。同时，《吕氏春秋》的编纂显示了秦国在当时包容百家的文化意向，反映了他们文化兼容的魄力和未及消化的急促状况。此书编成后，吕不韦将其公布于咸阳城门上，声言有能增损一字者赠以千金，以重金收买诸侯游士宾客的修改意见。（参见《史记·吕不韦列传》）《吕氏春秋》的编纂内容和过程从一个侧面反映了吕不韦的施政特点。

吕不韦作为丞相，权高势重，这在秦国历史上是空前的。他的父亲死后，四方诸侯宾客前来咸阳吊丧，车马填塞道路，比秦王之丧更为众盛。这种"权倾中外，威震诸侯"的状况与君主专制的政体是无法相容的。嬴政亲自秉政后，对他进行削职制裁，当是一种必然的行为。嫪毐事发，牵连到吕不韦。这只不过使嬴政为他找到了更为适当的削职借口，其制裁提前了一段时间罢了。

吕不韦是战国末年秦国著名的政治活动家。他出身商人，破尽家财扶立异人为秦王。大搞政治投机，身至秦相之位。他将商人的行事风格带进了自己的政治活动中，具有圆滑的处世方式和高明的政治手腕，使他的政治行为别具一格。他组织编纂《吕氏春秋》，成为历史上著名的杂家，对当时百家争鸣产生了重要影响。他行事圆滑、处政稳妥，使秦国成功地消化了昭襄王时大吞大咽的兼并成果，巩固了胜利，为后来秦国最终一并天下准备了条件。

智略将军王翦

王翦，战国末年秦将，频阳（今陕西富平东北）人。他在嬴稷执政后期初为将军，吕不韦为相时，他出谋攻破楚国黄歇统领的五国合纵联军，其后又率兵平定了成蟜、樊於期的叛乱。秦始皇嬴政亲自执政时，他英威大显，曾率兵攻破赵都邯郸，迫使赵王降秦。荆轲刺秦后他受命攻破燕都蓟城，逼燕王退保辽东。其后他率六十万秦军南伐楚国，战败项燕，攻破楚都寿春，俘虏了楚王负刍，又进军江南，尽收其地。灭楚班师后，他告老回乡。

王翦是秦国统一战争期间一员非常出色的大将，他善出奇兵，武略兼人，战功显赫，是白起之后武功最高的军事将领。

一、善于用兵，出奇制胜

王翦的军事才能首先表现在他的战术策略上。赵国曾纠合韩、魏、楚、燕五国之兵，共十余万人，推举楚相黄歇为上将，自蒲坂（今山西永济西蒲州）直攻秦国的渭南，秦相吕不韦统五位将军御敌，每将各率五万人，分别对付五国军队，王翦为五将之一，他对吕不韦建议说："三晋近秦，习与秦战，而楚在南方，其来独远，且与我三十年不相攻伐。诚选五营之锐，合以攻楚，楚必不支，楚之军破，余四军将望风而溃矣。"（第一百三回）于是秦国使五路军马设垒竖旗如常，暗地各抽精兵一万，组成五万精锐之师，准备突袭楚寨，楚军闻风而遁，合纵联军随之各自班师。王翦考虑到楚军远来疲乏，且不熟悉秦国战法，因此把楚军选作首先打击的对象。他从本国五路军队中各抽一万精兵，既保持着对五国军队的对付和防御，又保证了对重点对象的打击。由于精兵的抽调是在暗中进行，这也避免了其他四国的乘虚进攻。

秦将樊於期唆使嬴政的亲弟成蟜在屯留（今山西省屯留县内）反叛，并在当地收编队伍，攻下了长子、壶关两处，一时兵势盛壮，王翦奉命率十万军队前去平讨，初次交战，樊於期骁勇无敌，秦军折损了一些人马，于是，王翦连续采取一些策略措施，终于取得了平叛的胜利。一是，他打听得帐下末将杨端和原为成峤门客，于是向成峤写下劝降信托杨端和入城转交，成峤年方十七，不明政情，受樊於期的挑拨而举兵反叛，王翦的这一措施是要对叛军首领分化瓦解，以孤立樊於期。当时屯留城防守严密，王翦率军搦战，诱对方出城，然后佯装败退，叛军回城时，杨端和乘机混入城中，王翦为其入城献书劝降巧妙地创造了条件；二是，王翦自己屯兵坚守，派手下两员副将分兵去攻打长子城和壶关城，二城被攻破后，造成了屯留的孤立无援之势。叛军困守孤城，军事上已处下风；三是，在与屯留叛军的决战中，他安排了一路诱敌之兵，安排了两路伏兵，叛军大部被诱出城外，受到两路伏兵的夹击，他又亲率大军布满屯留城下，绝其归路。这次军事行动极大地杀伤了对方的军事力量，造成了对方不投降，就会被立刻消灭的境况。由于杨端和的暗中劝服，成峤举城投降，樊於期逃奔燕国。一场颇有声势的叛乱在王翦的精心安排下被迅速平定。

赢政亲自执政时，派大将桓齮围攻邯郸，被赵国名将李牧打败。于是，王翦受命伐赵，两军相拒于灰泉山。王翦为配合秦国的反间计，在前线主动派人与赵军讲和，两军信使往来不断。赵王听到李牧与秦军私自讲和的消息后派人暗地里前往观察，果见两军有所来往，于是相信了秦国的反间之言，撤换了李牧的前线指挥职务。王翦接着与副将杨端和分兵进军，赵军新任大将赵葱为了保守战略要地，拔寨俱起，前往迎敌，王翦侦察明白，派兵埋伏于沿路谷口，将赵葱之兵截作两段，使其首尾不能相顾，其后自引大军排山倒海般地杀来，赵葱兵败被杀，残军逃回邯郸。在这次邯郸外围之战中，王翦依计反间敌人，诱使赵国撤换名将李牧，极大地降低了敌军的指挥优势，然后佯攻战略要地，调动敌人，设下伏兵，在敌人的运动中将其歼灭，真正做到了谋与战的配合，赵王在战后不久即在邯郸城中投降。

王翦率六十万大军灭楚之时，也充分显示了他的军事指挥才能。首先，他在楚境中连营十余里，坚壁固守，楚将项燕每天使人挑战，秦军终不出迎，项燕对部下说："王翦老将，怯战固其宜也。"（第一百八回）王翦外显收敛自守之状，麻痹楚军，在营内却休整士卒，以"投石超距"的方式组织练兵。

按范蠡兵法的要求，"投石"游戏的方式是，让兵士用十二斤重的石块在一种木制机械上发射，石弹能达三百步之远者为胜，达不到三百步者为负，有能以手投掷三百步者，算多胜一筹。"超距"游戏的方式是立下七八尺高的横木，使人跳跃而过，以此赌胜。两种游戏分别练习投掷和跳越障碍的技艺。王翦每天使各营军吏默记各人的胜负，了解各人的技艺强弱，其次，又时时向兵士设飨献酒，亲自慰劳，偶尔获得楚军俘虏，以酒食待之放还。这样相持一年有余，项燕不得一战，益愈麻痹，不为战备。一天，王翦突然大享将士，声言破楚，将士皆摩拳擦掌，争先奋勇，王翦按游戏中的胜负情况选出骁勇有力者两万余人，别列一军，使其冲锋陷阵。项燕没料到秦兵猝至，仓皇出战，秦军两万壮士蓄力多时，不胜技痒，一人足敌百人，大显神威，楚兵大败，王翦指挥其他几路大军分兵略地，直捣楚都寿春，城破后，楚王负刍被俘，秦军遂收复了长江荆襄一带。其后，王翦率大军顺江而下，横扫楚国残军，迫使项燕自杀于兰陵（今山东苍山县）。

王翦在军事指挥上不拘成式，策略灵活，他富有经验，多次出奇制胜。

二、深通军事，洞悉战局

王翦身为大将，他对东周以来军事发展的态势有深切的观察与了解，故而对战国末期的战争形势有深刻的认识。嬴政在准备灭楚时，就用兵人数一事分别征询大将李信和王翦的意见，李信回答说："不过用二十万人。"王翦回答说："以臣愚见，非六十万人不可。"（第一百七回）嬴政私下考虑说："王翦老而怯，不如李将军壮勇。"遂任李信为大将，使率兵二十万伐楚，李信连胜楚军几阵，后来被楚将项燕打得大败，嬴政于是亲自去请王翦出战，王翦推辞不过，对嬴政说："大王必不得已而用臣，非六十万人不可。"嬴政疑惑地对他说："五霸威加诸侯，其制国不过千乘，以一乘七十五人计之，从未及十万之额。今将军必用六十万，古所未有也。"王翦中肯地对嬴政分析说："古者约日而阵，皆阵而战，步伐俱有常法，致武而不重伤，声罪而不兼地，虽干戈之中，寓礼让之意。故帝王用兵，从不用众。今列国兵争，以强凌弱，以众暴寡，逢人则杀，遇地则攻，报级动曰数万，围城动经数年，是以农夫皆操戈刃，童稚亦登册籍，势所必至，虽欲用少而不可得。况楚国地尽东南，号令一出，百万之众可具，臣谓六十万，尚恐不相当，岂复能减于此哉?"（第一百七回）听了这番分析，嬴政感叹说："非将军老于兵，不能透彻至此，寡人听将军矣!"遂以六十万军队授之。这里，王翦深刻分析了战国时代与春秋时代在用兵上的不同，第一，春秋时代人们尚存有相当的礼仪观念，作战中寓礼让之义，有些集团甚至公开打起礼仪的旗号进行舆论宣传和政治动员，他们为了自己特定的政治目的而进行军事争夺，但想法要顾及礼仪名分的要求。战国时代，人们的礼仪观念已十分淡漠，礼仪名分的占有已不成为军事争战中的优越条件，因而它在战争中已不为人们所顾及，这时候，力量就是一切，礼让反成虚弱，对军事力量的一味追求成了列国争雄中的普遍现象。第二，春秋时候人们的土地意识尚未形成，齐桓公曾向燕国出让土地几十里，在当时是完全可以理解的，当时的霸主更多的是注重别国对自己的推崇与信赖，而不大注重对别国的土地兼并。战国时候，人们的土地意识增强，对别国的兼并和蚕食几乎成了军事活动的唯一目标，土地的占领与保守要求军事行动有一支数量可观的部队。第三，春秋时更多的是采取阵战之法，这种战法重在比武而不在杀伤，战国时的作战重在杀伤敌人，完全是实力的较量，生产力的发展也使更多的农夫"野人"有可能脱离土地而专事争战。王翦从上述诸方面指出了战争趋势的变化，从而说明了战国时用兵之众多的一般原因，针对伐楚之战，他进一步认为，楚国远在东南，地广人稠，若不动用充足的兵力，既不能保证进攻中的优势，又不能保证对所占地盘的守护，兼并楚国就成了一句空话。王翦对战争形势的上述分析是极为透彻的，充分表现了他对军事大势的熟悉和对战争态势的把握。

伐楚取胜后，王翦率军进至锡山（今江苏无锡市西郊），当地人解释说："此山乃慧山之东峰，自周平王东迁于洛，此山遂产铅锡，因名锡山，许多年来，取用不竭，近日出产渐少。"（第一百八回）秦军在锡山埋锅造饭，偶得一石碑，上面有字："有锡兵，天下争；无锡宁，天下清。"王翦借题发挥说："此碑出露，天下从此渐宁矣! 今后当名此地为'无锡'。"王翦对此地的命名也在一定程度上反映了他对当时战争形势的认识。东周初期，冶炼技术的发展使当地的人们发现了山中的铅锡，时值战乱年代，人们将铅锡用之于战争，因而在观念上将产锡与战争联了起来，产生了"有锡兵，天下争"的认识。但厌恶战争的心情使人们产生了对天下清平的向往，他们渴望"无锡宁，天下清"的社会。灭楚之后，王翦看到了秦国的统一事业即将实现的前景，他认为没有战乱的太平盛世即将到来，因而穿凿附会，将当地人对太平之世的向往之词看作对目下时势的预察，并把他这种穿凿附会的认识以命名的形式肯定下来。事实上，秦国统一十余年即发生了大规模的战乱，山中无锡并没有保证太平盛世的到来，但王翦的认识和对无锡的命名，却反映了他当时对秦国统一之必然性的认识和对暂时性军事大势的估计，他的这些认识有充足的道理，显示了他对眼前战争局势的明了。

三、涉政谨慎，善处君王

和白起一样，王翦是秦国立有大功的战将，但王翦吸取了白起性格刚硬的深刻教训，他在政治领域里谨慎涉足，妥善处理了与高层领导人的关系。

王翦对上层领导的指示常常是无条件地服从，樊於期唆使成蟜在屯留率兵反叛，王翦受吕不韦之命出兵讨伐，两军列阵相对，樊於期散布流言，劝王翦反戈相击，面临这次重大的选择，王翦毫不犹豫地反驳说："汝乃造谤，污蔑乘舆，为此灭门之事，尚自巧言虚饰，摇惑军心。拿住之时，碎尸万段！"（第一百三回）他在关键时刻鲜明地表示了自己的立场。攻克屯留前，他派人向成蟜致信说道："首难者樊於期，君能斩其首，献于军前，束手归罪，某当保奏。"（第一百四回）后来成蟜举城投降，叛乱被平定后，嬴政命令王翦就地斩掉成蟜，王翦虽有对成蟜的保奏诺言，但并没有违逆君王之命的意思，成蟜因而自缢身死。嬴政派大将李信率二十万军队伐楚，王翦虽曾认为伐楚非六十万人不可，但嬴政一旦决定后，王翦则缄默不言，绝不私下议论，保持了对君王的高度尊重。王翦对许多事情有自己的看法与见解，但当他的认识与君王的认识发生矛盾时，他一般取服从君王的态度，无条件地服从上级命令，绝无违拗行为。

王翦身为大将，重兵在握，他明白，这种地位最能招致君王的疑忌，为了避免一些不必要的麻烦，他常常显示出愿意隐退的姿态。王翦与其子王贲统兵攻克蓟城，灭掉燕国，未回咸阳他就上表告老，嬴政派大将李信率领其众，追击燕王。王翦回国后甚至不住咸阳，而住于自己的家乡频阳。李信后来伐楚失败，嬴政亲至频阳请王翦出征，王翦再三推辞说："老臣疲病悖乱，心力俱衰，惟大王更择贤将而任之。"（第一百七回）他向君王又一次显示了自己无心将兵的隐退之意，但嬴政再三坚持让他率兵出征，他又一次放弃了自己的意愿，受命出征。在政治领域内谨慎小心，常示隐退之心，这是拥兵大将自我保全的重要手段，王翦对这一点看来是有自觉的意识。

王翦受命率六十万军队伐楚，嬴政亲自送至霸上（今西安市东）设饯，王翦郑重地向嬴政献上一杯说道："大王饮此，臣有所请。"嬴政一饮而尽，问他有何请求，王翦从袖中抽出一简，上面开列着咸阳几处美田宅院，请求嬴政将这些地方批给自己，并解释说："臣老矣，大王虽以封侯劳臣，譬如风中之烛，光耀几时？不如及臣目中，多给美田宅，为子孙业，世世受大王之恩耳。"嬴政大笑而许诺。兵至函谷关，出了秦国昔日疆界，王翦又派人至咸阳向嬴政索要几处园池，副将蒙武劝他不要请求太多，王翦向蒙武透露心腹说："秦王性强厉而多疑，今以精甲六十万畀我，是空国而托我也。我多请田宅园池，为子孙业，所以安秦王之心耳。"（第一百七回）原来，王翦出征前向嬴政请求多处田宅，是出于更深的考虑，他手中的军队占国家武装力量的绝大部分，这种情况势必造成君王对出战行动的高度警觉，其间难免有发生误会和疑忌的可能，稍不注意，就会造成个人命运的悲剧。为了避免可能发生的疑忌，王翦故意装成只求田园美宅而胸无政治抱负之人，他郑重地向嬴政提出家产上的请求，并认真地对这一请求做出解释，显示出衷心期望的意思，实际上是要表明自己政治上的无欲，提高君王对他的政治放心度。王翦还考虑到，伐楚期间君王对他的最大担心是怕他灭楚后自立为王，称霸一方，于是他故意请求地处咸阳的田宅，他借此向嬴政表明，自己是一位看重本土、准备叶老归根的人，灭楚后是要回咸阳养老的，无须对他有其他的疑虑。王翦一握重兵，就想向嬴政表白他的忠诚不二，但当时嬴政对他并没有产生丝毫的怀疑，他的表白公开说出，反有"此地无银"之嫌，于是他采用多请田园美宅的方式，巧妙地向君王暗衬出他的心迹，既表白了自己的忠诚，又避免了多语之嫌，这充分显示了他涉政处事的谨慎。王翦灭楚后，回咸阳交出兵权，仍归频阳居住，说明他的家园之请确是不包含个人私欲的纯粹的安全保障措施。

王翦由于在政治领域小心谨慎，妥善处理和上级的关系，因而他深得高层领导的信任与青睐。樊於期反叛时，吕不韦选中王翦前去制服，并对嬴政说:"樊於期有勇无谋,兵出即当就擒,不必过虑。"(第一百三回)表现了他对王翦的器重与信任。嬴政二十一岁时,去雍城举行冠礼,准备亲自执政,当年春季天空出现彗星,古人认为这是发生重大灾变的先兆,嬴政临行前专门安排王翦在咸阳耀兵三日,随即又让他与丞相一同守国,托以重任。伐楚时嬴政当面表示说:"此行非将军不可!"(第一百七回)充分表现了对他的信赖和赏识。王翦之后,他的儿子王贲和孙子王离均为秦国大将。在秦国历史上,一个高层将领在自己一生及其后两世一直受到君王的信赖,王翦恐怕是唯一的一位。

混一天下的嬴政（秦始皇）

嬴政，战国末年秦国国君，秦王朝的建立者。公元前 259 年，嬴政的父亲、秦庄襄王子楚（即异人）在邯郸为赵国人质，嬴政由母亲赵姬生于邯郸，三年后他们在吕不韦的协助下逃回咸阳，后来嬴稷、嬴柱、嬴子楚三代君王相继死于王位，年仅十三岁的嬴政遂于公元前 246 年即位，由号称"仲父"的丞相吕不韦实际执政。公元前 238 年嬴政开始亲政，他在雍城祈年宫镇压了宦官嫪毐的叛乱，次年免掉了吕不韦的丞相之职，改用李斯为相，他采纳了客卿尉缭等人的建议和策略，任用王翦等大将进行了大规模的兼并战争，由公元前 230 年灭韩到公元前 221 年灭齐，十年之间，消灭了割据称雄的六国，建立了中国历史上第一个统一的中央集权的封建国家。他分全国为三十六郡，郡下设县，确定国家君主的称号为皇帝，自称"始皇帝"，并制定了体现专制主义的政治、经济和文化政策，这些政策加深了秦王朝同下层民众的矛盾，他死后第二年爆发了陈胜、吴广起义，秦王朝建立第十五年即被推翻。

嬴政是战国时代最后一个存在的君王，是列国统一事业的完成人，是中国历史上数千年封建专制制度的始作俑者，他性格突出、政绩显赫、功罪昭著，他的个性特点及其才能在统一事业的政治活动中被充分地体现了出来。

一、处事果敢，英勇刚毅

嬴政在亲政前，太后赵姬摄政，丞相吕不韦实际掌权，吕不韦与赵姬早年在邯郸私情很深，执政期间二人意气相投，但年轻的嬴政对他们并非一切都唯唯诺诺，对事有自己的见解，并敢于坚持自己的主张。弟弟长安君成蟜在率兵伐赵途中受人唆使而反叛，不久被擒。母太后闻及此讯，脱掉簪笄，代成蟜请罪，求免其死，并转乞吕不韦言之，嬴政并不理睬这一套，他发怒说："反贼不诛，骨肉皆将谋叛矣！"（第一百四回）派人传令将成蟜就地处斩，并将成蟜的随从军吏一齐斩首，太后连一点活动的余地也没有。

嫪毐是吕不韦推荐给太后的内侍，实际上是未曾阉割的假宦官，他长期与太后通奸，在祈年宫私生二子，深得太后宠幸，被封为长信侯，专权用事。嬴政去雍城举行冠礼（古代男子成年时举行加冠的礼仪）时，偶然得知了这一情况，非常气愤，遂密以兵符往召事前派驻岐山（今陕西岐山县东北）的军队。嫪毐知自己私情已被嬴政觉察，非常惊恐，深夜求见太后，要来太后之玺，遍召雍城中的宫骑卫卒，谎称祈年宫有贼，以救驾的名义组织力量进攻祈年宫，准备在岐山军队到来之前乘乱杀掉嬴政。雍城的这些警卫部队不明真相，围攻祈年宫，嬴政独身登台，问各军犯驾之意，士卒回答说："长信侯传言行宫有贼，特来救驾。"嬴政告诉他们说："长信侯便是贼！宫中有何贼耶？"士卒闻之，一半散去，有些胆大的反戈与嫪毐的亲信宾客们相斗。嬴政又下令道："有生擒嫪毐者，赐钱百万；杀之而以其首献者，赐钱五十万；得逆党一首者，赐爵一级；舆隶下贱，赏格皆同。"（第一百四回）于是，宫中宦者及牧圉奴仆，皆尽死力出战，城中百姓闻嫪毐造反，亦相助剿杀，嫪毐的数百名亲信被斩，他兵败东逃，被岐山开来的大兵抓获。平叛后，嬴政从宫中密室搜出嫪毐的两个私生子，使左右装于布囊中扑杀之，他将嫪毐审问后将其车裂于东门之外，灭其三族，将其二十余名同党一并斩首，从叛者全部诛死。太后协助叛逆，嬴政认为不可为国母，减其俸禄，迁居别宫，以三百人监守，他未去相见告别，回驾咸阳。在这次平叛中，二十出头的嬴政即显示了他的果敢和刚毅，他在得知嫪毐的实情后并未贸然发难，而是密召岐山军队，沉着准备对付。嫪毐首先发难，岐山军队未至，情况万分危急，嬴政并未惊慌失措，他亲自亮相，向宫骑卫卒说明真情，揭露叛方阴谋，迅速扭转了局势。他在局势变化的关键时刻，果断地以重赏奖励杀敌，极大地提高了自己一方的士气，同时摧毁了敌方的争斗信心，对平叛胜利起了决定性作用。他后来的处置措施，既是对叛乱分子的惩罚，也表明了对太后的决裂态度。

嫪毐在临刑前的招词中供出了他与丞相吕不韦的同谋关系，嬴政回咸阳后，准备将吕不韦一并诛之，因群臣保奏，嬴政免去了他的丞相职务，收缴了相印。不久，他又勒令吕不韦离开咸阳，去河南封地居住，当他听说列国纷纷遣使向吕不韦问安，争相聘请为相时，即手书一缄，对其严加指责，又令他迁居蜀郡，吕不韦于途中自杀。吕不韦当时算得上是秦国的三世功臣，尤其是他曾扶立嬴政的父亲子楚为君，大功不灭，当时又身为丞相，号称"仲父"，深交群臣、广养宾客，权倾内外，但嬴政一旦得知他与嫪毐事件有所牵连，立即毫不手软地对他严加惩处，反又逼其迁居，这都显示了他年轻有为、刚毅果敢的性格。

秦国灭燕之前，燕太子姬丹派刺客荆轲入秦，以进献樊於期之首及督亢地图的名义接近嬴政，荆轲在殿上图穷匕显，嬴政见之大惊，奋身而起，衣袖被撕裂，遂越过座旁的屏风隐身，屏风被扑倒，荆轲持匕首追来，嬴政只好绕柱躲避，他在无所准备的情况下仓促应战，但毫不畏惧，经过不长时间的周旋，他瞅机拔出背上的长剑，举剑直砍，终于斩杀了荆轲。和祈年宫平叛时的独身亮相一样，嬴政在关键时刻无所畏惧，敢于挺身对敌，处处表现得刚强勇敢、胆识过人。

二、爱才纳谏，知过能改

战国晚期，秦国统一天下已是大势所趋，一批有政治远见、富有才能的人物西向归秦，希望能在统一事业中一显身手，作为秦国君王的嬴政，出于兼并战争的需要，总的来看，是相当重视他们的作用。他敬重这些人才，能吸收他们的合理建议，有力地推动了战争的顺利发展。

楚国上蔡人李斯系荀况的弟子，广有学问，曾为秦相吕不韦的舍人，嬴政接受了吕不韦的推荐后将其拜为客卿，吕不韦死后不久，李斯向嬴政说："自孝公以来，周室卑微，诸侯相并，仅存六国，秦之役属诸侯，非一代矣。夫以秦之强，扫荡诸国，如拂灶尘。乃不及此时汲汲图功，坐待诸侯复强，相聚合纵，悔之何及！"（第一百五回）他建议嬴政乘时兼并，并提出了自韩国开始，对六国各个击破的策略方针。嬴政采纳了他的建议，随即开始了大规模的兼并，首先出兵韩国，不久韩国就投降称臣。其次又升任李斯为廷尉（主管司法的最高长官，九卿之一）。统一六国后，任李斯为丞相，李斯对秦国后来的政治选择和文化政策均发生了重要的影响。

韩国贵族韩非亦曾受业于荀况，他是当时法家的主要代表人物，因口吃不善表述，在韩国未能见用，遂将自己《说难》《孤愤》《五蠹》等数十万言的著作献于嬴政，表示说："大王用臣之谋，若赵不举、韩不亡、楚魏不臣、齐燕不附，愿斩臣之头，以徇于国，为人臣不忠者之戒。"（第一百五回）嬴政读罢此书，称道不绝，准备用为客卿，相与议事，后来由于李斯的嫉妒和陷害，韩非自杀于狱中，嬴政后来对此非常惋惜。韩非关于"法、术、势"三者合一的君主统治术，显然对嬴政及其后来的封建君王的政治行为起了重要的指导作用。

魏国大梁人尉缭深通兵略，自负甚高，嬴政闻其游于咸阳，乃去掉君臣之礼，而以宾礼召之。尉缭到后，长揖不拜，嬴政仍以礼相敬，置之上座，以先生相称，向他恭敬地请教离散六国之方。尉缭对答说："今国家之计，皆决于豪臣，豪臣岂尽忠智，不过多得财物为乐耳。大王勿爱府库之藏，厚赂其豪臣，以乱其谋，不过亡三十万金，而诸侯可尽。"（第一百五回）他主张让秦国以金钱收买六国权臣，使他们暗中协助秦国的统一事业。嬴政非常赏识这条建议，他大出内帑金钱，分派宾客使者去各国活动，重贿各国的当权之人，并探其国情。赵国的郭开、齐国的后胜在本国身为丞相，后来都成了秦在这些国家中的内线人物，郭开在赵国拒用廉颇、谗害李牧；后胜在齐国长期推行废武亲秦的政策，均对秦国的统一战争作了暗中协助。尉缭的收买战略是非常成功的，嬴政接受了这一主张后即尊尉缭为上客，衣服饮食，与自己相同，时时去其馆舍，长跪请教。尉缭一日不辞而别，嬴政闻知后怅然若失，急派轺车四处追还，与其立誓，表示永不相负，拜其为太尉（主掌军事的官员，与丞相同尊），他的弟子均被拜为大夫。尉缭后来根据战争发展形势，向嬴政提出了兼并的次序，他认为："韩弱易攻，宜先；其次莫如赵魏。三晋既尽，即举兵而加楚。楚亡，燕齐又安往乎？"（第一百五回）后来燕太子派荆轲行刺，嬴政对燕国的兼并有所提前，其余的兼并次序全是按尉缭的军事计划进行的。后来，秦国在伐赵时患于师出无名，尉缭建议说："王若患伐赵无名，请先加兵于魏。赵王有宠臣郭开者，贪得无厌，若遣往说魏王，使贿郭开而请救于赵王，赵必出兵，吾因以为赵罪，移兵击之。"（第一百五回）嬴政又采纳他的建议，派王敖具体实施。王敖是尉缭的弟子，亦深得嬴政的敬重，他频繁地活动于魏赵之间，游说魏王，收买郭开，曾向嬴政表示说："臣以一万金了郭开，以一郭开了赵也。"（第一百五回）

赢政在兼并战争中能够听取各种人的意见。秦国大军包围邯郸，准备一举灭赵，赵相郭开写下密书一封送交秦营，大意是说：现今赵王已非常畏惧，如果秦王大驾能亲临邯郸督战，造成威慑，赵王必会举城而降。赢政闻讯后，立即亲率精兵三万来邯郸助战，直到赵王投降方才回国。事实上，郭开是赵国的内奸，他的人格是赢政所不屑顾及的，但为了战争的需要，赢政不曾因人废言，还是乐于接受其有利于己的主张。

赢政对尉缭、李斯等外来人才非常敬重，对本国才能突出的人物也一视同仁。他对老将王翦一直非常信赖，后来为了请王翦出征伐楚，他亲至其家乡频阳探视，当面表示说："将军虽病，能为寡人强起，将兵一行乎？"他以征求意见的方式试探性地授命，王翦一再推辞，他明确地表示说："此行非将军不可，将军幸勿却！"（第一百七回）显示了他对王翦的高度器重，他在出兵人数上虽与王翦的看法有所不同，但与王翦平等讨论，终无君王的自矜之态，后来觉得王翦的看法有道理，当即感叹说："非将军老于兵，不能透彻至此，寡人听将军矣！"完全接受了王翦的意见。王翦击败楚将项燕后，赢政亲去鄂渚（相传在今湖北武汉市黄鹄山上游三百步长江中）抚慰，王翦表示愿率军深入东南，扫灭残敌，赢政赞扬说："王将军年虽老，志何壮也！"（第一百八回）对他的作战精神给予高度赞扬。王翦的儿子王贲不久后率兵深入北地，一举灭掉了燕、代的残余势力，赢政手书一信祝贺说："将军一出而平燕及代，奔驰两千余里，方之乃父，劳苦功高，不相上下。"他向王贲下达了顺道灭齐的命令后表示说："将军父子，功于秦无两！"（第一百八回）赢政的多次褒奖，表现了他对人才的敬重，同时又显示了一种良好的用人方法。这种方法在施政中屡有体现。年方十二岁的甘罗被吕不韦推荐，赢政派他出使赵国，甘罗通过游说，拆散了燕赵联盟，使二国向秦献城争媚，秦国仅以保持两国争战中的中立态度而坐收渔利。甘罗回国后，赢政夸奖说："河间之地，赖孺子而广矣！孺子之智，大于其身。"（第一百四回）遂封甘罗为上卿，并赐以田宅。赢政看重甘罗的才能，不以年少没其智，也属一种难得的作风。

赢政的重才甚至反映在他对后宫嫔妃的态度上。他在宫廷殿堂经过一番搏斗，击杀了刺客荆轲的当晚，在内宫置酒压惊，后宫嫔妃纷纷前来问安，有一位在灭赵时自赵王宫中选来的后妃胡姬，善于奏琴，她为赢政鼓琴解闷，放声而歌道："罗縠单衣兮可裂而绝，八尺屏风兮可超而越，鹿卢之剑兮可伏而拔，嗤彼凶狡兮身亡国灭！"（第一百七回）胡姬对当时的搏斗情形作了生动的描述，赞扬了嬴政的勇猛并表达了对刺客的痛恨，她将这些感情凝练于数句歌词中，嬴政见其才思敏捷，十分喜爱，给予厚赐，当晚就宿于胡姬之宫，后来胡姬生下胡亥，她一直受到嬴政的宠幸，胡亥后来还做了二世皇帝。嬴政对后妃的态度如何，并不是直接的政治行为，但他在这一方面反映出来的重才态度与政治行为中的某些思想因素是相通的。

　　嬴政在施政的某些方面出现过严重失误，这些失误可能会造成对统一事业的消极影响，当大臣们尖锐地指出这些失误后，他能在一定程度上予以认识和接受，迅速地改正过失。嫪毐事件后，嬴政实际上是监拘了太后，许多大臣认为这是大逆不孝，坚持让他迎回太后，以礼相待，他拒不接受，将前来劝谏的近三十人先后诛杀。后来，一位名叫茅焦的人为此求见，嬴政按剑而坐，盛怒以待，茅焦见后对他说："今天下之所以尊秦者，非独威力使然，亦以大王为天下之雄主，忠臣烈士，毕集秦廷故也。"他列举了嬴政的不孝之行，指出说："夫以天下为事，而所行如此，何以服天下乎？"并认为若不及时改过，就会"怨谤日腾，忠谋结舌，中外离心，诸侯背叛，秦之帝业垂成，而败之于目下。"（第一百五回）嬴政本来也要诛杀茅焦，听了这番议论，态度大变，他请茅焦落座，拜谢说："前谏者，但数寡人之罪，未尝明悉存亡之计。天使先生开寡人之茅塞，寡人不敢不敬听！"（第一百五回）遂将以前诛杀的二十余人之尸，各备棺椁，同葬于龙首山（今西安市城北），命之为"会忠墓"，并同时派人去雍州迎回太后，太后将到时，他膝行而前，叩头拜谢，又置酒相待，母子亲善如初。他后来还拜茅焦为太傅，封上卿之爵。再如，嬴政一度有感于外来宾客游士有各为本国之心，遂接受了宗室贵族的逐客建议，下令国中：凡外来游客，不许留居咸阳，已仕者削其官，三日内皆要逐出境外，容留之家，一体治罪。李斯亦在被逐之列，他于途中写下一信，托言机密事，通过邮传转至嬴政，信中说："泰山不让土壤，故能成其高；江海不择细流，故能就其深；王者不却众庶，故能成其德。"信中列举了秦穆公、孝公及昭襄王任用外来人才以成就大业的事实，指出："秦君皆赖客以成其功，客亦何负于秦哉？大王必欲逐客，客将去秦而为敌国之用，求其效忠谋于秦者，不可得矣。"（第一百五回）嬴政看信大悟，立即取消了逐客令，并使人驰车追还李斯，加以重用。时值战争年代，嬴政的许多重大行为和方针都将直接影响到秦国的兼并事业，他非常看重这一事业，当他认识到自己的某些行为会给事业带来损害时，能自我克制，收敛自己的刚愎之性，迅速改正过失。这是嬴政迫于战争压力而做出的一种非主动的选择。

三、性格奸诈，手段阴晦

在处事待人上，嬴政有自己的一套手段，总的看来，他受到过法家权术思想的影响，表现出了一定程度的奸诈性格。

赵国丞相郭开是秦国以重金收买的内线人物，他执政时拒用廉颇、谗害李牧，后又诱使赵王降秦，对秦国的兼并事业起了很大的协助作用。郭开因受贿而积金甚多，均藏于邯郸宅第，秦国灭赵后，郭开被任为秦国上卿，他向嬴政请假回赵，准备搬取家财，嬴政笑而许之。郭开回到邯郸，发窑取金，以数车相载，中途为强盗所杀，藏金尽为所掠，不久有人传出风声说："李牧之客所为也。"（第一百六回）从当时的情况来看，嬴政安排杀人掠金的可能性极大。郭开回赵搬财，李牧的门客少有可能知晓，而嬴政对此是十分清楚的，他心鄙郭开为人，不愿他成为秦国官员，在自己手下为臣，更不愿看见他凭秦国的金银成为咸阳富户，于是嬴政安排人于途中杀掉郭开，并把本来属于秦国的财物夺了回来。秦国在与赵战争中曾经利用和借重过郭开，灭赵后郭开实无所用，将其杀掉自然符合嬴政的政治方针，但如果让人知道了事情真相，显然不利于秦国的外界形象，且会妨碍秦在其他国家收买政策的实施，于是嬴政让斩杀郭开的一伙人隐去真实身份，诈称强盗，使外人不识真相，他不久又让人故意传出风声，把外人的怀疑视线引向李牧的门客。李牧不久前为郭开所陷害，这一风声对外界有很大的迷惑；同时，李牧门客已散，人们对此消息无法查证，对责任也无法追究。齐国丞相后胜也是被秦国所收买的人物，他为配合秦国的兼并战略，在执政期间拒绝参加列国的合纵联盟，秦每灭一国，反遣使称贺；他在国内大肆渲染秦国的和好之言，不修战备；秦国大军临齐时，他力劝齐王迎降。后胜的行为使秦国在兼并战争中能够专心对付其他国家，并使秦军后来能兵不血刃地灭掉齐国，迅速完成统一事业。在灭齐之后，嬴政向大将王贲传令说："齐王用后胜计，绝秦使，欲为乱。后胜就本处斩首。"（第一百八回）后胜未入咸阳，就被强加罪名而诛杀。嬴政对收买过来的人物，起先是深加利用，使他们为自己的政治战略服务，毁灭其国，而当目的达到后，这些人对他已无任何用处，于是就毫不留情地结果他们。为了避免可能造成的消极影响，他将这种处置安排得不露痕迹，或者冠以堂而皇之的理由。

对于自己的大将王翦，嬴政是一直非常信任的，他在军事上给其以重用，时常不乏高度的赞扬，但王翦几次出征回国，立即就交出兵权，甚至在伐燕后尚未回国，就上表告老，这不能说与嬴政可能具有的某些心理揣测没有关系，王翦两次告老归乡，离开咸阳，未见嬴政有劝阻的表示，伐楚前王翦一再地索要咸阳田宅，故意做出毫无政治欲望的表示，认为"秦王性强厉而多疑"（第一百七回），他这样用计释疑，一再表白自己，是事出有因的。尉缭来秦后受到嬴政的高度敬重，其待遇在秦国群臣及宾客中是少有的，但他有一次不辞而离，秘密逃跑，他曾对人讲："吾细察秦王为人，丰准长目，鹯膺豺声，中怀虎狼之心，残刻少恩，用人时轻为人屈，不用亦轻弃人。今天下未一，故不惜屈身于布衣，若得志，天下皆为鱼肉矣！"（第一百五回）尉缭享受着特殊的待遇，但他对嬴政仍做出了这样的结论，甚至惧而潜逃。这一切不是没有原因的。值战争用人之际，嬴政派人追还尉缭，与他立下誓约，尉缭才继续留用于秦。

吕不韦是对秦国立有大功的人物，他破尽家产，保全异人回国，将其扶立为王，以后又辅佐嬴政，身为丞相，实际主持国政，被嬴政尊为"仲父"，但嬴政亲政后就将其免职，不久又把他逼上了绝路。嬴政如此对待吕不韦，是有许多原因的：第一，吕不韦与嫪毐事件有牵连，嬴政挖出了假宦官，连带出了吕不韦。吕不韦长期与太后通奸，嬴政有所风闻，嬴政同意太后去雍城居住，正是想让她避开吕不韦，但他后来知道吕不韦、太后与嫪毐合谋，欺骗了自己，继续干那种伤风败俗的勾当，这为嬴政所不能容忍；第二，吕不韦掌握国家政权，身边有一批势力，他权高震主，嬴政亲政后，感觉到了吕不韦对自己权力的威胁，他要正常发挥一个君主的作用，必然要首先消除这种威胁；第三，从思想观念上说来，吕不韦组织宾客编撰《吕氏春秋》，形成学术上的杂家，体现了包容百家的文化意向，而嬴政作为一国君主，受到环境、家风的影响和专制体制的培养熏陶，开始表现了对法家思想更多的崇尚，思想观念上的差异必然影响到政治行为、用人方式、生活礼仪等各方面的冲突。嬴政要想全面伸张自己的政治意志，就必然要对吕不韦实行抑制。嬴政在罢免了吕不韦，将其逐出咸阳后，又怕他为别国所用，对秦国造成威胁，于是，命他由封地迁蜀，将其逼上了绝路；第四，嬴政逼死吕不韦，也是为了给自己正血统，他要借此表白自己血缘上的纯净清白。吕不韦早年在邯郸经商时就有意亲近在赵为质的嬴政之父异人，他还将自己新娶不久的爱妾赵姬献给孤身一人的异人做妻，后来赵姬生下嬴政。人们根据这些情节就揣测或断定说，吕不韦当年是将怀孕的赵姬献给了异人，因此嬴政的生身父亲是吕不韦而不是异人。樊於期唆使成蟜反叛秦国，他的唯一理由就是："今王政，实非先王之嗣，乃不韦之子也。始以怀娠之妾，巧惑先君，继以奸生之儿，遂蒙血胤。"（第一百三回）嬴政对这些言传是有所耳闻的，他后来借故逼死吕不韦，从一定程度上说来，是要向世人表明自己与吕不韦毫无血缘关系，要表明他嬴氏血脉的正统地位。值得注意的是，他在统一天下后自称皇帝时，追尊庄襄王异人为太上皇，异人为君只有短短三年，影响不大，他的这一措施很难说与制裁吕不韦、消除谣传和血缘表白没有任何关系。

那么，嬴政的生父到底是谁？这里不妨顺便作一分析。《史记·秦始皇本纪》载："秦始皇帝者，秦庄襄王子也。庄襄王为秦质子于赵，见吕不韦姬，悦而娶之，生始皇。"《史记·吕不韦列传》上载："吕不韦娶邯郸诸姬绝好善舞者与居，知有身……欲以钓奇，乃遂献其姬。姬自匿有身，至大期时，生子政。"从两处记载中可以看到，嬴政的母亲确是先为吕不韦之妾，而后来被异人所娶。第二处记载说道，赵姬在为吕不韦之妾时就已怀孕，后被异人娶走，到怀孕的第十二个月（大期，即十二个月）生下了嬴政。这就出现了一个问题，按生理学的常识讲，妇女怀孕不可能超过十个月，正常的胎儿经十月怀娠，必然"一朝分娩"，为什么偏偏嬴政的被孕和出生能违背这一生理规律？《列国志》的作者对第二处记载作了如下想象和解释："那赵姬先有了两月身孕，方嫁与异人，嫁过八个月，便是十月满足，当产之期，腹中全然不动。因怀着个混一天下的真命帝王，所以比常不同，直到十二个月周年，方才产下一儿。"（见第九十九回）作者用嬴政后天的政绩说明他在母腹中先天性地与众不同，认为后天的社会活动可以决定一个人在出生时违背生理规律，这显然是荒谬的。我们只能认为：赵姬确曾为吕不韦之妾，但她在被异人所娶时并未怀孕，赵姬在成为异人之妻后十个月生下嬴政，因而异人为嬴政的生父无疑。王翦平定成蟜之叛，在阵前反驳樊於期的造谤时说道："太后怀妊十月，而生今王，其为先君所出无疑。"（第一百三回）这一说法当是真实可信的。

《列国志》和《史记》的作者在嬴政的生父问题上故弄玄虚，巧做文章，有着深刻的社会原因。第一，古代人十分看重一个人的血统，对这一问题也十分敏感，嬴政身处大国君主之位，世人瞩目，而他的母亲与异人结合前恰恰有那么一段经历，这就触发了人们敏感的神经，于是会出现一些无法确定的猜测，这些猜测难免为一些猎奇好事者所渲染。第二，把嬴政的生父故意歪曲地肯定为吕不韦，实际上是后世人们对嬴政和秦王朝的辱骂诅咒。嬴政以武力攻灭六国，后来又专横暴虐，曾被人划入暴君之列，尤其是他实行文化专制，焚书坑儒，得罪了一大批文人学子，也引起了后世文人的普遍不满，人们在当时不能用武力压迫他，愤无所出，于是就要进行最恶毒的咒骂，人们骂他"错误"、"荒谬"、"卑劣"，甚而骂他"残暴"、"无耻"尚远不足以泄其恨，古代的价值观十分看重一个人的血统以及他母亲的贞操，于是人们有意给嬴政的父亲异人扣上一顶绿帽子，又把嬴政的母亲说成一位失去贞操、又极好淫的女人，嬴政被说成奸生之子，这就达到了对嬴政进行人格侮辱的极致。同时，秦王朝兼并六国，拆毁了他们的祀祠，取消了他们的文字，烧毁了他们的史书，又加重了天下百姓的负担，人们痛恶这个王朝，把嬴政故意说成吕不韦的生子，认为嬴氏的天下为吕氏所阴篡，也满足了人们对秦王朝的心理报复。人们对嬴政的生父问题捕风捉影、有意歪曲，借此辱骂嬴政和报复秦王朝，同时达到了双重的心理平衡。《史记》的作者也许对这种流言没有认真甄别，《列国志》的作者肯定是赞赏这一辱骂而不愿进行事实澄清，于是记载下来，谬种流传，使后世真假难辨。

当然，嬴政的生父究竟是谁，这对历史进程和历史研究本身几乎毫无意义，但我们明白了事情的真相，知道了后世的歪曲及其原因，就能看到当时及后世人们对嬴政的怨愤态度，也能了解文人学子对一个政治人物进行形象污损的轻而易举的机巧。

四、功成骄横，暴厉肆虐

嬴政在性格上刚毅果敢，迫于对外战争的需要，他常常能够听取意见、纳谏改过，使刚毅的性格不至于向反面发展。统一天下后，嬴政的政绩显得无与伦比，他也同时失去了外来的压力，这时，他以最终胜利者自居，把天下全部视作己有，其性格表现有了一些显著的变化。

嬴政在功成后变得好大喜功，他自认功德绝伦，无人可比，觉得不可一世。三皇、五帝是上古传说中功德无量的人物，嬴政统一天下后在商议自己君号时，否定了大臣们的"泰皇"之议，他认为自己德兼三皇、功迈五帝，遂兼取二号而自称"皇帝"，这反映了他对个人作用的一种极端的不恰当估计。他取消历史上的分封制，在全国建立郡县制，把天下百姓绝对地置于专制的中央集权之下。这之后他几乎年年出游，到处刻碑记功，封泰山、禅梁父，广筑宫殿，修建陵墓。天下百姓刚解除了数百年战乱的痛苦，未及喘息，嬴政又为他们套上了沉重的锁链。嬴政自然没有想到这些行为会导致自己统一功业的迅速毁灭。狭小的政治眼光使他无法看到统一事业完成后任重道远的前景，将六国的兼并看成了政治目标的彻底实现和绝对的功成名就，加上文明史的发展尚处幼年，如何处置大一统的国家尚无多少可资借鉴的材料，这更使嬴政有可能不切实际地夸大自己的作用，在施政上无所顾忌，任意妄为。

统一战争结束后，嬴政在许多事情上听不进别人的意见，变得作风专横。公元前213年，嬴政在咸阳宫置酒设宴，仆射（掌管一项职事的朝官）周青臣上前称颂嬴政的功德说："以诸侯为郡县，人人自安乐，无战争之患，传之万世，自上古不及陛下威德。"（本小部分材料及引文均自《史记·秦始皇本纪》）嬴政听罢非常高兴。出身齐国的博士淳于越却对郡县制提出异议，认为周青臣的话是谄谀之言，不是忠臣所为，并认为"事不师古而能长久者，非所闻也。"丞相李斯反驳淳于越的观点，嬴政赞同了李斯的看法，遂下令：焚烧《秦记》以外的列国史记以及私藏的《诗》《书》，有敢谈论《诗》《书》的处死，以古非今的灭族；禁止私学，欲学法令的以吏为师。次年，卢生、侯生等儒生和方士私下议论嬴政的为人及政策，最后逃亡而去，嬴政知道后认为这些人有负他的厚遇，派御史查究此事，儒生们互相告发，嬴政亲自将四百六十余人判处死罪，将他们全部坑死在咸阳，并将此事在天下宣传，用以惩后。历史上称这一事件为"焚书坑儒"。本来，不同意见的出现是正常的事情，完全可以通过平等讨论、互相争辩的方式明确其是非，执政者也可在辩论中提高认识，从而选择最好的政治方案，但嬴政不屑于这样，他武断行事，依靠行政的方法取缔了对方的意见，甚至为此而销毁了许多珍贵的文化典籍，并将有反对言论的数百人活活坑死。焚书坑儒是嬴政专横暴虐性格的大暴露，同时也是秦朝政治上的专制主义在文化政策上的必然体现。嬴政在思想观念上更多地崇尚法家，他焚书后提出"以吏为师"，使秦朝的法制推行一开始就走上了扭曲的轨道，这种吏为法本、吏在法外的法制思想对后世的消极影响是极大的。嬴政的长子扶苏当时曾劝谏说："天下初定，远方黔首未集，诸生皆诵法孔子，今上皆重法绳之，臣恐天下不安。"嬴政听不进这种意见，一怒之下，将扶苏发派到北方去做监军。

嬴政晚年的性格变得非常暴虐。有一次他从山上看见丞相的车骑甚众，显得很不高兴，随从中有人将此事告诉了丞相，丞相后来减少了车骑，嬴政发怒说：此必有人泄露了我的话语。于是一一审问，因为无人敢于承认，他下令将当时在旁的宦官侍卫全部杀掉。有一年，有陨石落于地上，有人在陨石上刻字道："始皇帝死而土地分。"嬴政听到后，派御史挨次审问，因无人承认，他于是将陨石旁的居民全部捉拿杀掉。他草菅人命，滥杀无辜，到处判罪，而根本不知自己的行为本身就是一种极大的犯罪。

嬴政晚年派许多方士为他求长生不死之药，表现出对神仙之术的格外虔诚，但有一次，他漂渡于江河，到达湘山祠，遇到大风，几乎不能上岸，他问随行的博士说："湘君是什么神？"博士回答说："听说是尧的女儿，舜的妻子，葬在这里。"嬴政闻之大怒，派出三千个服刑役的罪犯，把湘山（在今湖南岳阳县西洞庭湖中）上的树木统统砍掉，使山岭变成光秃秃的一片。嬴政这次无端发怒，向湘神示威，其暴虐已到了疯狂的病态程度。他最后一次出巡，重病于途中，这时他非常讨厌谈死，群臣无人敢说，临近死亡，他对群臣的威严未减，执掌符玺的宦官赵高正是利用这一威严，用假诏书逼死扶苏，扶立昏庸的胡亥为二世皇帝，从而把秦国政治推向了崩溃的边缘。

在统一六国前，嬴政曾车裂嫪毐，逼死吕不韦，连续诛杀为太后之事而进谏的近三十位大臣，又曾下令逐客，信谗而迫害韩非，他独断专横的性格已有所表现，但由于对外战争的压力，他有时不得不接受大臣的劝谏，在很多时候注意收敛自己的专横行为。统一战争的完成一方面急剧强化了嬴政的自信，另一方面使他失去了对外的顾忌，变得刚愎自用、恣意妄为，再也听

不进不同的意见而滥开杀戒。嬴政后期的专横残暴是在专制体制下形成而后
又被体制所强化、是在战争时期养就而后又失去战争制约的结果。他成就了
一个大一统的国家，而后又不自觉地自我毁灭了这一初建的王朝。

五、千秋功罪，自有是非

嬴政是一个复杂的历史人物，他完成了秦国数代相继的兼并事业，建立
了第一个大一统的封建国家，他所建立的国家制度之模式对后世几千年的中
国社会发生了深远的影响。同时，他残酷暴虐、专横独断，厉行政治上、文
化上的极端专制，为后世皇帝一人操生杀予夺之权力的专制统治开了恶劣的
先例。由于这些原因，他受到后世的种种评说，有人说他雄才大略、天资聪
颖、威武强勇；有人说他残暴无端、品格低劣、不齿人类。通过以上分析，
我们对嬴政能够做出两点基本的估计。第一，嬴政继承王位时是十三岁的少
儿，他正式亲政时二十一岁。一方面，由于年龄的关系及当时所受教育的可
能程度，我们不可对他做出过高的评价；另一方面，他确又完成了秦国的统
一大业，手下也曾拥有过一批杰出人才，我们因而不能否认他作为一个创业
君王所具有的才能和气质。嬴政是一个刚毅果敢、敬才纳谏、富有手段的普
通人物，他在一个特殊的社会位置上顺乎时势地成就了显赫的政绩，但此后
因眼光狭小，对自己估计失当，在无所制约的专制权力的顶端上滥施淫威、
胡作非为，恣意践踏人类的尊严。我们无法用"流芳百世"或"遗臭万年"
这些简单的定性词语概括他的一生，他是在特殊社会条件下形成的一位复杂
的历史人物。第二，政绩不全等于功绩。政绩是政治人物为追求自己一定理
想目标而在政治舞台上的所作所为及其造成的社会影响，而功绩则是政治人
物对社会发展起了积极作用的那部分政绩。嬴政从十三岁即位到三十八岁统
一天下，再到四十九岁死去，他一生有责任能力的时期全都处在大国君主的
地位，确实创造了显赫的政绩，并极大地影响到后世，但我们认为，他的许
多政治行为并不形成对社会进步的推动，因而并不构成他的功绩。如果坚持
大版图的国度对社会发展有利这一认识前提而不作丝毫动摇，那么，嬴政以
战争兼并六国，我们自然就可以忽略其中杀人盈野的方面，将此算作他对社
会的一记功劳，然而，嬴政的统一是专制主义集权制基础上的统一，他把专

制政治发展到了极端。就当时的社会条件看，秦国自嬴稷之后的统一已成定局，嬴政即使不完成统一，统一天下的任务也会有其他的君王来完成。但是嬴政施行专制政治的许多行为对社会造成的破坏，是被后来的历史明显证明了的。例如他滥杀无辜，为封建社会对民众的政治大迫害开了恶劣的先例，他以政治迫害手段摧残了各阶层为社会公开伸张正义的历史使命感。又如焚书坑儒，使民族文化在传播的前期就遭受了重大的浩劫。秦国当时在列国中文化相对落后，嬴政烧掉了其他国家的史书，使古代的许多珍贵典籍未能流传下来，为后世的文化繁荣造成了无法弥补的损失。他坑杀了数百儒生后，战国时尊贤尚士的风气被荡然扫除，文化人的社会地位一落千丈，百家争鸣的气氛不再具有。其专制行为的后果影响到中国封建社会数千年的历史。有人认为焚书坑儒是政治统一的要求，其实，政治统一和政治专制不是一回事，文化专制与政治统一没有必然的联系，文化专制仅仅是专制政治的本质要求，因为封建政治的高度专制制需要文化专制的保证。我们无意苛求封建政治家嬴政，但从数千年的历史联系中可以发现，嬴政在政治上的集权专制与在文化上的专制均对社会未有积极的作用。对其在政治上的专横残酷和在民族文化上的大破坏，一切有良心、有正义感的人们都会分清其中的是非曲直而为嬴政的行为痛心疾首。

关于秦国的评论

　　战国时期群雄并争的局面最后以秦国的统一而告结束。秦国原是一个弱小的政治集团，春秋时的秦穆公时期开始跻身于华夏之列，为后来的发展打下了基础；战国前期，秦孝公任用商鞅变法成功，极大地促进了经济、军事力量的发展，奠定了强大的基础，使秦国在国力上处于列国的领先地位；惠文王嬴驷任用张仪进行穿梭外交，推行连横策略，对列国分化瓦解，扩张了大片领土，进一步发展了国家的势力；昭襄王嬴稷任用政治谋略家范雎和军事名将白起，采用"远交近攻"的战略策略，以武力吞噬列国，威慑诸侯，使秦国的兼并之势已不可逆转；秦始皇嬴政承祖先之业，乘强盛之势，任用一批文才武将，终于完成兼并，统一了天下，结束了诸侯纷争的战国时代。

　　战国数雄并争，秦国所以能在战乱年代的竞争中长期处于领先地位并最终战胜所有对手，有其本身的重要原因：第一，秦国特别善于吸收外地人才。秦穆公时，秦国虽僻居西域，但已开了重才招贤的风气，这一国风传至后世而不衰，战国时商鞅、张仪、范雎、蔡泽、吕不韦、尉缭、李斯等人才均自外地归流，王稽出使魏国时曾私问驿卒郑安平说："汝知国有贤人而未出仕者乎？"（第九十七回）可见秦国求才风气之盛。秦国本地善出白起、王翦那样能征惯战的大将，而外来人才以其高超的政治谋略在秦国大显身手，他们和当地人才相补充、相配合，构成了强大的人才优势，使秦国的取胜有了最基本的前提和保证。第二，秦国在战国前期的改革风潮中先走一步，并取得了极大的成功，一举扭转了被动挨打的境况，在数雄争长中取得了战略上的主动权。他们在改革中建立了适应战时需要、体现中央集权的郡县制政体，把广大的农村置于严密的政治管理之下，财力足、兵源足，且能集中使用，其综合国力的战争使用表现出极大的优越性，把其他国家甩在后面，使他们可望而不可即。第三，从七国纷争到天下一统，是社会矛盾系统运动发展的过程，总的看来，秦国在这一过程中没有错过任何发展的机会。在改革时期，商鞅成功地调整了国内的政治结构，使各类战争要素得到了较合理的准备和安排；在争雄时期，外交活动家张仪在列国间纵横捭阖，使秦国在相互制约、搅缠难解的矛盾系统中得以脱颖而出；在兼并时期，嬴稷操动秦国的虎狼之口对列国大吞大咽；在统一时期，嬴政不失时机地完成了使命。在整个战国时期，秦国基本上未走偏路，它步步领先、步步紧连，直到实现了自己的政治目标。第四，战国中后期，秦国高层领导人体现出了极大的战略气魄和极灵活的斗争策略，他们在战略上以多种方式与军事斗争相配合。除过外交战略外，他们使用了反间策略，如对合纵联盟进行国家之间的反间，对廉颇、魏无忌、李牧等敌国人才的个人反间，都对秦国的军事斗争起到了有力的配合。秦国后期还使用了收买策略，他们用重赂方式收买各国权势人物，并且收到了相当大的成效。许多战略方式的间插配合，极大地促进了兼并战争的进程。

战国之世，秦国形成并逐步完善了一套集权专制制度，这一制度比较适应战争需要，在乱世争战中有其明显的优越性，然而，这一制度在超过一定界限而被逐步强化中，也愈益显示出了它的弊端：第一，专制的特性是权力独占，秦国本有善于吸收人才的良好风尚，但在专制体制中，由权力之争而引起的人才嫉害已显端倪。范雎在随王稽赴咸阳途中，半路相遇的秦相魏冉就明确表示了不让诸侯宾客入秦的意愿，后来范雎败白起破邯郸之功，李斯陷害了同学韩非，专制权势的不相容性刺激和激化了人际间的矛盾，窒息人才正常竞争的机制，扼杀了一批人才。具有尚贤历史风尚的国度最终发生了焚书坑儒的事件，这是对专制制度消极作用的血的注释。第二，专制权力下的人们，尤其是创国功臣充当着社会的悲剧角色，这些人帮助设计、构筑和加强了国家的专制制度，没想到他们本身也被置于专制权力之下；他们追求着自己的功名和权位，没想到个人功名权位的膨大与专制权力的特性水火不容。既然专制权力在吸收了他们的合力后已经强大到他们谁也不能摧毁的地步，那专制权力就要粉碎他们。战国时秦国的许多大臣未得好报，商鞅被车裂而死，白起被勒令自杀，吕不韦被逼上绝路，张仪逃魏避祸，范雎辞职得免，尉缭见险而逃，后与君王立誓自保，韩非自绝狱中，这一切绝非偶然的巧合，既然他们已经充当了专制制度下的悲剧角色，他们的悲剧命运就在劫难逃。第三，专制权力是社会的异化物，它从社会成员身上吸取了自己的政治力量，又不受他们的控制，必要时还会粉碎他们。人们常常对这一怪物认识不足，因为它寄生于自己身上，因而人们往往对其倾向于做出善的判断，商鞅、吕不韦在被免职离开咸阳时仪仗整齐、车水马龙，他们在失职后仍想显示自己的尊贵与成功，但专制权力将此视作向自己的示威和挑战，因而毫不留情地粉碎了他们，这是他们始料不及的。专制权力就是这样捉弄人们，迫使人们把大量的智力用之于对它的揣摸和应付上，这样，社会进展速度的减慢就成了必然的事情。

秦国由于自身的种种原因兼并了六国，统一了天下，但它把适应战争需要而形成的专制制度强化起来，并推行到全国，从而把社会引向了缓慢发展的渠道，中国社会后来用两千年的时间勉强走完了数百年可能走完的路程。

【题外的结论】

战国时代大国的博弈争胜

战国之世，韩、魏、赵、齐、燕、楚及秦七个大国相互争战，天下政局激烈动荡。约二百年间，政治格局的演变基本分三个阶段：第一阶段魏国最强，它西屏秦国，北兼中山，侵掠韩赵，魏罃执政时组织了各国会盟，首先称王，这时候魏是天下的政治中心。马陵之战后，进入第二阶段，齐秦两国从东西方崛起，齐威王田因齐发愤图强，商鞅在秦变法，两国积累了雄厚的势力，同时向魏国争夺霸权，并在军事上取得了成功，他们成为当时的强盛之国。嬴稷向齐闵王田地提议并称东西二帝，反映出了当时各国力量对抗的实际状况。第三阶段，齐国被燕将乐毅所破，秦国则在许多战场取得了重大胜利，它在实力上跃居各国首位，形成了对列国的兼并之势，直到后来灭掉六国。在列国政治格局演变的第一阶段上，魏与各国的矛盾最为突出；在第二阶段上，魏国的霸主地位被摧毁，新的霸主尚未完全形成，七国争长、互相进行战略制约，合纵与连横的矛盾比较突出；在第三阶段上，秦国的霸主地位已经确立，它对六国的兼并与六国的反兼并成了天下政局的最主要矛盾。

在总的政治格局下，列国间的竞争和争夺也表现出了种种复杂的情况：第一，每一阶段上总有最为强盛的国家，但也有其他国家的图强和暂时崛起。如第一阶段上楚悼王任用吴起变法图强；第二阶段上赵武灵王推行胡服骑射，甚至筹谋攻袭咸阳，燕昭王用乐毅为将，图谋破齐；第三阶段上魏无忌窃符救赵，令列国瞩目等。第二，战国之世贯穿始终并突出体现出来的是列国间的军事斗争，但也有外交斗争、人才之争及体制优劣之争的紧密配合，外交斗争的地位在第二阶段明显提高。即使作为主要形式的军事斗争，在各阶段上的表现也有所不同，第一阶段各国的联系尚不密切，大范围的相互制约尚不明显，人们在军事上更注重战术的机敏，孙膑的阵战和筹谋集中反映了这一特色；第二阶段上军事与外交结合密切，苏秦佩六国相印，组合纵同盟，张仪拆散楚齐联盟而后大攻楚国，赵国蔺相如以外交胜利而与武将廉颇同张国威，都是这种特点的反映；第三阶段上，各国间的联系和相互制约明显加强，战争规模浩大，人们在军事上更注意战略上的谋划。秦国范雎提出"远交近攻"的兼并方针，嬴政采纳了部下提出的收买策略，精心安排兼并次序，都体现了这一时期的特点。第三，战国之世，几乎各国都有一个兴盛时期，但除秦国外，各国都在一个点上走向衰落。魏国在战国初强盛一时，马陵之战后一蹶不振；赵国在武灵王时崛起，沙丘之变挫其锋，长平之战大伤元气而无力恢复；齐国在威王时强盛了一时，乐毅破齐后再也无力振作；燕国在乐毅破齐时声威一振，田单反攻后旋即见衰；楚国在春秋晚期被吴国攻破后再也没有恢复大国往日的强盛，战国时吴起变法似看见了振兴的希望，次年变法失败，它一直走着下滑的道路。各国在自身的发展中，几乎都有自己的高峰和低谷，这一现象的出现无不具有各自特殊的内部原因和外部原因。

战国之世的社会状况出现了一些新的变化趋势：第一，各政治集团的用人观念有了明显变化。春秋时执政者注重对公室贵族的任用，企图以此加强公室的政治统治，表现为对血缘关系的看重；战国时的执政者看重对有才者的任用，王室贵族常常被当作施政的羁绊而对待，所谓"君子之泽，五世而斩"反映了这时候的基本情况。第二，人们的价值观念发生了显著的变化，对传统礼仪观念的尊崇一变而为对个人价值的追求。春秋时在礼仪观念的束缚下，人们行事时常常考虑个人价值的社会效用，如虞国的百里奚在晋国灭虞后拒绝见任于晋国；管夷吾在齐桓公封相时表现了极大的犹豫；卫国公子开方弃国而投齐，一直被管夷吾所怀疑等，人们对个人价值实现后的社会效用顾虑极大。战国时人们直接追求个人价值的实现而无所顾忌。如吴起、商鞅、孙膑、苏秦、张仪、乐毅、范雎等人，他们在政治目标的选择上均表现了对传统观念的背离，社会也完全接受了他们的选择。因为分封制的被打破，公室利益被淡漠，个人意识随着个人利益的突出而被加强，传统观念中的相应部分被整个社会所抛弃。第三，随着人才观念的加强和个人价值的突出，战国时形成了一种尊贤养士之风，齐国孟尝君田文、赵国平原君赵胜、魏国信陵君魏无忌、楚国春申君黄歇、秦国文信侯吕不韦等，他们利用个人拥有的经济条件大养宾客。魏文侯、秦孝公、齐威王、燕昭王等广延人才，齐国置稷下学宫。于是，全社会范围的人才生长受到刺激，"百家争鸣"的文化繁荣具备了优良的环境条件。第四，人们的政治意识明显加强，他们对政治斗争的特点、意义和方式有了较深刻的理解。庞涓、苏秦等人下山求仕，积极从政，表现出强烈的政治参与意识；许多政治人物不惜以大笔钱财服务于政治的需要，如齐国的田氏一族"厚施买国"，燕昭王姬平筑黄金台招贤，吕不韦破尽家财而作政治投机，嬴政以重赂收买各国权臣，许多人以家财养士、培植和发展个人政治势力等，政治人物的价值趋向进一步明朗化。第五，外交活动受到人们的高度重视。由于竞争的激烈，各国间制约关系的加强，外交活动的重要意义充分显露，苏秦、张仪、苏代及蔺相如等社会活动人物或外交人物应运而生，他们通过自己的活动对某些政治局向进行制约、限制或引导，在一定程度上影响了列国政局。在外交活动上，战国时还出现了跨国界的政治人物，如苏秦佩六国相印、乐毅晚年同时为燕赵两国客卿等，另外还出现了一种有意任用心属别国政治人物的情况，如魏国任用齐国田文为相，燕国准备任用秦国张唐为相等，这种任用均重于外交上的考虑。现实的政治格局不断被打破，许多微妙的变动需要极灵活的外交来应付，各国在动态的相互制约中求生存，求发展。第六，人们的土地意识在增强，春秋时齐桓公曾主动割地于燕国，战国时生产力发展，土地的经济作用充分显示，人们对土地的争夺加剧，主动割地成为不可想象。在人们的意识中，土地就是财富，土地就是人口，土地就是强大和占有，占有别国土地甚至成了军事斗争的主要目标。第七，战争有了一些新的特点。生产力发展，可脱离直接生产的人口增多，加之人口的自然增长和各国对农村人口组织管理程度的提高，各国的军队数量大幅度增加，战争规模浩大，以攻城夺地为目的的军事斗争也增加了战争的残酷性，坑杀四十万降卒的长平之战是骇人听闻的。同时，在军事指挥上有了专门的将领，春秋时一般是身任卿大夫的官员直接指挥军事，战国时出现了廉颇、白起、王翦、乐毅等专门的军事将领，这些人身经百战，富有经验，他们叱咤疆场，显示了战国时大大提高了的军事战术指挥艺术。第八，战国时各国的兴衰变化表现了一种加速度的发展趋势，战国开初各国的力量悬殊不是很大，其发展的起点基本相当，到了战国中后期，个别国家明显崛起，由此开始，在不长的时间内，强者愈强，弱者愈弱，强者凭借他们已经取得了的一些优势侵吞列国，其势一发而不可收，终使其他国家的战略防御力量如土崩瓦解般全面崩溃。

可以把战国时期的数国争雄看成军事的竞争，这一竞争总过程的三个发展阶段可以分别视作准备时期、争战时期和决胜时期，数国竞争的胜利和失败从不同角度向人们展现了争战中的一些共同规律：第一，争战的参与者必须要有比较高远、正确和切实的战略目标，必须对自己一定时期的政治目标观察正确、设计细致，要对每一政治行为的后果有充足的估计和预料，因为激烈的竞争首先是对优先权、主动权和优越性的竞争，每错走一步，就要受到他方的被迫，其后来的损失和衰弱很可能无法挽回。如魏国马陵之败、赵国长平之败、齐国闵王之难、燕国姬哙的让国及后来被田单攻败、楚国怀王受骗上当等，都是一着不慎，危及了全局。第二，争战的参与者必须根据战略目标的需要，及时进行方针政策的调整和某些制度的改革，以适应历史任务的需要，在竞争尤为激烈的时候，尤其要注意加强人的利益原则，弘扬人的个性，最大限度地调动内部成员的积极性，并通过合理的组织而提高本集团的整体功能。在这一方面，谁能先走一步、谁能彻底一些，谁就可能获取竞争的主动权。第三，为了确定的战略目标，要敢于抛弃不合时宜或束缚自我手脚的陈腐观念，要敢于树立和推广适应战略目标需要的新的思想观念和价值观念，要对传统的观念进行理性的审查，要有观念创新的勇气。第四，争战的参与者要克服自我封闭、与人人为敌的心理态势，十分注意外交和社会交往活动，争取对其他参与者进行某些力量的借重，巧妙利用其他参与者的相互制约，为自我发展创造外部条件。第五，人才的归流和事业的兴盛互为因果，但从较深的层次考虑，掌握人才是事业强盛的前提条件。战国时人才的基本流向是开始向魏国，后来指向齐秦，再后来指向秦国，这和战国政治强盛点的转移基本一致，显示了人才对国家强盛的促进。争战的参与者只有最大限度地、不拘一格地吸引人才，才能获得取胜的保证。同时，在人才的吸引上，要特别重视外来人才的特殊作用。外来人才的优势是文化结构相对新颖，对当地的弊端看得较准，其行为又无个人利害的顾虑，他们的革新措施常显得坚决和彻底，但这些人物的劣势是在当地社会根基不厚；对各阶层间的深层制约了解不多，吴起、商鞅、范睢等人的政治行为及其命运就说明了这一点。在文化相对落后的地方，外地人才更易于大显身手，如苏秦几处碰壁后在燕见仕、商鞅在魏受挫后于秦成其功等，均显示了人才作用发挥的最佳地之所在。第六，争战参与国的高层领导人必须保证政治上的高度成熟，必须有明确的战略、出众的才能、识才的慧眼、敢作敢为的胆略和机敏的头脑，楚怀王受骗被拘、燕王哙轻信让国、黄歇受骗被杀，表明政治上幼稚的政治人物，都会给本集团的利益及个人生命带来灾难性后果。高层领导人是争战一方的组织者，他们的成熟程度直接决定着本国对优势的争取和胜利的达成。

社会在剧烈的阵痛中走完了一段艰难的路程。一个苦难而伟大的民族，带着伤痕、带着镣铐、带着希望，经过了刀光剑影的厮杀和血雨腥风的洗礼，又在新的历程上振作前行，身后留下了殷红的鲜血，留下了深沉的脚印……

后 记

中国与国际社会的交往历时已久，到今天终于认识到，民族文化是一个民族区别于其他民族的独特标识，是世界优秀人群保持自己民族自信的重要根据。在世界民族之林，中华民族是一株久历寒暑、最富年轮的劲松，其千难不衰的经历、抗风耐霜的生机和复兴在望的前景都是民族的外在表征，而蕴含于历史进程中及人物行为中的思想理念、思维方式则是其内在的文化基因，是世界文化宝藏中的珍贵财富。习近平主席最近谈到中华民族文化时提倡"把跨越时空、超越国度、富有永恒魅力、具有当代价值的文化精神弘扬起来，把继承优秀传统文化又弘扬时代精神、立足本国又面向世界的当代中国文化创新成果传播出去"。这为中华文化在当代社会的继承和发扬提出了新的思路。

《重读〈列国志〉》书系包含的四部论著，是在春秋战国550年的时段内（公元前770年~公元前221年），以历史人物、历史事件为线索，体认中国社会的一段曲折发展历程及其相伴随的民族文化现象。该书系近百万字，撰述初版于上世纪九十年代初，后来几经修订，多次再版。现在看来，贯穿其中的中心论题，一是历史人物的思想观念、价值理念；二是当事人物的思维方式、行为方式；三是人物思想观念与行为方式在社会生活中的应用过程及其效果。论著对上述三方面内容的归纳叙述和客观展现。以及对思想理念、行为方式的理性评判，正是希望能得到跨越时空、超越国度的认识成果以供借鉴，希望张扬某种文化精神。可以说，对历史进程的深层体认和对民族文化的初步积累，应是本书系所期望实现的浅近目标。

　　2014 年初出版的拙作《重读司马迁》书系，三册 60 多万字，涉及公元前 221 年秦始皇统一海内至公元前 87 年汉武帝去世约 134 年间的社会政治发展历程，其上线与《重读 < 列国志 >》所涉时段的下线相衔接，是该书系的延伸与深化。作者试图把一定历史资料负载着的体现中华先民思想观念、思维方式与行为方式的中国传统文化做出进一步连贯的解读，发掘其中更多的认识成果，体认和弘扬其中的文化精神。

　　本人所在单位广东省社会科学院为撰著提供了很多帮助，广东省社会科学界联合会的领导和朋友给予了热情鼓励，杨春霞女士做了许多文字处理及校对工作，樊景良先生、张金良先生及其同事以强烈的事业心和崇高的敬业精神推进了论著的出版，中国言实出版社的几位编辑朋友为该书系的问世做出了辛勤工作，在此表示衷心的感谢！

作者

2014 年 4 月 20 日于广州